# AÇÕES FUNDADAS NA LEI DO INQUILINATO

## Teoria e Prática

MISAEL MONTENEGRO FILHO

# AÇÕES FUNDADAS NA LEI DO INQUILINATO

## Teoria e Prática

**2ª edição**
revista e atualizada

**2024**

EDITORA JusPODIVM
www.editorajuspodivm.com.br

EDITORA *Jus*PODIVM
www.editorajuspodivm.com.br

Rua Canuto Saraiva, 131 – Mooca – CEP: 03113-010 – São Paulo – São Paulo
Tel: (11) 3582.5757
• Contato: https://www.editorajuspodivm.com.br/central-de-relacionamento



**Diagramação:** Equipe Juspodivm

**Capa:** Maitê Coelho e Cendi Coelho *(cendicoelho@gmail.com)*

M777a Montenegro Filho, Misael.
Ações Fundadas na Lei do Inquilinato - Teoria e Prática / Misael Montenegro Filho. – 2. ed., rev. e atual. - São Paulo: Editora JusPodivm, 2024.

240 p.

Inclui Bibliografia
ISBN: 978-85-442-5155-3.

1. Direito Processual Civil. 2 Legitimidade ativa e passiva. 3. Consignação. 4. Ações. I. Montenegro Filho, Misael. II. Título.

CDD 342.155

Bibliotecária Responsável:
Ana Carolina Ribeiro Mois – CRB7 – RJ 007348/0

**A quem dedico:**

*Dedico esta obra à minha companheira, Mônica Guarize, que me acompanha há mais de três décadas. Estamos cada vez mais juntos, meu amor.*

*Aos meus três filhos, Camila Guarize Montenegro, Pedro Guarize Montenegro e Cookie, este com quatro patas. Ao meu neto Kurt, também com quatro patas. Saibam que vivo por vocês, que respiro por vocês.*

*À minha mãe, a origem de tudo.*

*Aos meus irmãos, Ana Cristina Montenegro Moretti, Carlos Henrique de Souza Gomes e Millena Pinheiro. Amo vocês, meus manos.*

# APRESENTAÇÃO

A Lei 8.245/1991 disciplina as **ações de despejo**, **consignação em pagamento**, **renovatória da locação** e **revisional de aluguéis**, incluindo as subespécies das ações de despejo por falta de pagamento de aluguéis e de encargos da locação, para uso próprio e por denúncia vazia ou imotivada.

Essas ações são extremamente frequentes na dinâmica forense, considerando a variedade de conflitos entre os locadores e os seus inquilinos, não só em decorrência do não pagamento dos aluguéis e dos encargos da locação, mas também pela alteração da destinação (de comercial para residencial, por exemplo), pela não devolução do imóvel após a expiração do prazo contratual, dentre tantos outros problemas.

A quantidade de ações locatícias está intrinsecamente ligada ao momento econômico do país. Significa dizer, por exemplo, que, em momentos de crise, temos um aumento natural na quantidade de ações de despejo por falta de pagamento de aluguéis. Da mesma forma, um grande número de empresas deixa de pagar os aluguéis quando registram queda de faturamento.

Exemplificativamente, o TJSP noticiou o aumento da quantidade de ações de despejo em São Paulo, de 2016 para 2017, registrando um crescimento de 33,4%, informando que, desse montante, as ações de despejo por falta de pagamento de aluguéis foram responsáveis por 87,9% dos casos.

De abril de 2021 a março de 2022, foram distribuídas 12.192 ações na cidade de São Paulo, mantendo-se a ação de despejo por falta de pagamento de aluguéis como a mais frequente, seguida das ações renovatórias, das ordinárias e das consignatórias.

Portanto, nesta obra, estudamos ações que efetivamente merecem ser estudadas, com a intenção de contribuir na formação do profissional para o dia a dia da advocacia, com base na Lei do Inquilinato (que regula a locação predial urbana), no Código Civil e no Código de Processo Civil.

Oxalá possamos efetivamente contribuir com essa preparação. É tudo o que desejamos.

**O Autor**

# SUMÁRIO

# LISTA DAS PRINCIPAIS ABREVIATURAS

Agr. – Agravo
Agr. Reg. – Agravo Regimental
AgRg no REsp – Agravo regimento em recurso especial
AI – Agravo de Instrumento
*Ajuris* – Revista da Magistratura do Rio Grande do Sul
Ap. e apel. – Apelação
art. – artigo
Câm. – Câmara
Câm. Cív. – Câmara Cível
CC – Código Civil
Ccomp – Conflito de Competência
CDC – Código de Defesa do Consumidor
CDPriv – Câmara de Direito Privado
CF – Constituição Federal
cit. – citada
CNJ – Conselho Nacional de Justiça
Cód. – Código
CP – Código Penal
CPC – Código de Processo Civil
CPC/2015 – Código de Processo Civil de 2015
CPP – Código de Processo Penal
*DJU* – Diário da Justiça da União
Ed. – Editora
Emb. Decl. – Embargos Declaratórios
Emb. Div. – Embargos de Divergência
EOAB – Estatuto da Ordem dos Advogados do Brasil

JCCTJRS – Jurisprudência das Câmaras Cíveis do Tribunal de Justiça do Rio Grande do Sul
JEC – Juizado Especial Cível
JSTJTRF – Jurisprudência do Superior Tribunal de Justiça e Tribunais Regionais
LICC – Lei de Introdução ao Código Civil
LINDB – Lei de Introdução às normas do direito brasileiro
LPS – Lei da Previdência Social
Min. – Ministro
MS – Mandado de Segurança
OAB – Ordem dos Advogados do Brasil
p. – página
p. ex. – por exemplo
priv. – privado
*RBDP* – Revista Brasileira de Direito Processual
RE – Recurso Extraordinário
Recl. – Reclamação
Recdo – Recorrido
Recte – Recorrente
Rel. – Relator
REsp – Recurso Especial
*RJSTJ* – Revista de Jurisprudência do Superior Tribunal de Justiça
*RJTJRS* – Revista de Jurisprudência do Tribunal de Justiça do Rio Grande do Sul
*RJTJSP* – Revista de Jurisprudência do Tribunal de Justiça de São Paulo
*RT* – Revista dos Tribunais
*RTJ* – Revista Trimestral de Jurisprudência do Supremo Tribunal Federal
STF – Supremo Tribunal Federal
STJ – Superior Tribunal de Justiça
TCE – Tribunal de Contas do Estado
TCU – Tribunal de Contas da União
TJRJ – Tribunal de Justiça do Rio de Janeiro
TJPE – Tribunal de Justiça de Pernambuco
TJRS – Tribunal de Justiça do Rio Grande do Sul
TJSC – Tribunal de Justiça de Santa Catarina
TJSP – Tribunal de Justiça de São Paulo
TRF – Tribunal Regional Federal
*v. g.* – *verbi gratia*

CAPÍTULO 1

# AÇÕES DE DESPEJO

## 1.1 CONSIDERAÇÕES GERAIS

Como demonstramos na apresentação desta obra, a ação de despejo é a de maior frequência na justiça nacional, dentre as ações locatícias, representando mais de 80% do número total, em qualquer momento e cenário econômico.

Costumamos dizer que a relação entre os locadores e os locatários pode ser comparada à do marido com a mulher, do companheiro com a companheira: o seu sucesso retrata um conto de fadas, enquanto o seu insucesso pode ser comparado a uma verdadeira guerra.

Isso também marca a relação entre os locadores e os seus inquilinos. Pensando em um mundo civilizado, tudo o que se quer é que o locatário cumpra com as obrigações contratualmente assumidas, com destaque para o pagamento dos aluguéis e dos encargos da locação, e que devolva o imóvel tal como o recebeu, após a expiração do prazo contratual. Esse é o conto de fadas.

Contudo, e infelizmente, não é isso o que acontece com maior frequência, sendo mais comum a inadimplência, a modificação da estrutura do imóvel sem o consentimento do locador, a sublocação, a recalcitrância do inquilino em devolver o imóvel após a expiração do prazo contratual, entre outros problemas.

A prática desses e de tantos outros atos pode justificar o ajuizamento da ação de despejo, retratando a guerra, o litígio, o desmonte da ideia do conto de fadas.

O estudo da ação de despejo é feito com base na Lei 8.245/1991, no Código Civil e no Código de Processo Civil, com destaque para a primeira lei, que prevalece em relação às duas últimas, em respeito ao princípio da especialidade.

Nas seções que integram este capítulo, estudamos a ação de despejo, não só a de despejo por falta de pagamento, que é a mais popular, a mais conhecida, a mais frequente, como também as demais modalidades igualmente disciplinadas pela Lei 8.245/1991.

A qualidade desse estudo depende do domínio de uma premissa: a ação de despejo só pode ser proposta quando for comprovada a existência de uma relação locatícia entre as partes, não sendo substitutiva das ações de reintegração de posse, de imissão de posse e de outras ações semelhantes, assunto que estudamos na próxima seção.

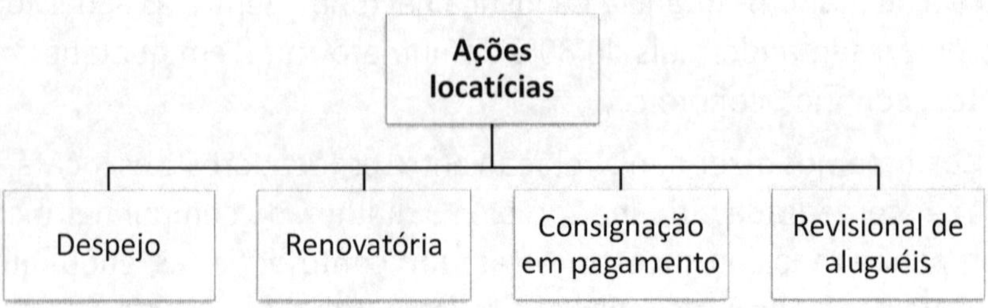


## 1.2 CONCEITO DE AÇÃO DE DESPEJO

A ação de despejo é o instrumento adequado para que o autor obtenha a rescisão forçada do contrato de locação celebrado com o inquilino (que pode ser verbal ou escrito) e, consequentemente, a ordem de despejo, por força do cumprimento de liminar ou da sentença.

## 1.3 CONCEITO DE LOCAÇÃO

A relação estabelecida entre as partes deve ser necessariamente locatícia, não se admitindo a utilização da ação de despejo para reaver imóvel dado em comodato, que tenha sido invadido, muito menos de imóvel adquirido em leilão judicial ou extrajudicial, que se encontra ocupado por terceiro.

O conceito de locação consta do art. 565 do CC, adiante transcrito:

> "Art. 565. Na locação de coisas, uma das partes se obriga a ceder à outra, por tempo determinado ou não, o uso e gozo de coisa não fungível, mediante certa retribuição".

Interpretando a norma reproduzida, a doutrina nos fornece a seguinte lição:

> "Pelo contrato de locação de coisas, uma parte transfere a posse do bem à outra, por prazo certo ou indeterminado, mediante retribuição ajustada. Trata-se de contrato oneroso, de relação continuativa, não exigindo forma solene. Coisa não fungível ou infungível é aquela que não pode ser substituída por outra, ainda que da mesma espécie, qualidade e quantidade, a exemplo de uma obra artística. A retribuição ou remuneração, certa e determinada, pelo uso e gozo da coisa cedida é chamada de aluguel ou aluguer. As partes que integram o contrato são denominadas locador ou *locator* (o que cede a coisa) e locatário ou *conductor* (o que a usa e usufrui)".[1]

Quando a locação for verbal, a existência da relação contratual pode ser comprovada mediante a apresentação de recibos de pagamento de aluguéis, de cópias de comprovantes de depósitos ou de transferências bancárias, de cartas ou *e-mails* enviados pelas partes, de *prints* de conversas pelo WhatsApp, por exemplo, cuja ausência resulta no julgamento da ação pela improcedência dos pedidos, como percebemos por meio da leitura do seguinte julgado:

1. ALVES, Jones Figueiredo. *Código Civil comentado*. São Paulo: Saraiva, 2010. p. 466.

> "Apelação cível. Locação. Ação de despejo por falta de pagamento cumulada com cobrança. Relatividade dos efeitos da revelia. A presunção de veracidade dos fatos decorrentes da revelia é relativa, devendo o julgador, sobretudo por se tratar de matéria fática, analisar a veracidade das informações através das provas existentes nos autos, o que foi observado na origem, o que não ocorreu. Contrato verbal. Locação não demonstrada. Considerando a ausência de provas concretas acerca da existência da relação locatícia, a improcedência do pedido se impõe. Contexto probatório insuficiente para comprovar as alegações iniciais. Apelação desprovida" (TJRS, Apelação Cível 70080457682, 15ª Câmara Cível, relatora Desembargadora ANA BEATRIZ ISER).

Diferentemente, se a locação foi celebrada por escrito, a sua existência é comprovada por meio da apresentação do contrato de locação, que deve instruir a petição inicial da ação de despejo, na condição de documento essencial, cuja ausência autoriza o magistrado a determinar a emenda da petição inicial, no prazo de 15 dias úteis e com fundamento no art. 321 do CPC, sob pena do seu indeferimento.

## 1.4 AJUIZAMENTO EQUIVOCADO DA AÇÃO POSSESSÓRIA, NO LUGAR DA AÇÃO DE DESPEJO

Olhando para a dinâmica forense, percebemos que alguns locadores propõem outras ações judiciais, com a intenção de reaver o imóvel locado, com destaque para a ação de reintegração de posse, como se o locatário houvesse cometido turbação ou esbulho.

A adoção dessa técnica é equivocada, e deve resultar na extinção do processo sem a resolução do mérito, com fundamento no inciso VI do art. 485 do CPC, em decorrência do reconhecimento da ausência do interesse de agir (inadequação da via eleita), sem liberar o autor da obrigação de efetuar o pagamento das custas, das despesas processuais e dos honorários advocatícios, em respeito aos princípios da sucumbência e da causalidade.

Essa advertência é importante (para evitar a extinção da ação possessória sem a resolução do mérito), e tem fundamento no art. 5° da Lei 8.245/1991, adiante transcrito:

> "Art. 5º Seja qual for o fundamento do término da locação, a ação do locador para reaver o imóvel é a de despejo.
>
> Parágrafo único. O disposto neste artigo não se aplica se a locação termina em decorrência de desapropriação, com a imissão do expropriante na posse do imóvel".

Para visualizarmos a importância prática do assunto, pensemos que João deu imóvel em locação a José, por prazo indeterminado, tendo aquele notificado o inquilino 5 anos após o início da locação, concedendo-lhe o prazo de 30 dias para a desocupação, com base no art. 6° da Lei do Inquilinato.[2]

Após o decurso do prazo concedido para a desocupação voluntária, como o inquilino permanece no imóvel, João propõe ação de reintegração de posse, entendendo que a permanência do locatário após a expiração do prazo concedido para a desocupação voluntária caracterizaria o esbulho, autorizando o ajuizamento dessa modalidade de ação.

Ao receber a petição inicial, o magistrado deve indeferi-la, com fundamento no inciso III do art. 330 da lei processual, reconhecendo a **ausência do interesse de agir**, em decorrência da inadequação da via eleita, ou seja, da utilização da ação inadequada para resolver o conflito de interesses.

Nesse pronunciamento, o juiz não deve condenar o autor ao pagamento de honorários advocatícios, pois o réu não foi citado, não tendo sido onerado com a contratação de advogado para representá-lo em juízo.

Contudo, se o magistrado determina o aperfeiçoamento da citação do réu, e este oferece a contestação, o processo também deve ser extinto sem a resolução do mérito, com fundamento no inciso VI do art. 487 do CPC, mas, nesse caso, o autor deve ser condenado ao pagamento das custas, das despesas processuais e dos honorários advocatícios.

Na contestação, o réu deve arguir a preliminar de **ausência de interesse processual**, em parágrafos que podem ter a seguinte redação:

---

2. "Art. 6° O locatário poderá denunciar a locação por prazo indeterminado mediante aviso por escrito ao locador, com antecedência mínima de trinta dias.

   Parágrafo único. Na ausência do aviso, o locador poderá exigir quantia correspondente a um mês de aluguel e encargos, vigentes quando da resilição".

Antes de se manifestar sobre as questões de mérito, o réu suscita a preliminar de ausência do interesse de agir, com base no inciso VI do art. 485 da lei processual, já que a parte contrária utilizou a ação inadequada para resolver o conflito de interesses, ao invés da ação de despejo.

Como é do conhecimento desse douto magistrado, o art. 5º da Lei 8.245/1991 estabelece que, seja qual for o fundamento do término da locação, a ação adequada para reaver o imóvel é a de despejo, não se admitindo a propositura da ação de reintegração de posse no lugar daquela, pois o réu não cometeu qualquer esbulho.

O fato de o prazo contratual ter expirado, e de o peticionário ter permanecido na posse do bem não caracteriza o esbulho, condição necessária para o ajuizamento de toda e qualquer ação possessória (inciso II do art. 561 do CPC), embora o autor tenha tentado caracterizá-lo através do envio de notificação judicial ao demandado, fixando prazo para a desocupação do bem.

Posta a questão nesses termos, demonstrada a inadequação da via eleita, o peticionário requer se digne Vossa Excelência a extinguir o processo sem a resolução do mérito, condenando o autor ao pagamento das custas, das despesas processuais e dos honorários advocatícios, em respeito aos princípios da sucumbência e da causalidade.

Vejamos julgado sobre a questão:

> "Apelação cível. Ação de reintegração de posse. Contrato de locação existente entre as partes litigantes. Notificação extrajudicial. Necessidade do ajuizamento de ação de despejo. Art. 59 e seguintes da Lei 8.425/91 – Lei de Locações. Sentença reformada. Diante da existência do contrato de locação entabulado entre as partes, é possível concluir que a parte apelante ocupa o imóvel com a autorização do apelado, fato reforçado pelas informações que constam dos documentos acostados aos autos, a despeito da controvérsia sobre o adimplemento dos locatícios. **Eventual inadimplemento dos locativos atrairia o manejo de ação de despejo, cuja disciplina está prevista no art. 59 e seguintes da Lei 8.245/91 (Lei de Locações), e não ação de reintegração de posse, que com aquela não se confunde, pois fundadas em pressupostos fáticos completamente diversos.** Invertidos os ônus sucumbenciais,

> que deverão ser integralmente custeados pela parte apelada. Honorários advocatícios arbitrados conforme patamar estabelecido por este Colegiado. Deram provimento ao apelo" (TJRS, Apelação Cível 70072620057, 19ª Câmara Cível, rel. Des. EDUARDO JOÃO LIMA COSTA) (grifamos).

Assim, independentemente do fundamento que embasa o pedido formulado pelo autor (falta de pagamento de aluguéis; infração de cláusula contratual, como a alteração da destinação da locação; para uso próprio; necessidade de retomada do imóvel para a realização de obras urgentes), **o instrumento adequado sempre será a ação de despejo**.

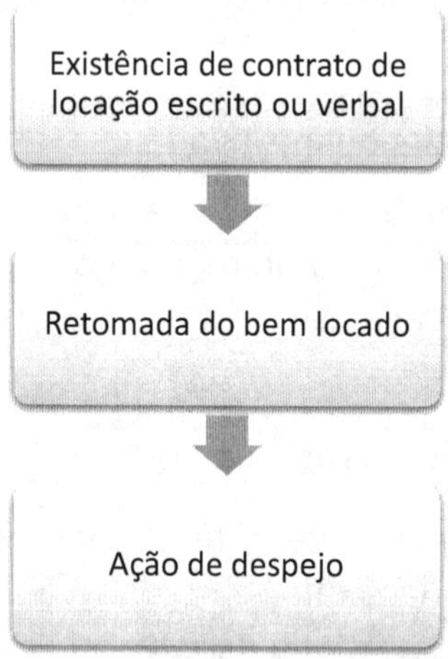


## 1.4.1 Impossibilidade de aplicação do princípio da instrumentalidade das formas

Quando o autor (locador) propõe ação de reintegração de posse contra o réu (locatário), em vez da ação de despejo, o juiz não pode aproveitar aquela demanda, com fundamento no princípio da instrumentalidade das formas (art. 277 do CPC[3]), em decorrência da ausência do interesse de agir, em face da inadequação da via eleita.

3. "Art. 277. Quando a lei prescrever determinada forma, o juiz considerará válido o ato se, realizado de outro modo, lhe alcançar a finalidade".

Além disso, a aplicação do princípio da fungibilidade está condicionada à constatação do **não cometimento de erro grosseiro**, o que não pode ser defendido na situação que analisamos nesta seção, já que o art. 5° da Lei 8.245/1991 é claro ao prever a ação de despejo como adequada para resolver esse tipo de conflito de interesses.

## 1.5 MODALIDADES DE AÇÕES DE DESPEJO

Embora a ação de despejo por falta de pagamento de aluguéis e de encargos da locação seja a mais popular, não é a única modalidade desse tipo de ação, pois, além dela, o locador pode propor ação de despejo:

**(a)** Por denúncia vazia ou imotivada.

**(b)** Por denúncia cheia ou motivada, que tenha outro fundamento, distinto da alegação de não pagamento dos aluguéis e dos acessórios da locação.

**(c)** Para uso próprio.

**(d)** Para a realização de reparos urgentes.

Cada uma dessas ações tem fundamentação própria, pedidos próprios, dinâmica própria e tempo de duração distinto, por conta da maior ou da menor complexidade de cada uma delas. Exemplificando, a ação de despejo por denúncia vazia ou imotivada é bem mais célere, se comparada à ação de despejo por denúncia cheia ou motivada, pois aquela não costuma apresentar fase de instrução probatória, enquanto esta depende da produção de provas, além dos documentos que instruem a petição inicial e a contestação.

### 1.5.1 Ação de despejo por falta de pagamento de aluguéis e de encargos da locação

Como a própria denominação sugere, a ação de despejo por falta de pagamento de aluguéis e de encargos da locação tem como fundamento o inadimplemento da principal obrigação assumida pelo locatário (pagamento dos aluguéis e dos encargos da locação, como IPTU, taxas condominiais, faturas de energia elétrica e contas de água).

Alguns locadores pensam que a ação de despejo por falta de pagamento de aluguéis e de encargos da locação só poderia ser proposta após o vencimento de três aluguéis, o que não tem previsão na lei e, por isso, a ação pode ser proposta no dia seguinte ao vencimento de um só aluguel, quando não for pago.

A ação que estudamos nesta seção pode ter por fundamento:

**(a)** O não pagamento de aluguéis.

**(b)** O pagamento parcial de aluguéis, existindo, consequentemente, diferença a ser paga.

**(c)** O não pagamento do aluguel provisório.

**(d)** O não pagamento de aluguéis e de encargos da locação.

**(e)** O não pagamento de encargos da locação, não obstante o pagamento de aluguéis.

#### *1.5.1.1 Concessão de liminar*

Desde que o contrato esteja desprovido de qualquer das garantias previstas no art. 37 da Lei 8.245/91 – Lei do Inquilinato (LI), por não ter sido contratada, ou em caso de extinção ou pedido de exoneração dela, independentemente de motivo, o autor pode requerer a concessão de liminar no início do processo (*initio littis*), independentemente da ouvida do réu (*inaudita altera parte*), com fundamento no inciso IX do art. 59 da Lei 8.245/1991.[4]

A liminar não pode ser concedida de ofício, dependendo de requerimento formulado pelo autor, na petição inicial. Esse pedido pode

4. "Art. 59. Com as modificações constantes deste capítulo, as ações de despejo terão o rito ordinário.

§ 1° Conceder-se-á liminar para desocupação em quinze dias, independentemente da audiência da parte contrária e desde que prestada a caução no valor equivalente a três meses de aluguel, nas ações que tiverem por fundamento exclusivo: (...).

IX – a falta de pagamento de aluguel e acessórios da locação no vencimento, estando o contrato desprovido de qualquer das garantias previstas no art. 37, por não ter sido contratada ou em caso de extinção ou pedido de exoneração dela, independentemente de motivo. (...)".

constar da parte final da primeira peça, no compartimento denominado DOS PEDIDOS, da seguinte forma:

> Posta a questão nesses termos, demonstrado o preenchimento dos requisitos relacionados no inciso IX do art. 59 da LI, e com fundamento no art. 300 da lei processual, o autor requer se digne Vossa Excelência a conceder tutela provisória *initio littis* e *inaudita altera parte*, determinando a expedição de mandado de despejo, a ser cumprido pelo oficial de justiça, se necessário com o auxílio da força policial, autorizando o réu a retirar os seus bens e pertences do imóvel objeto desta demanda.

Alguns magistrados condicionam a concessão da liminar à comprovação do preenchimento dos requisitos constantes do inciso IX do art. 59 da LI e do art. 300 do CPC, os últimos dizendo respeito à **probabilidade do direito** e ao **perigo de dano ou ao risco ao resultado útil do processo**.

Vejamos julgado nesse sentido:

> "Agravo de instrumento. Locação. Ação de despejo. Falta de pagamento. Antecipação de tutela. Despejo imediato do locatário. Impossibilidade. Contrato locatício garantido por fiança. Matéria de fato. Caso concreto. A Lei de Locações (Lei nº 8.245/91), em seu artigo 59, § 1º, IX e § 3º, determina expressamente os requisitos necessários para o deferimento de medida liminar de despejo. Além das hipóteses previstas na Lei de Inquilinato, para fins de concessão da medida liminar de despejo, deverão estar presentes os requisitos do artigo 300 do CPC/15, autorizadores da concessão da tutela antecipada, quais sejam, a prova inequívoca e convencimento da verossimilhança, requisitos específicos, bem como o fundado receio de dano irreparável ou de difícil reparação. Hipótese dos autos em que o contrato de locação, aparentemente, estabelece garantia fidejussória (fiança), prevista no artigo 37, II, da Lei nº 8.245/91, o que inviabiliza, neste momento processual, a concessão da medida liminar, na forma do artigo 59, § 1º, IX, da Lei nº 8.245/91. Agravo de instrumento desprovido" (TJRS, AI 70080159205, 15ª Câmara Cível, relatora Desembargadora ADRIANA DA SILVA RIBEIRO).

Entendemos que os requisitos se confundem, pois a falta de pagamento dos aluguéis caracteriza a probabilidade do direito, enquanto a ausência da garantia evidencia o perigo de dano, consistente na possibilidade de o autor suportar prejuízo, se o réu permanecer no imóvel, sem garantia de que a obrigação de pagar seja adimplida.

A liminar pode ser concedida independentemente da ouvida do réu, pois o inciso I do parágrafo único do art. 9° do CPC permite a prolação de "decisão surpresa" quando o pronunciamento versar sobre a tutela provisória de urgência, como é o caso (ver comentários que acompanham a seção 1.5.1.2, sobre a necessidade de estabelecimento do contraditório, quando o autor formular o pedido liminar com base em caução fidejussória).

Não obstante a ressalva, parte da jurisprudência entende que o deferimento da liminar deve ser antecedido da concessão do prazo legal de 15 dias para que o réu purgue a mora, findo o qual, sem a prática do ato, o magistrado está autorizado a decretar liminarmente o despejo. Vejamos julgado nesse sentido:

> "Agravo de instrumento. Locação. Ação de despejo por falta de pagamento. Caução. Art. 59, § 1º, da Lei n. 8.245/91. Créditos correspondentes ao contrato de locação. Possibilidade. A Lei de Locações (Lei nº 8.245/91), em seu artigo 59, § 1º, IX e § 3º, determina expressamente os requisitos necessários para o deferimento de medida liminar de despejo. Além das hipóteses previstas na Lei de Inquilinato, para fins de concessão da medida liminar de despejo, deverão estar presentes os requisitos do artigo 300 do CPC/15, autorizadores da concessão da tutela antecipada, quais sejam, a prova inequívoca e convencimento da verossimilhança, requisitos específicos, bem como o fundado receio de dano irreparável ou de difícil reparação. Quando o atraso for superior a três meses, a caução do art. 59, § 1º, da Lei de Locações poderá recair sobre os créditos correspondentes ao contrato de locação. Precedentes da Corte local. **Seja como for, impõe-se oportunizar a purga da mora pelo locatário, na forma do art. 59, § 3º, da Lei nº 8.245/91, antes de determinado o despejo**. Agravo de instrumento desprovido" (TJRS, AI 70079113627, 15ª Câmara Cível, relatora Desembargadora ADRIANA DA SILVA RIBEIRO) (grifamos).

### 1.5.1.2 Prestação de caução

Como verificamos na seção anterior, a concessão da liminar no início do processo e independentemente da ouvida do réu só é permitida:

**(a)** Se o autor prestar caução no valor equivalente a três meses de aluguel.

**(b)** Se a ação tiver fundamento na falta de pagamento de aluguel e de acessórios da locação no vencimento.

**(c)** Se o contrato de locação estiver desprovido de garantia, por não ter sido contratada ou em caso de extinção ou pedido de exoneração dela, independentemente de motivo.

A questão que envolve a prestação de caução suscita várias polêmicas doutrinárias e jurisprudenciais, sendo causa da interposição do recurso de agravo de instrumento tanto contra a decisão em que o juiz concede a liminar, por entender satisfatória a garantia, como contra o pronunciamento que a indefere, por entender que a caução não foi prestada.

Lembramos que a caução é gênero, sendo espécies ou modalidades a caução real e a caução fidejussória, subdividida na fiança (art. 818 do CC[5]) e no aval.

A primeira questão controvertida, envolvendo a caução, diz respeito à possibilidade de sua dispensa, sendo frequente a formulação de pedido nesse sentido, nas petições iniciais das ações de despejo, quando o valor da dívida supera a importância correspondente a três vezes o valor do aluguel.

Pensando em um aluguel de R$ 5.000,00, se o réu não o pagar durante seis meses, pode parecer injusta a exigência da prestação da caução em, no mínimo, R$ 15.000,00, quando a dívida acumulada é de mais de R$ 30.000,00.

5. "Art. 818. Pelo contrato de fiança, uma pessoa garante satisfazer ao credor uma obrigação assumida pelo devedor, caso este não a cumpra".

Em situações como essa, é comum a formulação do seguinte pedido na petição inicial:

> Posta a questão nesses termos, com fundamento no inciso IX do art. 59 da LI, o autor requer se digne Vossa Excelência a conceder liminar *initio littis* e *inaudita altera parte*, determinando a expedição de mandado de despejo, a ser cumprido pelo oficial de justiça, independentemente da prestação de caução, considerando que o valor da dívida é maior do que 3 (três) vezes o aluguel mensal, com base no entendimento jurisprudencial destacado nesta peça processual.

A formulação desse tipo de pedido tem fundamento em entendimento jurisprudencial, como percebemos através da leitura do seguinte julgado:

> "Agravo de instrumento. Locação. Ação de despejo cumulada com cobrança. Pedido liminar. Restou demonstrado nos autos que a ação de despejo por falta de pagamento se funda em contrato de locação residencial desprovido de garantias, sendo, assim, cabível o despejo liminar (art. 59, § 1º, IX, e § 3º, da Lei n. 8.245/1991), observada a faculdade prevista no § 3º do art. 59 da Lei n. 8.245/1991. **Possibilidade de dispensa da caução, considerado que os locativos em atraso ultrapassam ao valor de três meses de aluguel**. Agravo provido em decisão monocrática" (TJRS, AI 70080479652, 16ª Câmara Cível, relator Des. ERGIO ROQUE MENINE) (grifamos).

Outros tribunais entendem que a exigência ou a dispensa da prestação da caução não está inserida no poder discricionário do magistrado, sendo pressuposto legal, como percebemos por meio da leitura do seguinte julgado:

> "Agravo de instrumento. Ação de despejo por falta de pagamento c/c cobrança de aluguéis. Locação residencial. Pedido de desocupação imediata do imóvel sem a oitiva da parte contrária. Impossibilidade. Insurgência do agravante. Ausência de um dos requisitos exigidos pelo artigo 59, § 1º, IX da Lei nº 8.245/91 para a concessão do desalijo liminar. Caução no valor equivalente a três meses de aluguel. Recurso desprovido. Agravo de Instrumento interposto contra a decisão que – nos autos da ação de despejo – deferiu a liminar condicionada à

caução prevista no art. 59, § 1º da Lei de Locações. Ausência de um dos requisitos exigidos para concessão do pleito liminar de despejo. Nos termos do art. 59, § 1º da Lei nº 8.245/91 **a prestação de caução equivalente a três meses de aluguel é pressuposto para a concessão de liminar em despejo por falta de pagamento de aluguel**. Precedentes do E. Superior Tribunal de Justiça e deste Tribunal. **Descabimento da dispensa.** Recurso que se conhece e ao qual se nega provimento" (TJRJ, AI 0070336-34.2017.8.19.0000, 7ª Câmara Cível, relator Des. CAETANO ERNESTO DA FONSECA COSTA) (grifamos).

No nosso entendimento, o juiz não pode dispensar a prestação da caução, já que a lei exige a adoção dessa providência, não nos parecendo que a norma preveja a possibilidade de o magistrado liberar o autor do encargo, mesmo quando a dívida for superior ao valor correspondente a três aluguéis.

Outra questão polêmica diz respeito à possibilidade (ou não) de concessão da liminar com base em caução fidejussória, repita-se, que é gênero, com as modalidades da fiança e do aval. Vejamos as principais normas legais que versam sobre a primeira modalidade, extraídas do Código Civil:

"Art. 818. Pelo contrato de fiança, uma pessoa garante satisfazer ao credor uma obrigação assumida pelo devedor, caso este não a cumpra".

"Art. 819. A fiança dar-se-á por escrito, e não admite interpretação extensiva".

"Art. 825. Quando alguém houver de oferecer fiador, o credor não pode ser obrigado a aceitá-lo se não for pessoa idônea, domiciliada no município onde tenha de prestar a fiança, e não possua bens suficientes para cumprir a obrigação".

Com base nessas normas, é comum a formulação de pedido na petição inicial das ações de despejo, em que os autores solicitam a concessão de liminar com base em fiança, geralmente prestada por terceiro(s), que assina(m) documento que acompanha a petição inicial, obrigando-se a arcar com os prejuízos que o réu (locatário) vier a suportar em decorrência do cumprimento do mandado liminar, se a decisão provisória for posteriormente modificada.

O documento que instrui a petição inicial, assinado pelo fiador (denominado fiador judicial), deve vir acompanhado de outros documentos que comprovem a idoneidade do garantidor, demonstrando que este possui bens suficientes para cumprir a obrigação, nos termos da parte final do art. 825 do CC, com destaque para cópias de escrituras públicas de compra e venda de bens imóveis e de declarações do imposto de renda, apenas para exemplificar.

Por meio da leitura do julgado adiante transcrito, percebemos que os tribunais têm admitido a aceitação dessa modalidade de garantia:

> "Agravo de instrumento. Ação de despejo. Locação. Caso concreto. Matéria de fato. Preenchimento dos pressupostos para a concessão do pedido liminar. Incidência do inciso VIII do § 1º do art. 59 da Lei do Inquilinato, acrescido pela Lei nº 12.112/2009. Exercício regular de direito da locadora. Caução. **Ausência de vedação legal para prestação de caução fidejussória/real.** Agravo de instrumento desprovido" (TJRS, AI 70070773692, 15ª Câmara Cível, rel. Des. VICENTE BARRÔCO DE VASCONCELLOS) (grifamos).

Embora o juiz possa conceder a liminar com base em caução fidejussória, entendemos que, nesse caso, o deferimento da tutela provisória deve ser antecedido do estabelecimento do contraditório, mediante a concessão de prazo para que o réu se manifeste sobre o pedido formulado pelo seu adversário processual.

Não obstante o inciso I do parágrafo único do art. 9° do CPC preveja a possibilidade de prolação da denominada "decisão surpresa", quando o pedido formulado pela parte versar sobre tutela provisória de urgência, e a garantia prestada for de natureza fidejussória, a discussão não se limita à verificação do preenchimento dos requisitos relacionados no inciso IX do art. 59 da LI, mas sobre a idoneidade da garantia, de natureza pessoal.

#### *1.5.1.2.1 Interposição do recurso de agravo de instrumento*

Tanto na situação em que o magistrado concede a liminar quanto na que a nega, o pronunciamento pode ser atacado pelo recurso de agravo de instrumento, no prazo geral de 15 dias úteis e com fundamento no inciso I do art. 1.015 do CPC, limitando-se a discussão recursal ao preenchimento ou não dos requisitos relacionados no inciso IX do art. 59 da LI.[6]

No caso em que o juiz concede a liminar, o réu/locatário pode requerer a atribuição de efeito suspensivo ao recurso, em parágrafo que pode ser redigido da seguinte forma:

> Posta a questão nesses termos, demonstrado o não preenchimento dos requisitos relacionados no inciso IX do art. 59 da LI, o peticionário requer se digne Vossa Excelência a ATRIBUIR EFEITO SUSPENSIVO a este recurso, determinando o imediato recolhimento do mandado de despejo expedido por determinação do juiz que atua no 1º grau de jurisdição, sem o seu cumprimento.

No caso em que o recurso é interposto pelo autor/locador contra a decisão do juiz que nega a liminar, o recorrente pode requerer a concessão da tutela antecipada recursal da seguinte forma:

> Posta a questão nesses termos, demonstrado o preenchimento dos requisitos relacionados no inciso IX do art. 59 da LI, o peticionário requer se digne Vossa Excelência a CONCEDER A TUTELA ANTECIPADA RECURSAL, determinando a imediata expedição do mandado de despejo, a ser cumprido pelo oficial de justiça, se necessário com o auxílio da força policial.

Os dois pedidos são formulados com fundamento no inciso I do art. 1.019[7] da lei processual, e são enfrentados pelo relator do agravo de instrumento, por pronunciamento que pode ser atacado pelo recurso

---

6. "Agravo de instrumento. Locação. Ação de despejo. Indeferimento da liminar. Ausência dos requisitos legais. **Ausentes os requisitos legais para a caracterização das hipóteses de despejo imediato previstas nos incisos do § 1º do art. 59, da Lei n. 8.245/1991**, impondo-se o indeferimento da liminar postulada. Pretensão da autora que busca a revisão ou anulação contratual, sem demonstração de inadimplemento por parte do locatário. Agravo de instrumento desprovido" (TJRS, AI 70079273256, 15ª Câmara Cível, relatora Desembargadora ANA BEATRIZ ISER) (grifamos).
7. "Art. 1.019. Recebido o agravo de instrumento no tribunal e distribuído imediatamente, se não for o caso de aplicação do art. 932, incisos III e IV, o relator, no prazo de 5 (cinco) dias:

de agravo interno, no prazo de 15 dias úteis e com base no art. 1.021 do CPC.[8]

#### *1.5.1.3 Legitimidade ativa na ação de despejo por falta de pagamento de aluguéis e de encargos da locação*

A ação de despejo por falta de pagamento de aluguéis e de encargos da locação deve ser proposta pelo locador, não pela administradora que tenha sido encarregada da cobrança e do recebimento de aluguéis. Vejamos julgado nesse sentido:

> "Agravo de instrumento. Locação. Ação de despejo c/c cobrança de aluguéis. **Ilegitimidade ativa da administradora de imóveis**. Extinção do processo. **Em se tratando de ação de despejo c/c cobrança de aluguéis, apenas o locador detém legitimidade para figurar no polo ativo da demanda. Isso porque a administradora de imóveis é apenas representante do proprietário e não substituta processual**. Processo extinto, de ofício. Prejudicado o exame do recurso" (TJRS, AI 70076077429, 15ª Câmara Cível, relatora Des. ADRIANA DA SILVA RIBEIRO, j. 09.05.2018) (grifamos).

---

I – poderá atribuir efeito suspensivo ao recurso ou deferir, em antecipação de tutela, total ou parcialmente, a pretensão recursal, comunicando ao juiz sua decisão; (...)".

8. "Art. 1.021. Contra decisão proferida pelo relator caberá agravo interno para o respectivo órgão colegiado, observadas, quanto ao processamento, as regras do regimento interno do tribunal.

§ 1° Na petição de agravo interno, o recorrente impugnará especificadamente os fundamentos da decisão agravada.

§ 2° O agravo será dirigido ao relator, que intimará o agravado para manifestar-se sobre o recurso no prazo de 15 (quinze) dias, ao final do qual, não havendo retratação, o relator levá-lo-á a julgamento pelo órgão colegiado, com inclusão em pauta.

§ 3° É vedado ao relator limitar-se à reprodução dos fundamentos da decisão agravada para julgar improcedente o agravo interno.

§ 4° Quando o agravo interno for declarado manifestamente inadmissível ou improcedente em votação unânime, o órgão colegiado, em decisão fundamentada, condenará o agravante a pagar ao agravado multa fixada entre um e cinco por cento do valor atualizado da causa.

§ 5° A interposição de qualquer outro recurso está condicionada ao depósito prévio do valor da multa prevista no § 4°, à exceção da Fazenda Pública e do beneficiário de gratuidade da justiça, que farão o pagamento ao final".

Se a ação for indevidamente proposta pela administradora, mera representante do locador, considerando que a legitimidade das partes é matéria de ordem pública, do interesse do Estado, sendo uma das condições da ação, o magistrado deve indeferir a petição inicial, com fundamento no inciso II do art. 330 da lei processual,[9] **sem condenar o autor ao pagamento de honorários advocatícios**, já que o réu não foi citado, não tendo sido onerado com a contratação de advogado para defendê-lo.

Contudo, se o juiz não perceber que o autor não detém legitimidade e determinar o aperfeiçoamento da citação do réu, e se este arguir a ilegitimidade ativa como matéria preliminar (inciso XI do art. 337 do CPC), ao acolhê-la, o magistrado deve extinguir o processo sem a resolução do mérito, **condenando o autor ao pagamento das custas, das despesas processuais e dos honorários advocatícios**, em respeito aos princípios da sucumbência e da causalidade.

A preliminar pode ser arguida da seguinte forma:

> Antes de rebater as questões de mérito, o réu suscita a preliminar de ilegitimidade ativa, já que a ação foi indevidamente proposta pela administradora incumbida do recebimento dos aluguéis, mera representante do locador, que, por óbvio, não pode exercitar o direito de ação em nome deste, conforme pacífico entendimento jurisprudencial aplicável à matéria.
>
> Posta a questão nesses termos, comprovada a manifesta ilegitimidade da autora, o réu requer se digne Vossa Excelência a reconhecê-la, resultando na extinção do processo sem a resolução do mérito, providência acompanhada da condenação da demandante ao pagamento das custas, das despesas processuais e dos honorários advocatícios, em respeito aos princípios da sucumbência e da causalidade.

9. "Art. 330. A petição inicial será indeferida quando: (...);
II – a parte for manifestamente ilegítima; (...)".

Examinando o que frequentemente ocorre nas ações de despejo por falta de pagamento, percebemos que alguns réus suscitam a ilegitimidade ativa do locador, pelo fato de não ser proprietário do imóvel locado, embora tenham passado meses ou anos pagando aluguéis a este, e de terem com ele contratado.

**A condição de proprietário não é exigida para a locação de bens imóveis**, por isso, a arguição de ilegitimidade ativa deve ser rejeitada. Vejamos julgado sobre a questão:

> "Apelação cível. Locação. Ação de despejo c/c cobrança de alugueres e encargos. Legitimidade ativa. Tem legitimidade ativa para a propositura da ação de despejo por falta de pagamento o locador ou quem se sub-rogou no seu direito, **sendo irrelevante ser ou não proprietário do imóvel**. Apelo provido para afastar a extinção do feito. Julgamento da lide pelo Tribunal. Mérito. Caso concreto. Despejo. Perda do objeto. Desocupado o imóvel no curso da lide, caracterizada a perda superveniente do objeto. Cobrança. Sendo incontroversa a inadimplência desde o mês de maio de 2013, cabível a condenação da ré ao pagamento dos locativos devidos desde então até a entrega das chaves nos autos. Sucumbência. Fulcro no princípio da causalidade, impõe-se a condenação da ré ao pagamento da integralidade dos ônus da sucumbência. Deram provimento ao apelo. Unânime" (TJRS, Apelação Cível 70076028265, 15ª Câmara Cível, rel. Des. OTÁVIO AUGUSTO DE FREITAS BARCELLOS (grifamos).

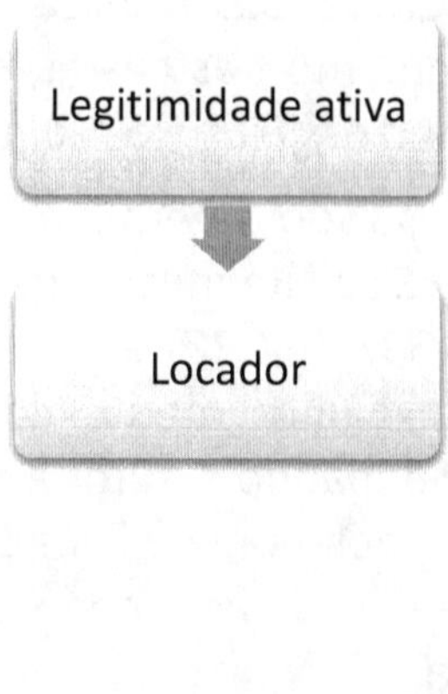

#### *1.5.1.4 Legitimidade passiva na ação de despejo por falta de pagamento de aluguéis e de encargos da locação*

Pelas mesmas razões expostas na seção anterior, **as ações de despejo devem ser propostas contra o locatário**, identificado no contrato de locação, quando celebrado por escrito, mesmo que tenha cedido a locação a um terceiro, estranho ao locador, como percebemos por meio da análise do seguinte julgado:

> "Apelação cível. Locação não residencial. Ação de despejo. Cobrança. Cessão consentida. Legitimidade passiva da locatária/cedente. A cedência da locação, ainda que consentida, não extingue o vínculo jurídico existente entre locador e locatário, permanecendo hígidos os deveres previstos no instrumento que firmaram. **A cessão, outrossim, diz respeito exclusivamente ao cedente e ao cessionário, cuidando-se de relação estranha ao locador. Contexto em que a locatária/cedente é parte legítima para figurar no polo passivo da ação de despejo e, perante a locadora, continua responsável pelo pagamento dos aluguéis e encargos.** Relativamente à pretensão da recorrente de dilatar o prazo para devolução do imóvel, houve perda do objeto a partir da desocupação. Honorários recursais devidos. Apelação conhecida em parte e desprovida" (TJRS, Apelação Cível 70076062322, 16ª Câmara Cível, relatora Desembargadora CLÁUDIA MARIA HARDT) (grifamos).

O ajuizamento da ação contra pessoa diferente do locatário autoriza o magistrado a indeferir a petição inicial, com fundamento no inciso II do art. 330 do CPC, prolatando sentença terminativa, sem condenar o autor ao pagamento das custas, das despesas processuais e dos honorários advocatícios, já que o réu não foi citado.

Contudo, se o magistrado determinar o aperfeiçoamento da citação do réu e este arguir a sua ilegitimidade como preliminar da contestação (inciso XI do art. 337 do CPC), acolhendo-a, o juiz deve extinguir o processo sem a resolução do mérito, com fundamento no inciso VI do art. 485 do CPC, condenando o autor ao pagamento das custas, das despesas processuais e dos honorários advocatícios, já que o réu foi onerado com a contratação de advogado, como condição para a apresentação da sua defesa.

A preliminar pode ser arguida da seguinte forma:

> Antes de rebater as alegações de mérito, o réu suscita a preliminar de ilegitimidade passiva, já que não celebrou contrato de locação com o autor, como percebemos através da simples análise do instrumento que acompanhou a petição inicial, em que consta o nome do locatário, que não é o demandado, o que significa dizer que este não mantém qualquer relação de direito material com a parte contrária.
>
> Posta a questão nesses termos, e com base no entendimento jurisprudencial aplicável à matéria, o peticionário requer se digne Vossa Excelência a acolher a preliminar suscitada, extinguindo o processo sem a resolução do mérito e condenando o autor ao pagamento das custas, das despesas processuais e dos honorários advocatícios, em respeito aos princípios da sucumbência e da causalidade.

### *1.5.1.4.1 Ilegitimidade passiva do fiador na fase de cumprimento da sentença*

Em algumas ações de despejo por falta de pagamento de aluguéis e de encargos da locação, em vez de proporem a demanda contra o locatário e o(s) fiador(es), os locadores se limitam a ajuizá-la apenas contra aquele, obtendo sentença que decreta a rescisão do contrato de locação e condena o vencido ao pagamento dos aluguéis em atraso, além das custas, das despesas processuais e dos honorários advocatícios.

Independentemente da desocupação voluntária ou forçada do imóvel, como o vencido não paga a dívida, os locadores instauram a fase de cumprimento da sentença contra os réus (locatários) e os fiadores, repita-se, que não integraram a fase de conhecimento da ação de despejo em que o título judicial foi constituído.

Nesses casos, o juiz deve reconhecer a ilegitimidade passiva dos fiadores, por meio do acolhimento da impugnação ou da exceção de pré-executividade que estes vieram a opor, ou até mesmo em resposta à petição avulsa, com fundamento no § 5° do art. 513 do CPC (ratificando a Súmula 268 do STJ[10]), que tem a seguinte redação:

> "Art. 513. (...).
>
> § 5º O cumprimento da sentença não poderá ser promovido em face do fiador, do coobrigado ou do corresponsável que não tiver participado da fase de conhecimento".

Embora os locadores/autores não possam instaurar a fase de cumprimento da sentença contra os fiadores que não integraram a ação de despejo, podem propor ação de execução fundada em título extrajudicial contra esses mesmos obrigados, com base no contrato de locação, já que esse documento é título executivo extrajudicial (inciso VIII do art. 784 do CPC[11]).

Nesse caso, o crédito a ser executado deve se limitar aos aluguéis e aos encargos locatícios em atraso, sem incluir as custas, as despesas processuais e os honorários sucumbenciais arbitrados na sentença que decretou o despejo e que condenou o locatário ao pagamento do principal e dos encargos.

### *1.5.1.5 Petição inicial da ação de despejo por falta de pagamento de aluguéis e de encargos da locação*

A petição inicial da ação de despejo por falta de pagamento de aluguéis e dos encargos da locação deve preencher os requisitos listados no art. 319 do CPC, quais sejam:

**(a)** O juízo a que é dirigida.

---

10. "O fiador que não integrou a relação processual na ação de despejo não responde pela execução do julgado".

11. "Art. 784. São títulos executivos extrajudiciais: (...);
VIII – o crédito, documentalmente comprovado, decorrente de aluguel de imóvel, bem como de encargos acessórios, tais como taxas e despesas de condomínio; (...)".

**(b)** Os nomes, os prenomes, o estado civil, a existência de união estável, a profissão, o número de inscrição no Cadastro de Pessoas Físicas ou no Cadastro Nacional da Pessoa Jurídica, o endereço eletrônico, o domicílio e a residência do autor e do réu.

**(c)** O fato e os fundamentos jurídicos do pedido.

**(d)** O pedido com as suas especificações.

**(e)** O valor da causa.

**(f)** As provas com que o autor pretende demonstrar a verdade dos fatos alegados.

**(g)** A opção do autor pela realização ou não de audiência de conciliação ou de mediação.

Os requisitos da petição inicial das ações de despejo são estudados em seções deste capítulo, sendo importante destacar que alguns magistrados não vêm designando dia e hora para a realização da audiência de tentativa de conciliação, nessas ações, mesmo que os autores manifestem interesse pela autocomposição, na petição inicial (inciso VII do art. 319 do CPC), por entenderem que a prática desse ato não está prevista na lei especial, com o que não concordamos.

Embora a Lei 8.245/1991 se sobreponha ao Código de Processo Civil, na matéria referente à locação, em respeito ao princípio da especialidade, entendemos que a conciliação e a mediação devem ser estimuladas em todas as ações judiciais, por permitirem a resolução do conflito de interesses e o encerramento do processo em espaço de tempo menor, valorizando o princípio da razoável duração do processo.

###### *1.5.1.5.1 Juízo a que é dirigida*

A petição inicial da ação de despejo por falta de pagamento deve ser endereçada para o juízo do **foro do lugar da situação do imóvel, ou para o juízo do foro eleito pelas partes no contrato de locação celebrado** (inciso II do art. 58 da LI). Vejamos julgado sobre a matéria:

> "Conflito negativo de competência. Ação de despejo. Foro competente. Art. 58, II, da Lei nº 8.245/91. **Conforme prerrogativa contida no art. 58, II, da Lei nº 8.245/91, é**

> **competente para apreciar a ação de despejo, o foro eleito pelas partes no contrato de locação.** Cláusula contratual prevendo o foro de Sapucaia do Sul para dirimir os conflitos oriundos da locação. Súmula 335 do STF. Precedentes. Conflito negativo de competência julgado procedente" (TJRS, Conflito de competência 70058972571, 16ª Câmara Cível, relatora Desembargadora CATARINA RITA KRIEGER MARTINS) (grifamos).

Essa competência é de natureza relativa, e, por isso, a incompetência não pode ser reconhecida de ofício pelo juiz, dependendo de provocação do réu, por meio da arguição de preliminar da contestação (inciso II do art. 337 do CPC), cujo acolhimento acarreta a remessa dos autos ao juízo competente (§ 3° do art. 64 da lei processual[12]).

No interior do foro (sinônimo de comarca, como a do Rio de Janeiro, por exemplo), a competência para processar e julgar as ações de despejo por falta de pagamento é das Varas Cíveis, exceto se uma das partes for pessoa jurídica de direito público, quando a competência será da Vara da Fazenda Pública.

### *1.5.1.5.2 Nome e qualificação das partes*

Nas seções 1.5.1.3 e 1.5.1.4, estudamos a legitimidade ativa e passiva nas ações de despejo por falta de pagamento, o que nos libera de repetirmos as considerações. Quanto à qualificação das partes, o autor muitas vezes ignora o estado civil, a profissão, o número do CPF ou do CNPJ do réu, o que não se constitui em problema, já que o nosso sistema processual é adepto do princípio da finalidade.

Por isso, mesmo que o autor não informe todos os dados de identificação do réu na petição inicial, desde que este seja citado, a omissão não caracteriza nulidade, mas mera irregularidade, suprida com o aperfeiçoamento da citação.

---

12. "Art. 64. (...). § 3° Caso a alegação de incompetência seja acolhida, os autos serão remetidos ao juízo competente. (...)".

Do mesmo modo, se o autor informar que o réu é brasileiro, casado e advogado, sendo este, na verdade, brasileiro, solteiro e médico, o equívoco cometido também não retrata nulidade, mas mera irregularidade, desde que o réu seja efetivamente citado.

O compartimento da petição inicial em que o autor identifica e qualifica as partes costuma ter a seguinte redação:

> JOÃO DA SILVA, brasileiro, casado, advogado, inscrito no CPF/MF sob o nº 909.808.707 - 06, residente e domiciliado na Rua 13, nº 14, no bairro de Afogados, município do Recife, capital do Estado de Pernambuco, por seu advogado, conforme instrumento procuratório em anexo, em que consta o seu endereço profissional, para fins de aperfeiçoamento de intimações judiciais, vem, pela presente, com fundamento no art. 1º e seguintes da Lei do Inquilinato, propor AÇÃO DE DESPEJO POR FALTA DE PAGAMENTO DE ALUGUÉIS E DE ENCARGOS DA LOCAÇÃO contra JOSÉ DOS SANTOS, brasileiro, solteiro, engenheiro, residente e domiciliado na Rua 9, nº 10, no bairro da Encruzilhada, município do Recife, capital do Estado de Pernambuco, de acordo com as razões de fato e de direito adiante aduzidas:

### *1.5.1.5.3 Fatos e fundamentos jurídicos do pedido*

A parte dos fatos das petições iniciais das ações de despejo por falta de pagamento costuma ser sucinta, limitando-se a informar que as partes celebraram contrato de locação, identificando o bem locado, e que o réu deixou de pagar aluguéis e/ou encargos da locação a partir de determinada data.

Além disso, essa parte costuma apresentar tabela que informa os meses não pagos, com os valores correspondentes.

No que se refere aos fundamentos jurídicos do pedido, é frequente a transcrição dos arts. 59 e 62 da LI, que versam especificamente sobre a ação de despejo por falta de pagamento. Diferentemente de outras ações, não é comum a transcrição de lições doutrinárias e de julgados proferidos em ações semelhantes, nas ações de despejo por falta de pagamento, por serem demandas relativamente simples, em que a discussão está limitada ao pagamento ou não dos aluguéis e/ou dos encargos da locação.

#### *1.5.1.5.4 O pedido com as suas especificações*

Na situação prevista no inciso IX do art. 59 da LI (nas ações de despejo por falta de pagamento, estando o contrato desprovido de qualquer das garantias, por não ter sido contratada ou em caso de extinção ou pedido de exoneração dela, independentemente de motivo), o autor/locador pode requerer a concessão de liminar, da seguinte forma:

> Posta a questão nesses termos, o autor requer se digne Vossa Excelência a:
>
> (a) Conceder liminar *initio littis* e *inaudita altera parte*, determinando a expedição do mandado de despejo, a ser cumprido pelo oficial de justiça, com o auxílio da força policial, autorizando o réu a retirar seus pertences do bem locado.

O pedido principal, formulado nas petições iniciais das ações de despejo por falta de pagamento, é o de **rescisão do contrato**, em decorrência do inadimplemento do locatário, com consequente **decretação do seu despejo e fixação de prazo para a desocupação do imóvel**.

Quando o pedido de despejo é cumulado com a cobrança de aluguéis, o autor/locador deve requerer a condenação do locatário e do fiador (se a ação for proposta contra este) ao pagamento da dívida, permitindo a instauração da fase de cumprimento da sentença, se o pagamento não for realizado voluntariamente, o que (infelizmente) se constitui na exceção.

Além desses pedidos (decretação do despejo e condenação ao pagamento dos aluguéis e dos encargos da locação), o autor/locador deve requerer a condenação do locatário e do fiador ao pagamento das custas, das despesas processuais e dos honorários advocatícios, no valor correspondente a 10% sobre o montante devido, salvo se o contrato contiver disposição diferente (alínea *d* do inciso II do art. 62 da LI).

O magistrado está autorizado a condenar o vencido ao pagamento das custas, das despesas processuais e dos honorários advocatícios, mesmo que o autor não tenha formulado pedido nesse sentido, na petição inicial, por estarmos diante de pedidos implícitos, subentendidos no principal (§ 1° do art. 322 do CPC[13]).

#### *1.5.1.5.5 Valor da causa*

Nas ações de despejo por falta de pagamento, o valor da causa deve ser igual a 12 vezes o aluguel vigente, como prevê o inciso III do art. 58 da LI, importância que serve como base de cálculo para a fixação das custas processuais (geralmente estimadas em 2% desse valor) e dos honorários advocatícios.

O § 3° do art. 292 do CPC[14] autoriza o juiz a modificar o valor da causa, de ofício e por arbitramento, determinando, consequentemente, que o autor seja intimado para complementar as custas processuais no prazo de 15 dias úteis (art. 290 do CPC), sob pena de indeferimento da petição inicial.

O pronunciamento em que o magistrado modifica o valor da causa, de ofício e por arbitramento, não pode ser atacado pelo recurso de agravo de instrumento, por não estar relacionado no art. 1.015 do CPC.

#### *1.5.1.5.6 As provas com que o autor pretende demonstrar a verdade dos fatos alegados*

Embora a ação de despejo por falta de pagamento quase sempre seja julgada de forma antecipada (julgamento antecipado da lide), pelo fato de o magistrado entender que não há necessidade de produção de outras provas, além dos documentos que instruíram a petição inicial e a contestação (inciso I do art. 355 do CPC), é prudente o protesto pela produção de provas, pelo autor, na petição inicial, pois pode ser surpreendido com alegação exposta pelo réu na contestação, fazendo surgir a necessidade de produção de outra modalidade de prova (testemunhal, depoimento pessoal, pericial, por exemplo).

---

13. "Art. 322. (...). § 1° Compreendem-se no principal os juros legais, a correção monetária e as verbas de sucumbência, inclusive os honorários advocatícios. (...)".

14. "Art. 292. (...). § 3° O juiz corrigirá, de ofício e por arbitramento, o valor da causa quando verificar que não corresponde ao conteúdo patrimonial em discussão ou ao proveito econômico perseguido pelo autor, caso em que procederá ao recolhimento das custas correspondentes".

Assim, mesmo que o autor solicite posteriormente o julgamento antecipado do pedido (ou do mérito, expressões que são sinônimas do ponto de vista processual), quando apresentar a sua réplica (na situação em que a contestação não o surpreende), é aconselhável a inclusão de parágrafo no final da petição inicial com a seguinte redação:

> Protesta provar o alegado por todos os meios de prova em direito admitidos, tal como a juntada de novos documentos, ressalvando a possibilidade de posteriormente requerer o julgamento antecipado do mérito, se os argumentos que vierem a ser expostos pelo réu na contestação não forem capazes de desconstituir a prova documental que instrui esta petição inicial.

### 1.5.1.5.6.1 Documentos essenciais

A petição inicial da ação de despejo por falta de pagamento de aluguéis e de encargos da locação deve ser instruída com cópias:

**(a)** Da procuração.

**(b)** Do contrato de locação, quando a locação houver sido celebrada por escrito.

**(c)** De recibos de aluguéis, de cartas enviadas por uma das partes para a outra, *e-mails*, mensagens de WhatsApp ou qualquer outro documento que comprove minimamente a existência da locação, quando esta for verbal.

**(d)** De cálculo discriminado do valor do débito.

Esses documentos são essenciais, e, por isso, a ausência de qualquer deles é causa de determinação da emenda da petição inicial (art. 321 do CPC[15]), no prazo de 15 dias úteis, sob pena do seu indeferimento (parágrafo único do art. 321 e inciso IV do art. 330 do CPC).

---

15. "Art. 321. O juiz, ao verificar que a petição inicial não preenche os requisitos dos arts. 319 e 320 ou que apresenta defeitos e irregularidades capazes de dificultar o julgamento de mérito, determinará que o autor, no prazo de 15 (quinze) dias, a emende ou a complete, indicando com precisão o que deve ser corrigido ou complementado. Parágrafo único. Se o autor não cumprir a diligência, o juiz indeferirá a petição inicial".

Quanto ao cálculo discriminado do valor do débito, pode ser elaborado pelo próprio autor, não necessariamente por contador, afastando-se a exigência de formalismo exagerado, sendo suficiente que, com os cálculos, o réu possa exercitar o direito de purgar a mora ou de apresentar contestação.

Vejamos julgado sobre essa questão:

> "Apelação cível. Locação. Ação de despejo por falta de pagamento c/c cobrança. Preliminar de inépcia da inicial. Memória discriminada do débito. **A exigência de cálculo discriminado do valor do débito há de ser interpretada sem excesso de formalismo, aceitando-se o pedido sempre que possa o réu, sem maiores dificuldades, entender a pretensão deduzida**. Ademais, na espécie, o locador trouxe aos autos planilha de cálculo identificando os valores pleiteados. Débito incontroverso. Abatimento do valor da caução do total da dívida. Possibilidade. Multa compensatória. Impossibilidade de incidência da multa compensatória, no caso de ação de despejo por falta de pagamento, onde incide apenas a multa moratória, sob pena de dupla penalidade. Precedentes. Verba honorária. Percentual de honorários advocatícios acertados contratualmente. Inaplicabilidade. Pedido prejudicado no caso concreto. Pedido de assistência judiciária gratuita deduzido nas razões de apelo. Deferimento. Ônus da sucumbência. Redimensionamento. Rejeitada a preliminar, deram parcial provimento à apelação. Unânime" (TJRS, Apelação Cível 70071304075, 15ª Câmara Cível, rel. Des. OTÁVIO AUGUSTO DE FREITAS BARCELLOS) (grifamos).

### *1.5.1.5.7 A opção do autor pela realização ou não da audiência de conciliação ou de mediação*

O autor pode informar o seu interesse na autocomposição em parágrafo com a seguinte redação:

> Cumprindo a exigência constante do inciso VII do art. 319 do CPC, o autor informa que tem interesse na autocomposição, requerendo se digne Vossa Excelência a designar dia e hora para a realização da audiência de tentativa de conciliação ou de mediação, intimando-se o réu para comparecer ao ato processual.

Se o autor informa que não tem interesse na autocomposição, o juiz determina que o réu seja citado para purgar a mora ou para apresentar contestação, no prazo geral de 15 dias, contado a partir da juntada do mandado de citação aos autos, com a exclusão do dia de início e a inclusão do dia do término do prazo.

Diferentemente, se o autor informa que tem interesse na autocomposição e o juiz designa dia e hora para a realização da audiência de conciliação ou da sessão de mediação, não havendo acordo, o réu disporá do prazo de 15 dias úteis, contado a partir da mesma audiência.

### *1.5.1.6 Dinâmica da ação de despejo por falta de pagamento*

#### *1.5.1.6.1 Purgação da mora*

No prazo de 15 dias, contado a partir da juntada do mandado ou da carta de citação aos autos, o locatário e o(s) fiador(es) podem evitar a rescisão do contrato de locação, realizando a denominada **purgação (ou purga) da mora**, consistindo no pagamento da dívida com todos os seus acréscimos, incluindo:

**(a)** O principal (aluguéis e acessórios da locação).

**(b)** As multas ou penalidades contratuais, quando previstas.

**(c)** Os juros de mora.

**(d)** As custas, as despesas processuais e os honorários advocatícios, fixados em 10% do valor da dívida, salvo se o contrato contiver outra previsão.

O réu não deve se limitar a comparecer aos autos, no prazo de 15 dias, protocolando petição em que manifesta a sua intenção de purgar a mora, solicitando a remessa dos autos ao contador para que o auxiliar do juízo informe o valor devido. A adoção dessa providência não é suficiente para evitar a rescisão do contrato, a decretação do despejo e a condenação do demandado ao pagamento dos aluguéis, dos acessórios, das custas, das despesas processuais e dos honorários advocatícios.

Diferentemente, no prazo legal, o réu deve protocolar petição acompanhada de documento (guia de depósito judicial) que comprove a efetiva purgação da mora.

A comunicação da purgação da mora pode ser feita por petição com o seguinte texto:

> **JOÃO DA SILVA**, por seu advogado, nos autos da **Ação de Despejo** proposta por **MANOEL DOS SANTOS**, processo nº 000.000.000 - 00, havendo sido citado, vem, pela presente, no prazo legal de 15 (quinze) dias úteis, comprovar a **PURGA DA MORA**, conforme guia de depósito judicial em anexo, requerendo se digne Vossa Excelência a determinar o aperfeiçoamento da intimação do autor, para que confirme o cabal adimplemento da obrigação, providência seguida da extinção do processo com a resolução do mérito.

O direito de purgar a mora deve ser conferido ao locatário e ao fiador mesmo nos casos em que o autor formular pedido de concessão da liminar, na petição inicial, como percebemos por meio da leitura do seguinte julgado:

> "Agravo de instrumento. Locação. Ação de despejo cumulada com cobrança. Pedido liminar. Incidência da Lei n. 12.112/2009. Demonstrado nos autos que a ação de despejo por falta de pagamento se funda em contrato de locação desprovido de garantias, cabível o despejo liminar (art. 59, § 1º, IX, e § 3º, da Lei n. 8.245/1991). **Entretanto, deve ser possibilitada ao inquilino a purgação da mora, conforme preconiza o § 3º, do art. 59, da Lei 8.245/91**. Recurso parcialmente provido em decisão monocrática" (TJRS, AI 70077543023, 16ª Câmara Cível, Rel. Des. ERGIO ROQUE MENINE) (grifamos).

### *1.5.1.6.2 Intimação do autor*

Após a purgação da mora, realizada por depósito judicial, em conta à disposição do juízo, o locador é intimado para se manifestar nos autos, quando pode alegar que o depósito não é integral, informando a diferença que entende devida, permitindo que o réu realize novo depósito, no prazo de 10 dias, extinguindo integralmente a obrigação, autorizando a extinção do processo.

A alegação de que o depósito judicial não é integral não pode ser genérica, exigindo-se a indicação do valor da diferença que o autor entende devido, justamente para permitir que o réu realize a complementação.

### *1.5.1.6.3 Contestação*

Em vez de purgar a mora, o autor pode contestar a ação, no prazo de 15 dias úteis, contado a partir da juntada aos autos do mandado de citação cumprido, do Aviso de Recebimento – AR, quando a citação for aperfeiçoada pela via postal, ou da audiência de tentativa de conciliação, se designada (quando o autor informar o seu interesse pela autocomposição, na petição inicial).

O prazo para a apresentação da contestação é contado em dobro, quando a ação é proposta contra o denominado **pobre na forma da lei**, desde que representado pela Defensoria Pública (art. 186 do CPC[16]), bem como quando apresentar mais de um réu (**litisconsórcio passivo**), desde que representados por advogados distintos, que integrem escritórios de advocacia igualmente distintos, e que o processo tenha curso em autos físicos (art. 229 do CPC[17]), o que não é a regra.

| Prazo para a apresentação da contestação | Situação |
|---|---|
| **15 dias úteis** | Quando a ação é proposta contra um único réu, que não é pobre na forma da lei |
| **30 dias úteis** | Quando a ação é proposta contra mais de um réu (litisconsórcio passivo), representados por diferentes procuradores, integrantes de escritórios de advocacia distintos, e desde que o processo tramite em autos físicos |
| **30 dias úteis** | Quando a ação é proposta contra o pobre na forma da lei, representado por defensor público |

---

16. "Art. 186. A Defensoria Pública gozará de prazo em dobro para todas as suas manifestações processuais. (...)".
17. "Art. 229. Os litisconsortes que tiverem diferentes procuradores, de escritórios de advocacia distintos, terão prazos contados em dobro para todas as suas manifestações, em qualquer juízo ou tribunal, independentemente de requerimento. § 1° Cessa a contagem do prazo em dobro se, havendo apenas 2 (dois) réus, é oferecida defesa por apenas um deles. § 2° Não se aplica o disposto no *caput* aos processos em autos eletrônicos".

No caso de litisconsórcio passivo, o prazo para a apresentação da defesa é contado a partir da juntada do último mandado de citação cumprido, ou do Aviso de Recebimento – AR referente à última citação igualmente aperfeiçoada, quando pela via postal.[18]

Na contestação, o réu pode arguir as preliminares relacionadas no art. 337 do CPC e apresentar defesa direta (de mérito), principalmente para alegar que realizou o pagamento dos aluguéis e dos encargos da locação, inexistindo inadimplemento da obrigação, o que, se for reconhecido, é causa de julgamento da ação pela improcedência dos pedidos, com a condenação do autor ao pagamento das custas, das despesas processuais e dos honorários advocatícios.

No que toca às preliminares, lembramos que o art. 337 do CPC contém preliminares **peremptórias** e preliminares **dilatórias**; que o acolhimento das primeiras acarreta a extinção do processo sem a resolução do mérito, enquanto o das segundas resulta em outra consequência processual, diferente da extinção, como a remessa dos autos ao juízo prevento, quando acolhida a preliminar de conexão, apenas para exemplificar.

Focados nas ações de despejo por falta de pagamento, elaboramos quadro-resumo, no qual identificamos cada uma das preliminares, informando a consequência advinda do seu acolhimento e incluindo texto com sugestão de conteúdo:

---

18. "Apelação. Locação. Ação de despejo. Pedido de AJG. Concessão. Os documentos juntados aos autos demonstram que os apelantes possuem renda inferior a 05 salários-mínimos mensais, fazendo jus ao benefício da AJG. Levantamento da revelia. Possibilidade. Prazo em dobro não observado. Nulidade da sentença. Para a computação do prazo em dobro, basta a existência de litisconsórcio passivo e que os demandados não sejam patrocinados pelos mesmos procuradores, nos termos do art. 229, *caput*, do CPC. No caso em análise, o último mandado de citação foi juntado aos autos no dia 30.01.18, quando, então, começou a fluir o prazo para o oferecimento da contestação, consoante inteligência do art. 231, inc. II e § 1º, do CPC. O lapso encerrou-se no dia 19.03.18, o que torna, portanto, tempestiva a contestação oferecida pela apelante Maria de Lourdes, protocolada em 15.03.18, impondo-se o levantamento da revelia, que também se estende aos codemandados, nos termos do art. 345, inc. I, do CPC. Desconstituída a sentença, ante o requerimento de produção de provas, especialmente a testemunhal e pericial, cabendo ao juízo de primeiro a análise acerca da pertinência, sob pena de supressão de instância. Recursos providos" (TJRS, Apelação Cível 70079159893, 16ª Câmara Cível, relatora Desembargadora JUCELANA LURDES PEREIRA DOS SANTOS).

| Preliminar | Consequência advinda do seu acolhimento | Sugestão de redação da preliminar |
|---|---|---|
| **Inexistência ou nulidade da citação** | Reconhecimento da nulidade de todos os atos processuais, a partir da citação | Antes de o réu rebater os aspectos de mérito, suscita a nulidade da citação como matéria preliminar, já que, apesar de ter sido considerado citado, sequer se encontrava nesta cidade no dia do suposto cumprimento do mandado de citação, mas em São Paulo, como comprova o documento anexo. Desse modo, o réu requer se digne Vossa Excelência a reconhecer a nulidade da citação e dos atos subsequentes, em respeito à teoria do fruto da árvore envenenada |
| **Incompetência absoluta e relativa** | Encaminhamento dos autos ao juízo competente, com a ressalva de que o § 4° do art. 64 do CPC estabelece que, *salvo decisão judicial em sentido contrário, conservar-se-ão os efeitos de decisão proferida pelo juízo incompetente até que outra seja proferida, se for o caso, pelo juízo competente* | Antes de adentrar no mérito, o réu suscita a incompetência relativa como preliminar, considerando que a ação foi proposta na cidade do Rio de Janeiro, quando o contrato de locação celebrado entre as partes prevê que o foro competente é o da comarca de Florianópolis. Desse modo, comprovada a incompetência relativa, o réu requer se digne Vossa Excelência a reconhecê-la, resultando na remessa dos autos ao juízo competente |
| **Incorreção do valor da causa** | Modificação do valor da causa e intimação do autor para recolher as custas complementares, sob pena de extinção do processo sem a resolução do mérito | Antes de adentrar no mérito, o peticionário suscita a incorreção do valor da causa como matéria preliminar, considerando que o autor atribuiu à causa a quantia de R$ 10.000,00, de forma aleatória, quando o inciso III do art. 58 da LI estabelece que o valor da causa deve ser igual a 12 vezes o valor do aluguel, nas ações locatícias. Desse modo, o réu requer se digne Vossa Excelência a modificar o valor da causa para R$ 120.000,00, determinando que o autor seja intimado para complementar as custas processuais, sob pena de extinção do processo sem a resolução do mérito |

| Preliminar | Consequência advinda do seu acolhimento | Sugestão de redação da preliminar |
|---|---|---|
| **Inépcia da petição inicial** | Extinção do processo sem a resolução do mérito | Antes de adentrar no mérito, o réu suscita a inépcia da petição inicial como matéria preliminar, considerando que o autor requereu a reintegração de posse do bem locado, requerimento que é incompatível com a ação de despejo. Posta a questão nesses termos, o réu requer se digne Vossa Excelência a extinguir o processo sem a resolução do mérito, providência acompanhada da condenação do autor ao pagamento das custas, das despesas processuais e dos honorários advocatícios |
| **Perempção** | Extinção do processo sem a resolução do mérito | Antes de adentrar no mérito, o peticionário suscita a perempção como matéria preliminar, partindo da premissa de que o autor ajuizou três ações na sequência, extintas sem a resolução do mérito, por abandono processual. Desse modo, o réu requer se digne Vossa Excelência a extinguir o processo sem a resolução do mérito, providência acompanhada da condenação do autor ao pagamento das custas, das despesas processuais e dos honorários advocatícios |
| **Litispendência** | Extinção do processo sem a resolução do mérito | Antes de adentrar no mérito, o peticionário suscita a litispendência como matéria preliminar, partindo da premissa de que o autor propôs ação idêntica a esta, que tramita na 10ª Vara Cível da Capital, distribuída dois meses antes da ação rebatida por esta manifestação processual. Desse modo, o réu requer se digne Vossa Excelência a extinguir o processo sem a resolução do mérito, providência acompanhada da condenação do autor ao pagamento das custas, das despesas processuais e dos honorários advocatícios |

| Preliminar | Consequência advinda do seu acolhimento | Sugestão de redação da preliminar |
|---|---|---|
| **Coisa julgada** | Extinção do processo sem a resolução do mérito | Antes de adentrar no mérito, o peticionário suscita a coisa julgada como matéria preliminar, partindo da premissa de que ação idêntica a esta tramitou na 10ª Vara Cível da Capital, já tendo sido sentenciada, por pronunciamento que transitou em julgado. Desse modo, o réu requer se digne Vossa Excelência a extinguir o processo sem a resolução do mérito, providência acompanhada da condenação do autor ao pagamento das custas, das despesas processuais e dos honorários advocatícios |
| **Conexão** | Encaminhamento dos autos ao juízo prevento | Antes de adentrar no mérito, o réu suscita a conexão como matéria preliminar, partindo da premissa de que ajuizou ação de consignação em pagamento contra o autor, como comprova o documento em anexo, demanda que foi distribuída dois meses antes da instauração dessa nova ação, caracterizando a prevenção do juízo responsável pelo julgamento da ação consignatória. Desse modo, para evitar a contradição entre os julgados, o peticionário requer se digne Vossa Excelência a reconhecer a conexão, determinando a remessa dos autos ao juízo prevento |
| **Incapacidade da parte, defeito de representação ou falta de autorização** | Suspensão do processo, com fixação de prazo razoável para a eliminação do vício, sob pena de extinção do processo sem a resolução do mérito | Antes de adentrar no mérito, o réu suscita o defeito de representação do autor, já que este, na condição de pessoa jurídica, deveria estar representado em juízo pelo seu representante legal, pessoa diferente de quem assinou a procuração que instruiu a petição inicial. Desse modo, o réu requer se digne Vossa Excelência a suspender o processo e fixar prazo razoável para a eliminação do vício, sob pena de extinção do feito sem a resolução do mérito, providência acompanhada da condenação do autor ao pagamento das custas, das despesas processuais e dos honorários advocatícios |

| Preliminar | Consequência advinda do seu acolhimento | Sugestão de redação da preliminar |
|---|---|---|
| **Convenção de arbitragem** | Extinção do processo sem a resolução do mérito | Antes de adentrar no mérito, o réu suscita a convenção de arbitragem como matéria preliminar, considerando que as partes inseriram cláusula compromissória no contrato de locação que celebraram, prevendo que eventuais litígios não seriam resolvidos no âmbito do Poder Judiciário, mas por um árbitro, o que não foi observado pelo autor. Desse modo, em respeito à cláusula compromissória, o réu requer se digne Vossa Excelência a extinguir o processo sem a resolução do mérito, providência acompanhada da condenação do autor ao pagamento das custas, das despesas processuais e dos honorários advocatícios |
| **Ausência de legitimidade ou de interesse processual** | Extinção do processo sem a resolução do mérito | Antes de adentrar no mérito, o réu suscita a ausência de legitimidade do autor, fundada na alegação de que a ação de despejo foi proposta pela administradora responsável pelo recebimento dos aluguéis, quando a jurisprudência é pacífica sobre a matéria, no sentido de exigir que a ação seja ajuizada pelo locador. Desse modo, sendo patente a ilegitimidade ativa, o réu requer se digne Vossa Excelência a extinguir o processo sem a resolução do mérito, providência acompanhada da condenação do autor ao pagamento das custas, das despesas processuais e dos honorários advocatícios |
| **Falta de caução ou de outra prestação que a lei exige como preliminar** | Extinção do processo sem a resolução do mérito | Antes de adentrar nos aspectos de mérito, o peticionário suscita a falta de caução, como matéria preliminar, já que o autor não reside no Brasil, não tendo prestado caução para garantir o pagamento das custas, das despesas processuais e dos honorários advocatícios, advindos de eventual condenação, em caso de julgamento da ação pela improcedência dos pedidos. Desse modo, com fundamento no art. 83 do CPC, o peticionário requer se digne Vossa Excelência a acolher a preliminar, extinguindo o processo sem a resolução do mérito, providência acompanhada da condenação do autor ao pagamento das custas, das despesas processuais e dos honorários advocatícios |

| Preliminar | Consequência advinda do seu acolhimento | Sugestão de redação da preliminar |
|---|---|---|
| **Indevida concessão do benefício de gratuidade de justiça** | Revogação do benefício e intimação do autor para recolher as custas, sob pena de extinção do processo sem a resolução do mérito | Antes de o réu adentrar nos aspectos de mérito, suscita a indevida concessão dos benefícios da justiça gratuita como matéria preliminar, comprovando que a parte contrária tem plenas condições de efetuar o recolhimento das custas processuais, sem prejuízo do seu sustento, sendo empresário abastado, como evidencia o documento em anexo, como tal, cópia da declaração de imposto de renda do demandante. Desse modo, considerando que a afirmação de pobreza que consta da petição inicial não é sincera, o peticionário requer se digne Vossa Excelência a acolher a preliminar suscitada, determinando que o autor recolha as custas processuais no prazo legal, sob pena de extinção do processo sem a resolução do mérito, providência acompanhada da sua condenação ao pagamento das custas, das despesas processuais e dos honorários advocatícios |

No que se refere à defesa de mérito, como destacamos em outras passagens desta obra, a contestação do réu se limita à discussão sobre a realização ou não do pagamento, total ou parcialmente.

### *1.5.1.6.4 Réplica*

Se o réu não purgar a mora, e contestar a ação, o autor é intimado para se manifestar em réplica, com fundamento no art. 351 do CPC, adiante transcrito:

> "Art. 351. Se o réu alegar qualquer das matérias enumeradas no art. 337, o juiz determinará a oitiva do autor no prazo de 15 (quinze) dias, permitindo-lhe a produção de prova".

Alguns autores (por meio dos advogados que os representam) desdenham da réplica, supondo que esse ato teria pouca importância no contexto do processo. Não pensamos assim. Em primeiro lugar, é importante destacar que a apresentação da réplica (desde que todos os argumentos expostos pelo réu sejam rebatidos pelo autor) evita a aplicação da pena de confissão ficta (admissão, como verdadeiras, das alegações não rebatidas), que advém do fato de o autor não se manifestar sobre a contestação apresentada pelo seu adversário processual.

A aplicação dessa pena, por si só, não é causa que necessariamente acarrete o julgamento da ação em favor do réu, que contestou e que não teve os seus argumentos rebatidos pelo seu adversário processual, mas pode ser utilizada pelo magistrado na formação do seu convencimento, associada às provas constantes dos autos.

Além disso, a réplica consiste em uma oportunidade para que o autor se manifeste sobre preliminares arguidas pelo réu na contestação, tentando evitar o seu acolhimento, que pode resultar na extinção do processo sem a resolução do mérito, quando a preliminar for peremptória, como a inépcia da petição inicial, a litispendência, a coisa julgada, a perempção, apenas para exemplificar.

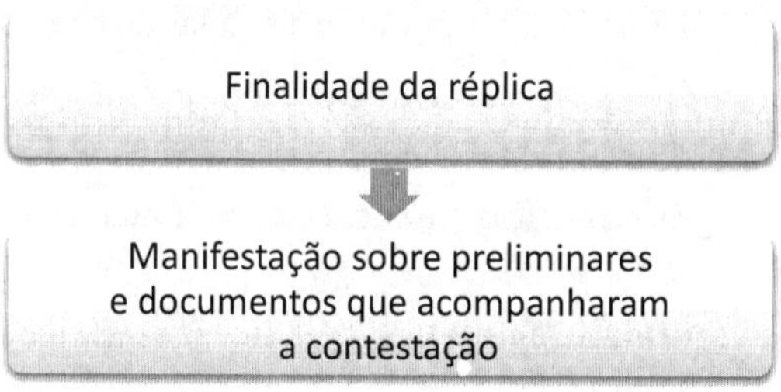


### *1.5.1.6.5 Julgamento conforme o estado do processo*

Após a apresentação da réplica pelo autor, ou o decurso do prazo para a prática desse ato, sem que o seja, o processo pode seguir por um dentre três caminhos:

Embora o julgamento antecipado seja mais frequente, nas ações de despejo por falta de pagamento de aluguéis e de acessórios da locação, estudamos este e os dois outros atos nas seções seguintes.

### 1.5.1.6.5.1 Extinção do processo

A extinção do processo sem a resolução do mérito tem fundamento no art. 485 do CPC, adiante transcrito:

> "Art. 485. O juiz não resolverá o mérito quando:
>
> I – indeferir a petição inicial;
>
> II – o processo ficar parado durante mais de 1 (um) ano por negligência das partes;
>
> III – por não promover os atos e as diligências que lhe incumbir, o autor abandonar a causa por mais de 30 (trinta) dias;
>
> IV – verificar a ausência de pressupostos de constituição e de desenvolvimento válido e regular do processo;
>
> V – reconhecer a existência de perempção, de litispendência ou de coisa julgada;
>
> VI – verificar ausência de legitimidade ou de interesse processual;
>
> VII – acolher a alegação de existência de convenção de arbitragem ou quando o juízo arbitral reconhecer sua competência;
>
> VIII – homologar a desistência da ação;
>
> IX – em caso de morte da parte, a ação for considerada intransmissível por disposição legal; e
>
> X – nos demais casos prescritos neste Código.
>
> § 1º Nas hipóteses descritas nos incisos II e III, a parte será intimada pessoalmente para suprir a falta no prazo de 5 (cinco) dias.
>
> § 2º No caso do § 1º, quanto ao inciso II, as partes pagarão proporcionalmente as custas, e, quanto ao inciso III, o autor será condenado ao pagamento das despesas e dos honorários de advogado.

> § 3º O juiz conhecerá de ofício da matéria constante dos incisos IV, V, VI e IX, em qualquer tempo e grau de jurisdição, enquanto não ocorrer o trânsito em julgado.
>
> § 4º Oferecida a contestação, o autor não poderá, sem o consentimento do réu, desistir da ação.
>
> § 5º A desistência da ação pode ser apresentada até a sentença.
>
> § 6º Oferecida a contestação, a extinção do processo por abandono da causa pelo autor depende de requerimento do réu.
>
> § 7º Interposta a apelação em qualquer dos casos de que tratam os incisos deste artigo, o juiz terá 5 (cinco) dias para retratar-se".

Quando o juiz extingue o processo sem a resolução do mérito, após a apresentação da contestação pelo réu, deve condenar o autor ao pagamento das custas, das despesas processuais e dos honorários advocatícios, em respeito aos princípios da sucumbência e da causalidade (§ 2° do art. 85 do CPC[19]), já que aquele contratou advogado para a apresentação da sua defesa.

Embora o juiz possa extinguir o processo sem a resolução do mérito no início da sua tramitação, indeferindo a petição inicial, quando o réu sequer foi citado (art. 330 do CPC), o fato de ter determinado o aperfeiçoamento da citação e de o réu ter apresentado defesa não o impede de adotar a mesma providência após a apresentação da réplica pelo autor.

A ação de despejo por falta de pagamento de aluguéis e de acessórios da locação costuma ser extinta sem a resolução do mérito quando:

---

19. "Art. 85. A sentença condenará o vencido a pagar honorários ao advogado do vencedor. (...)".

§ 2° Os honorários serão fixados entre o mínimo de dez e o máximo de vinte por cento sobre o valor da condenação, do proveito econômico obtido ou, não sendo possível mensurá-lo, sobre o valor atualizado da causa, atendidos:

I – o grau de zelo do profissional;

II – o lugar da prestação do serviço;

III – a natureza e a importância da causa;

IV – o trabalho realizado pelo advogado e o tempo exigido para o seu serviço. (...)".

**(a)** O autor abandonar a causa por mais de 30 dias (inciso III do art. 485 do CPC).

**(b)** O juiz verificar a ausência de legitimidade (inciso VI do art. 485 do CPC), como na situação em que a ação é proposta pela administradora responsável pelo recebimento dos aluguéis, não pelo locador.[20]

**(c)** O juiz verificar a ausência do interesse processual (inciso VI do art. 485 do CPC), como na situação em que o réu comprova que efetuou o pagamento dos aluguéis e dos acessórios da locação ou que entregou as chaves do imóvel antes do ajuizamento da ação, subsistindo o interesse apenas na cobrança, não no pedido de decretação do despejo.

**(d)** O juiz acolher a alegação de existência de convenção de arbitragem, por ter constatado que as partes inseriram a denominada **cláusula compromissória** no contrato de locação (art. 4° da Lei 9.307/1996[21]).

A extinção do processo sem a resolução do mérito ocorre por meio da prolação de sentença terminativa, que produz coisa julgada meramente formal (efeito limitado ao processo em que o pronunciamento foi proferido), podendo ser atacada pelo recurso de embargos de declaração, no prazo de 5 dias úteis, se o vencido entender que o

---

20. "Agravo de instrumento. Locação. Ação de despejo c/c cobrança de aluguéis. Ilegitimidade ativa da administradora de imóveis. Extinção do processo. **Em se tratando de ação de despejo c/c cobrança de aluguéis, apenas o locador detém legitimidade para figurar no polo ativo da demanda**. Isso porque a administradora de imóveis é apenas representante do proprietário e não substituta processual. Processo extinto, de ofício. Prejudicado o exame do recurso" (TJRS, AI 70076077429, 15ª Câmara Cível, relatora Desembargadora ADRIANA DA SILVA RIBEIRO) (grifamos).

21. "Art. 4° A cláusula compromissória é a convenção através da qual as partes em um contrato comprometem-se a submeter à arbitragem os litígios que possam vir a surgir, relativamente a tal contrato. § 1° A cláusula compromissória deve ser estipulada por escrito, podendo estar inserta no próprio contrato ou em documento apartado que a ele se refira. § 2° Nos contratos de adesão, a cláusula compromissória só terá eficácia se o aderente tomar a iniciativa de instituir a arbitragem ou concordar, expressamente, com a sua instituição, desde que por escrito em documento anexo ou em negrito, com a assinatura ou visto especialmente para essa cláusula".

pronunciamento é omisso, obscuro e/ou contraditório (art. 1.022 do CPC), ou pela apelação, no prazo de 15 dias úteis.

Em vez de interpor o recurso de apelação, o autor pode propor nova ação de despejo, desde que elimine o vício que acarretou a extinção da ação anteriormente proposta, já que a sentença nela proferida produziu coisa julgada meramente formal, cujos efeitos são limitados ao processo em que o pronunciamento foi prolatado (efeitos endo processuais).

### 1.5.1.6.5.2 Julgamento antecipado

O juiz pode julgar antecipadamente o mérito (técnica também denominada de julgamento antecipado do pedido) nas situações previstas no art. 355 do CPC, adiante transcrito:

> "Art. 355. O juiz julgará antecipadamente o pedido, proferindo sentença com resolução de mérito, quando:
>
> I – não houver necessidade de produção de outras provas;
>
> II – o réu for revel, ocorrer o efeito previsto no art. 344 e não houver requerimento de prova, na forma do art. 349".

Iniciando pela situação indicada no inciso II da norma reproduzida, lembramos que a revelia significa ausência de resposta, que pode produzir os seguintes efeitos:

**(a)** Presunção de veracidade dos fatos afirmados pelo autor.

**(b)** Autorização para o julgamento antecipado do pedido.

**(c)** Fluência de prazos independentemente de intimações.

O principal efeito produzido pela revelia (presunção de veracidade dos fatos afirmados pelo autor) é meramente relativo e, por isso, o magistrado pode julgar a ação pela improcedência dos pedidos ou designar dia e hora para a realização da audiência de instrução e julgamento, mesmo que o réu não tenha contestado a ação, quando tiver dúvidas sobre a verossimilhança das alegações expostas pelo autor na petição inicial, embora a adoção dessa técnica não seja comum, muito menos nas ações de despejo por falta de pagamento, em que a discussão é limitada ao pagamento ou não dos aluguéis e/ou dos encargos da locação.

No que se refere à situação prevista no inciso I do art. 355 do CPC (julgamento antecipado do pedido quando *não houver necessidade de produção de outras provas*), é uma das particularidades das ações de despejo por falta de pagamento, sem que isto caracterize o cerceamento do direito de defesa, como regra.

O que se discute nas ações de despejo por falta de pagamento é se o réu adimpliu ou não as obrigações assumidas no contrato, com destaque para o pagamento de aluguéis e dos acessórios da locação, discussão predominantemente centrada em torno de documentos, como recibos de pagamento e transferências bancárias.

Desse modo, como a comprovação do pagamento pode ser realizada documentalmente pelo réu, no prazo de que dispõe para purgar a mora ou para contestar a ação, a prova oral (produzida na audiência de instrução e julgamento), em princípio, não é adequada para suprir a ausência da prova documental.

Atentos à jurisprudência, percebemos que os tribunais tendem a validar o julgamento antecipado do mérito ou do pedido, realizado pelos magistrados, por entenderem que a ação de despejo por falta de pagamento não é caracterizada por apresentar fase de instrução probatória após a apresentação da réplica pelo autor, sendo mais comum o seu julgamento abreviado.

Vejamos pronunciamento que ilustra essa posição:

> "Ação de despejo por falta de pagamento. **Ausência de cerceamento de defesa. Julgamento antecipado da lide que obedece aos critérios do artigo 330 do CPC. Provas pericial e oral desnecessárias ao deslinde da controvérsia.** Discriminação do débito suficientemente realizada pelos locadores. *Mora solvendi* incontroversa, impondo-se a rescisão contratual. Locatária que não questiona sua inadimplência, tecendo apenas argumentos que não são capazes de justificar a suspensão dos pagamentos. Argumentos defensivos que, inclusive, demandariam discussão em ação própria. Precedente desta Corte Estadual condenando a inércia de propósitos escusos do devedor. Ausência de elemento probatório,

> ao menos indiciário, acerca das supostas benfeitorias, as quais sequer foram individualizadas pela peça de bloqueio. Pedido rescisório extraído da interpretação lógico-sistemática concedida à peça inicial. Sentença de procedência que se mantém. Apelo improvido" (TJRJ, Apelação Cível 0017208-36.2017.8.19.0021, 10ª Câmara Cível, rel. Des. CELSO LUIZ DE MATOS PERES) (grifamos).

É importante que o magistrado exponha as razões que o levaram a julgar a ação de forma antecipada, na sentença proferida após a apresentação da réplica, respeitando a norma abrigada pelo § 1° do art. 489 do CPC,[22] evitando a alegação de cerceamento do direito de defesa, por parte do vencido, cujo acolhimento (por ocasião do julgamento da apelação) é causa para o reconhecimento da nulidade da sentença.

### 1.5.1.6.5.3 Saneamento e organização do processo

O saneamento se constitui em ato praticado pelo magistrado, com fundamento no art. 357 do CPC, adiante transcrito:

> "Art. 357. Não ocorrendo nenhuma das hipóteses deste Capítulo, deverá o juiz, em decisão de saneamento e de organização do processo:
>
> I – resolver as questões processuais pendentes, se houver;
>
> II – delimitar as questões de fato sobre as quais recairá a atividade probatória, especificando os meios de prova admitidos;
>
> III – definir a distribuição do ônus da prova, observado o art. 373;

---

22. "Art. 489. (...). § 1° Não se considera fundamentada qualquer decisão judicial, seja ela interlocutória, sentença ou acórdão, que: I – se limitar à indicação, à reprodução ou à paráfrase de ato normativo, sem explicar sua relação com a causa ou a questão decidida; II – empregar conceitos jurídicos indeterminados, sem explicar o motivo concreto de sua incidência no caso; III – invocar motivos que se prestariam a justificar qualquer outra decisão; IV – não enfrentar todos os argumentos deduzidos no processo capazes de, em tese, infirmar a conclusão adotada pelo julgador; V – se limitar a invocar precedente ou enunciado de súmula, sem identificar seus fundamentos determinantes nem demonstrar que o caso sob julgamento se ajusta àqueles fundamentos; VI – deixar de seguir enunciado de súmula, jurisprudência ou precedente invocado pela parte, sem demonstrar a existência de distinção no caso em julgamento ou a superação do entendimento. (...)".

IV – delimitar as questões de direito relevantes para a decisão do mérito;

V – designar, se necessário, audiência de instrução e julgamento.

§ 1º Realizado o saneamento, as partes têm o direito de pedir esclarecimentos ou solicitar ajustes, no prazo comum de 5 (cinco) dias, findo o qual a decisão se torna estável.

§ 2º As partes podem apresentar ao juiz, para homologação, delimitação consensual das questões de fato e de direito a que se referem os incisos II e IV, a qual, se homologada, vincula as partes e o juiz.

§ 3º Se a causa apresentar complexidade em matéria de fato ou de direito, deverá o juiz designar audiência para que o saneamento seja feito em cooperação com as partes, oportunidade em que o juiz, se for o caso, convidará as partes a integrar ou esclarecer suas alegações.

§ 4º Caso tenha sido determinada a produção de prova testemunhal, o juiz fixará prazo comum não superior a 15 (quinze) dias para que as partes apresentem rol de testemunhas.

§ 5º Na hipótese do § 3º, as partes devem levar, para a audiência prevista, o respectivo rol de testemunhas.

§ 6º O número de testemunhas arroladas não pode ser superior a 10 (dez), sendo 3 (três), no máximo, para a prova de cada fato.

§ 7º O juiz poderá limitar o número de testemunhas levando em conta a complexidade da causa e dos fatos individualmente considerados.

§ 8º Caso tenha sido determinada a produção de prova pericial, o juiz deve observar o disposto no art. 465 e, se possível, estabelecer, desde logo, calendário para sua realização.

§ 9º As pautas deverão ser preparadas com intervalo mínimo de 1 (uma) hora entre as audiências".

Embora o mais comum seja o julgamento antecipado do pedido após a apresentação da réplica, se o juiz não adotar essa técnica e resolver sanear o processo, as partes devem ficar atentas para esse ato, que pode definir se a vitória será atribuída ao autor ou ao réu.

Em primeiro lugar, e seguindo a ordem do art. 357, o juiz deve verificar a existência de **questões que possam comprometer o julgamento do mérito**, examinando se as partes são legítimas e se estão devidamente representadas, além de enfrentar preliminares que tenham sido arguidas pelo réu na contestação.

Na sequência, e quanto à **delimitação das questões de fato sobre as quais recairá a prova**, essa discussão costuma se centrar na existência ou não da dívida imputada ao réu, que é o fundamento das ações de despejo por falta de pagamento, embora, repita-se, a prova documental tenha prevalência em relação à prova oral sobre essa questão.

Assim, quando há dúvidas se o pagamento foi ou não realizado pelo réu, que não dispõe de documentos que possam comprovar a veracidade da sua alegação (pagamento), pelo mesmo em tese e em situações excepcionais, o juiz pode fixar esse ponto como sendo controvertido, autorizando a produção de prova diferente da documental, para que o réu possa se liberar do ônus da prova quanto à existência de fato extintivo do direito do autor (pagamento).

Se for o caso de **designar audiência de instrução e julgamento**, o magistrado marca dia e hora para a realização desse ato processual, deferindo a produção de provas, com destaque para a oral (depoimento das partes e/ou ouvida de testemunhas).

A decisão de saneamento do processo como regra é irrecorrível, após prolatada, embora a parte que não concordar com os seus termos possa suscitar a questão como preliminar da apelação, como prevê o § 1° do art. 1.009 do CPC.[23]

Não obstante a decisão não possa ser atacada logo depois de proferida, as partes podem **pedir esclarecimentos ou solicitar ajustes**, no prazo de cinco dias úteis e com fundamento no § 1° do art. 357 do CPC,

23. "Art. 1.009. Da sentença caberá apelação.

§ 1° As questões resolvidas na fase de conhecimento, se a decisão a seu respeito não comportar agravo de instrumento, não são cobertas pela preclusão e devem ser suscitadas em preliminar de apelação, eventualmente interposta contra a decisão final, ou nas contrarrazões. (...)".

após serem intimadas do pronunciamento, manifestação processual que não tem a natureza jurídica de recurso.

O pedido de esclarecimentos ou a solicitação de ajuste pode ser fundamentado na alegação da necessidade de produção da prova testemunhal, quando o juiz apenas deferiu a produção da prova pericial; na edificação ou não de benfeitorias pelo réu, quando o juiz se limitou a fixar a realização ou não do pagamento como ponto controvertido, apenas para exemplificar.

Vejamos como o pedido por ser formulado:

> Ao Juízo da 1ª Vara Cível da Comarca de Salvador.
>
> **MANOEL DOS SANTOS**, por seu advogado, nos autos da **Ação de Despejo** proposta por **JOANA DA SILVA**, processo nº 001.009.2024.8.17.2001, havendo sido intimado do teor da r. decisão em que esse douto Juízo saneou o processo, vem, pela presente, **SOLICITAR AJUSTE**, de acordo com as razões de fato e de direito adiante aduzidas:
>
> 01. Conforme percebemos através da simples leitura da petição constante do ID 898765, ao contestar a ação, o réu afirmou que realizou pagamentos ao autor, sem que este tenha fornecido os recibos correspondentes, certamente com a intenção de dificultar o reconhecimento dos direitos do peticionário em juízo.
>
> 02. Para comprovar a realização dos pagamentos, relacionados aos aluguéis cobrados na ação em exame, o réu requereu a produção da prova oral, tendo sido surpreendido pela decisão de saneamento do processo, em que Vossa Excelência se limitou a deferir a produção da prova documental.
>
> 03. Desse modo, considerando a importância da prova oral para a formação do convencimento desse douto Juízo, e a preocupação em se evitar o cerceamento do direito de defesa do réu, o demandado formula pedido de ajuste, solicitando que Vossa Excelência modifique parcialmente a decisão referida em linhas anteriores, para expressamente deferir a produção da prova oral, designando dia e hora para a realização da audiência de instrução e julgamento.

A decisão de saneamento do processo **só pode ser atacada pelo recurso de agravo de instrumento na parte em que o juiz distribuir o**

**<u>ônus da prova de modo diverso</u>**, se for o caso, como prevê o inciso XI do art. 1.015 do CPC, distribuição que tem fundamento no § 1° do art. 373 do mesmo Código, adiante transcrito:

> "Art. 373. (...).
>
> § 1º Nos casos previstos em lei ou diante de peculiaridades da causa relacionadas à impossibilidade ou à excessiva dificuldade de cumprir o encargo nos termos do *caput* ou à maior facilidade de obtenção da prova do fato contrário, poderá o juiz atribuir o ônus da prova de modo diverso, desde que o faça por decisão fundamentada, caso em que deverá dar à parte a oportunidade de se desincumbir do ônus que lhe foi atribuído. (...)".

A denominada *inversão do ônus da prova* era técnica exclusivamente adotada nas ações que versam sobre relação de consumo, com fundamento no inciso VIII do art. 6° do CDC, textual em prever a possibilidade de o magistrado inverter o ônus da prova em favor do consumidor, quando, a seu critério, for verossímil a alegação ou quando constatar que o consumidor é hipossuficiente, segundo as regras ordinárias de experiência.

A hipossuficiência do consumidor, que justifica a inversão do ônus da prova, pode ser técnica e/ou financeira, constatada caso a caso pelo magistrado. O legislador infraconstitucional se inspirou na norma consumerista, para **<u>permitir a redistribuição do ônus da prova em todas as ações</u>**, mesmo nas que não versem sobre relação de consumo.

Embora tenha utilizado expressão diferente da que consta no CDC, estabelecendo que o juiz pode distribuir o ônus da prova de modo diverso (que corresponde à denominada inversão do ônus da prova) quando constatar a impossibilidade ou a excessiva dificuldade de cumprir o encargo ou a maior facilidade de obtenção da prova do fato contrário, entendemos que nos encontramos diante da hipossuficiência técnica e/ou financeira de uma das partes (quase sempre do autor, que assume o ônus da prova com muito mais frequência, se comparado ao réu, por força do inciso I do art. 373 do CPC).

Quer-nos parecer que a impossibilidade ou a excessiva dificuldade de cumprir o encargo nada mais é do que a constatação do estado de hipossuficiência financeira e/ou técnica, como também a maior facilidade de obtenção da prova do fato contrário significa que a parte à qual o ônus será atribuído se encontra numa posição de superioridade em relação à parte contrária, que, por isso, é hipossuficiente.

A modificação legislativa reforça um dos pilares do CPC/2015, qual seja, o de que o magistrado não é mero expectador do processo. Deve permanecer imparcial, sob pena de infringir o princípio da isonomia, mas também deve exercer função proativa no processo, pois é dele o encargo de prestar a jurisdição, e já passou o tempo em que a prestar se limitava a prolatar uma sentença de qualquer forma.

Por tradição, nosso direito processual sempre adotou a teoria estática de distribuição do ônus da prova, marcada pela distribuição imutável desse ônus, obrigando a quem alega o fato prová-lo. Contudo, essa teoria não é adequada para resolver os casos de prova diabólica ou negativa. Por conta disso, foi desenvolvida a **teoria da distribuição dinâmica do ônus da prova**, fundada no princípio da igualdade ou da isonomia, atribuindo o ônus da prova a quem puder suportá-lo, ideia que marca o CPC/2015.

O § 3° do art. 357 da lei processual prevê a possibilidade de o juiz sanear o processo com a cooperação das partes, quando entender que a causa é complexa em matéria de fato ou de direito, o que não é frequente nas ações de despejo por falta de pagamento, que costumam ser simples, em termos jurídicos e dos fatos, apresentando poucas discussões.

Embora a designação da audiência de saneamento não seja frequente, quando marcada, os atos relacionados nos incisos I a V do art. 357 do CPC são praticados na própria audiência, que não se destina à produção de provas, limitando-se a sanear e a organizar o processo para a prática dos atos seguintes, com destaque para a audiência de instrução e julgamento.

A designação ou não da audiência de saneamento (a depender da constatação da complexidade ou não da causa) impacta na definição do prazo de que as partes dispõem para apresentarem o rol de testemunhas, pois, se o saneamento do processo for realizado isoladamente pelo magistrado, publicada a decisão, as partes dispõem do prazo de até 15 dias para a apresentação do rol, enquanto que, se o juiz designar audiência para sanear o processo com a cooperação das partes, estas devem apresentar o rol de testemunhas na audiência.

### *1.5.1.6.6 Produção da prova pericial*

Na contestação, o réu pode alegar que realizou benfeitorias e que, por isso, pretende ser indenizado, em tese tendo o direito de reter o imóvel até que seja integralmente indenizado. Sobre a matéria, transcrevemos os arts. 35 e 36 da LI:

> "Art. 35. Salvo expressa disposição contratual em contrário, as benfeitorias necessárias introduzidas pelo locatário, ainda que não autorizadas pelo locador, bem como as úteis, desde que autorizadas, serão indenizáveis e permitem o exercício do direito de retenção".
>
> "Art. 36. As benfeitorias voluptuárias não serão indenizáveis, podendo ser levantadas pelo locatário, finda a locação, desde que sua retirada não afete a estrutura e a substância do imóvel".

A respeito do conceito de cada uma das modalidades de benfeitorias, transcrevemos o art. 96 do CC:

> "Art. 96. As benfeitorias podem ser voluptuárias, úteis ou necessárias.
>
> § 1º São voluptuárias as de mero deleite ou recreio, que não aumentem o uso habitual do bem, ainda que o tornem mais agradável ou sejam de elevado valor.
>
> § 2º São úteis as que aumentam ou facilitam o uso do bem.
>
> § 3º São necessárias as que têm por fim conservar o bem ou evitar que se deteriore".

Se o réu alegou que realizou benfeitorias, e se não renunciou ao direito de ser indenizado, deve ser diligente na fase de saneamento do processo, para garantir que o juiz reconheça a realização ou não das benfeitorias como ponto controvertido, e para que defira a produção da prova pericial, entendendo a jurisprudência que o magistrado está autorizado a indeferir a produção dessa modalidade de prova, quando constatar que o réu (locatário) renunciou ao direito de ser indenizado, como percebemos por meio da leitura do seguinte julgado:

> "Agravo de instrumento. Locação de imóvel. Ação de despejo. Reconvenção. Prova pericial. Caso concreto. Matéria de fato. Art. 300 do CPC/15. Desnecessária se mostra a realização de perícia técnica no presente caso, ante a renúncia expressa, pelo locatário, de benfeitorias realizadas no imóvel locado. Previsão legal e sumular. Precedentes jurisprudenciais. Agravo de instrumento provido" (TJRS, AI 70079788477, 15ª Câmara Cível, rel. Des. VICENTE BARRÔCO DE VASCONCELLOS) (grifamos).

Tanto a decisão em que o magistrado defere a produção da prova pericial como a que a indefere não podem ser atacadas pelo recurso de agravo de instrumento, por não estarem inseridas na relação do art. 1.015 do CPC, devendo a parte que se sente prejudicada suscitar a questão como preliminar do recurso de apelação, com fundamento no § 1° do art. 1.009 da lei processual, alegando que foi cerceada no seu direito de defesa, o que pode ser feito em parágrafos com a seguinte redação:

> Antes de o réu/apelante expor as razões de mérito que embasam o pedido de reforma da sentença atacada, denuncia que foi CERCEADO NO SEU DIREITO DE DEFESA, como matéria preliminar, com fundamento no § 1º do art. 1.009 do CPC e no inciso LV do art. 5º da CF, já que o magistrado que atua no 1º grau de jurisdição indeferiu a produção da prova pericial, que tinha a finalidade de comprovar a realização de benfeitorias pelo peticionário, como condição para que recebesse indenização, que deve ser paga pelo seu adversário processual.
>
> O pedido de produção da prova pericial foi indeferido por ocasião do saneamento do processo, sob a alegação de que o peticionário teria renunciado ao direito de ser indenizado e de reter o imóvel que se constitui no objeto da ação, no contrato de locação que instruiu a petição inicial.
>
> A decisão é equivocada, já que nos encontramos diante de contrato de adesão, unilateralmente elaborado pela parte contrária, mais forte na relação processual, quando comparada ao peticionário, matéria que foi abordada na contestação, e não enfrentada pelo douto Julgador.

> Desse modo, como questão preliminar, o peticionário requer se dignem Vossas Excelências a reconhecer o cerceamento do direito de defesa sofrido pelo réu/apelante, declarando a nulidade de todos os atos processuais, inclusive da sentença atacada, determinando o retorno dos autos à instância de origem, para que a prova pericial seja produzida e, assim, para que possa ser utilizada na formação do convencimento do Julgador.

Diferentemente, se o juiz deferir a produção da prova pericial, é frequente a nomeação de perito na própria decisão de saneamento, ato seguido da intimação do profissional para que apresente proposta de honorários, e das partes, para que suscitem o eventual impedimento ou a suspeição do perito, bem como para que formulem quesitos e indiquem assistentes técnicos, com fundamento no art. 465 do CPC, adiante transcrito:

> "Art. 465. O juiz nomeará perito especializado no objeto da perícia e fixará de imediato o prazo para a entrega do laudo.
>
> § 1º Incumbe às partes, dentro de 15 (quinze) dias contados da intimação do despacho de nomeação do perito:
>
> I – arguir o impedimento ou a suspeição do perito, se for o caso;
>
> II – indicar assistente técnico;
>
> III – apresentar quesitos.
>
> § 2º Ciente da nomeação, o perito apresentará em 5 (cinco) dias:
>
> I – proposta de honorários;
>
> II – currículo, com comprovação de especialização;
>
> III – contatos profissionais, em especial o endereço eletrônico, para onde serão dirigidas as intimações pessoais.
>
> § 3º As partes serão intimadas da proposta de honorários para, querendo, manifestar-se no prazo comum de 5 (cinco) dias, após o que o juiz arbitrará o valor, intimando-se as partes para os fins do art. 95.
>
> § 4º O juiz poderá autorizar o pagamento de até cinquenta por cento dos honorários arbitrados a favor do perito no início dos trabalhos, devendo o remanescente ser pago apenas

ao final, depois de entregue o laudo e prestados todos os esclarecimentos necessários.

§ 5º Quando a perícia for inconclusiva ou deficiente, o juiz poderá reduzir a remuneração inicialmente arbitrada para o trabalho.

§ 6º Quando tiver de realizar-se por carta, poder-se-á proceder à nomeação de perito e à indicação de assistentes técnicos no juízo ao qual se requisitar a perícia".

A petição em cumprimento ao disposto no artigo reproduzido pode ser elaborada da seguinte forma:

Ao Juízo da Vara Cível da Comarca de Florianópolis.

**JOÃO DA SILVA**, por seu advogado, nos autos da **Ação de Despejo** proposta por **MANOEL DOS SANTOS**, processo nº 0003456-2024.8.17.2001, havendo sido intimado do teor do r. despacho proferido por ocasião do saneamento do processo, em que Vossa Excelência determinou que as partes suscitem eventual impedimento ou suspeição do perito, formulem quesitos de perícia e indiquem assistentes técnicos, vem, pela presente, isto fazer, nos seguintes termos:

**QUESITOS DE PERÍCIA:**

01. Diga o Sr. Perito, analisando os documentos que acompanharam a contestação e examinando o bem objeto do litígio se há comprovação da realização de benfeitorias pelo réu.
02. Diga o Sr. Perito, se afirmativa a resposta ao quesito anterior, qual a modalidade de cada benfeitoria realizada pelo réu.
03. Diga o Sr. Perito qual o valor gasto pelo réu para realizar cada uma das benfeitorias.
04. Diga o Sr. Perito qual a valorização apresentada pelo bem, em decorrência da realização de benfeitorias.

**ASSISTENTE TÉCNICO**

– JOÃO MIGUEL DOS SANTOS

Brasileiro, casado, engenheiro civil

CPF/MF 000.000.000 - 00

Endereço: Rua do Mar, 100, Florianópolis/SC, Brasil

Telefone: (00) 98888-0000

Nestes termos, protestando pela apresentação de quesitos complementares, pede deferimento.

Local e data.

Nome do advogado

OAB

Apresentado o laudo em cartório, as partes dispõem do prazo de 15 dias úteis para se manifestarem sobre ele, podendo concordar com os seus termos, expressa ou tacitamente (sem o protocolo de qualquer petição no referido prazo), ou impugná-lo, requerendo esclarecimentos por escrito, o que deve ser feito no prazo de 15 dias úteis, como prevê o § 2° do art. 477 do CPC.

A impugnação ao laudo não pode ser genérica, sob pena de sua rejeição, como percebemos por meio da leitura do seguinte julgado:

> "Ressalte-se que o magistrado é o destinatário final da produção probatória, sendo dele a tarefa de analisar livremente as provas dos autos, sopesando as diligências necessárias ao deslinde da controvérsia, à luz dos fatos, jurisprudência e aspectos pertinentes da legislação vigente, para firmar seu convencimento e proferir decisão fundamentada. Como se não bastasse isso, na apelação, o reconvinte traz **impugnação genérica ao laudo pericial**, não especificando detalhadamente o erro supostamente cometido pelo especialista. Limita-se o apelante a alegar que o laudo da perícia foi superficial e que diverge dos documentos dos autos. Recurso de apelação improvido" (TJBA, Apelação Cível 0018258-80.2012.8.05.0080, 2ª Câmara Cível) (grifamos).

Prestados os esclarecimentos, a parte não pode mais requerer que outros sejam novamente prestados por escrito, embora possa requerer que o perito seja intimado para comparecer à audiência de instrução e julgamento, para que preste os esclarecimentos no início desse ato processual (inciso I do art. 361 do CPC).

Para tanto, a parte deve formular as perguntas que pretende sejam respondidas pelo perito, sob a forma de quesitos, com fundamento no § 3° do art. 477 do CPC.

### *1.5.1.6.7 Audiência de instrução e julgamento*

Não sendo o caso de extinção do processo sem a resolução do mérito ou de julgamento antecipado do pedido, e saneado o processo, o magistrado designa dia e hora para a realização da audiência de instrução e julgamento, para a produção da prova oral (tomada do depoimento pessoal das partes e/ou ouvida de testemunhas), o que não é frequente nas ações de despejo por falta de pagamento, quase sempre resolvidas com base na prova documental produzida pelas partes.

Essa audiência deve ser antecedida da prática de atos preparatórios, com destaque para a **apresentação do rol de testemunhas**, pelas partes, e para a **intimação destas e das testemunhas**.

Quanto ao primeiro ato preparatório, na seção 1.5.1.6.5.3, destacamos que o rol de testemunhas deve ser apresentado:

**(a)** Até 15 dias após a intimação da decisão de saneamento do processo, quando esse ato é praticado de forma isolada pelo magistrado, independentemente da designação de audiência, o que é o mais frequente.

**(b)** Na audiência de saneamento, quando o magistrado a designa, por constatar que a causa é complexa em matéria de fato ou de direito (§ 3° do art. 357 do CPC[24]).

Cada parte tem o direito de arrolar até dez testemunhas, sendo três, no máximo, para a prova de cada fato controvertido (§ 6° do art.

---

24. "Art. 357. (...).
§ 3° Se a causa apresentar complexidade em matéria de fato ou de direito, deverá o juiz designar audiência para que o saneamento seja feito em cooperação com as partes, oportunidade em que o juiz, se for o caso, convidará as partes a integrar ou esclarecer suas alegações. (...)".

357 do CPC),[25] como a realização ou não do pagamento, a autorização verbal dada pelo locador para que o locatário compensasse valores de aluguéis com gastos com benfeitorias, apenas para exemplificar.

Quanto ao segundo ato (intimação das testemunhas), o art. 455 do CPC estabelece que "cabe ao advogado da parte informar ou intimar a testemunha por ele arrolada do dia, da hora e do local da audiência designada, dispensando-se a intimação do juízo", regra complementada pelo seu § 1°, prevendo que "a intimação deverá ser realizada por carta com aviso de recebimento, cumprindo ao advogado juntar aos autos, com antecedência de pelo menos 3 (três) dias da data da audiência, cópia da correspondência de intimação e do comprovante de recebimento".

Quanto à ordem dos trabalhos em audiência, o art. 361 do CPC dispõe:

> "Art. 361. As provas orais serão produzidas em audiência, ouvindo-se nesta ordem, preferencialmente:
>
> I – o perito e os assistentes técnicos, que responderão aos quesitos de esclarecimentos requeridos no prazo e na forma do art. 477, caso não respondidos anteriormente por escrito;
>
> II – o autor e, em seguida, o réu, que prestarão depoimentos pessoais;
>
> III – as testemunhas arroladas pelo autor e pelo réu, que serão inquiridas.
>
> Parágrafo único. Enquanto depuserem o perito, os assistentes técnicos, as partes e as testemunhas, não poderão os advogados e o Ministério Público intervir ou apartear, sem licença do juiz".

No que se refere à ouvida do perito (principalmente) e dos assistentes técnicos, já demonstramos que **a prática desse ato depende da prévia formulação de perguntas pela(s) parte(s), sob a forma de quesitos**, na forma disposta no § 3° do art. 477 do CPC.

---

25. "Art. 357. (...).

§ 6° O número de testemunhas arroladas não pode ser superior a 10 (dez), sendo 3 (três), no máximo, para a prova de cada fato. (...)".

No que toca à ouvida do autor e do réu, é importante destacar que **a parte não tem o direito de requerer a tomada do seu próprio depoimento**, e, por isso, essa modalidade de prova só é produzida quando o juiz determinar a ouvida da parte de ofício, ou quando o seu adversário processual a requerer.

Finalmente, no que se refere à ouvida das testemunhas, **as perguntas são feitas diretamente pela parte que as arrolou**, como prevê o art. 459 do CPC, adiante transcrito:

> "Art. 459. As perguntas serão formuladas pelas partes diretamente à testemunha, começando pela que a arrolou, não admitindo o juiz aquelas que puderem induzir a resposta, não tiverem relação com as questões de fato objeto da atividade probatória ou importarem repetição de outra já respondida.
>
> § 1º O juiz poderá inquirir a testemunha tanto antes quanto depois da inquirição feita pelas partes.
>
> § 2º As testemunhas devem ser tratadas com urbanidade, não se lhes fazendo perguntas ou considerações impertinentes, capciosas ou vexatórias.
>
> § 3º As perguntas que o juiz indeferir serão transcritas no termo, se a parte o requerer".

Contra as decisões interlocutórias proferidas durante a audiência de instrução e julgamento **não é admitida a interposição do recurso de agravo de instrumento**, já que os pronunciamentos que deferem ou que indeferem a tomada do depoimento pessoal da parte contrária, que indeferem a ouvida de testemunha, a formulação de perguntas às testemunhas e outras decisões não estão previstas na relação constante do art. 1.015 do CPC.

Vejamos o entendimento jurisprudencial relacionado ao assunto:

> "Agravo de instrumento. Direito privado não especificado. Ação de obrigação de fazer. Indeferimento de inclusão de testemunha em audiência de instrução e julgamento. Decisão não agravável. Rol taxativo. O artigo 1.015 do CPC/15 trouxe rol taxativo de cabimento do recurso de agravo de instrumento. ***In casu*, a decisão proferida em audiência de instrução e julgamento que indeferiu pedido da parte de arrolamento de testemunha não encontra amparo em nenhuma**

> **das hipóteses elencadas no artigo supramencionado para interposição de agravo de instrumento.** Ausência de requisito intrínseco de admissibilidade (cabimento) que enseja o não conhecimento do recurso. Precedentes da Corte. Agravo de instrumento não conhecido. Decisão monocrática" (TJRS, AI 70078947785, 20ª Câmara Cível, rel. Des. GLÊNIO JOSÉ WASSERSTEIN HEKMAN) (grifamos).

A decisão proferida pelo magistrado durante a audiência de instrução e julgamento que versar sobre a prova pode ser atacada como preliminar da apelação (§ 1° do art. 1.009 do CPC), tendo quase sempre como fundamento a alegação de que a parte foi cerceada no seu direito de defesa. Vejamos como a preliminar pode ser redigida:

> Antes de o peticionário expor as razões que fundamentam o pedido de modificação da decisão atacada, suscita a preliminar de CERCEAMENTO DO DIREITO DE DEFESA, já que a autoridade monocrática não permitiu a ouvida de testemunha na audiência de instrução e julgamento, embora o apelante tenha apresentado o rol de testemunhas no prazo de 15 (quinze) dias, contado a partir da decisão de saneamento do processo.
>
> A ouvida da testemunha identificada e qualificada no rol era importante para a formação do convencimento do magistrado, na medida em que tem conhecimento de que o peticionário realizava o pagamento de aluguéis ao locador, sem que este fornecesse os recibos.
>
> Desse modo, não há dúvidas acerca da infração ao inciso LV do art. 5º do CPC, acentuando a necessidade de reconhecimento da nulidade da audiência de instrução e julgamento, sob pena de admitirmos a violação ao princípio do contraditório e da ampla defesa.
>
> Pelo exposto, como matéria preliminar, o apelante requer se dignem Vossas Excelências a reconhecer a nulidade da audiência de instrução e julgamento e de todos os atos subsequentes, inclusive da sentença, determinando o retorno dos autos ao juízo do 1º grau, para a realização de nova audiência de instrução e julgamento, desta feita com a ouvida das testemunhas arroladas pelo peticionário, permitindo que o magistrado possa aproveitar essa prova na formação do seu convencimento.

Após a ouvida da última testemunha, o juiz anuncia o encerramento da instrução, colhendo as razões finais das partes, assunto estudado na próxima sessão.

### *1.5.1.6.8 Razões finais*

As razões finais se constituem na última oportunidade de que as partes dispõem para se manifestarem nos autos antes da prolação da sentença, tendo a finalidade de chamar a atenção para questões relacionadas à prova produzida, como a transcrição de trecho do laudo pericial, de documentos e de depoimentos prestados por testemunhas.

As razões finais podem ser apresentadas por escrito ou oralmente, a depender da complexidade da causa, como prevê o art. 364 do CPC, adiante transcrito:

> "Art. 364. Finda a instrução, o juiz dará a palavra ao advogado do autor e do réu, bem como ao membro do Ministério Público, se for o caso de sua intervenção, sucessivamente, pelo prazo de 20 (vinte) minutos para cada um, prorrogável por 10 (dez) minutos, a critério do juiz.
>
> § 1º Havendo litisconsorte ou terceiro interveniente, o prazo, que formará com o da prorrogação um só todo, dividir-se-á entre os do mesmo grupo, se não convencionarem de modo diverso.
>
> § 2º Quando a causa apresentar questões complexas de fato ou de direito, o debate oral poderá ser substituído por razões finais escritas, que serão apresentadas pelo autor e pelo réu, bem como pelo Ministério Público, se for o caso de sua intervenção, em prazos sucessivos de 15 (quinze) dias, assegurada vista dos autos".

Alguns advogados se limitam a apresentar as denominadas "razões finais remissivas", em que reiteram os termos da petição inicial ou da contestação, em petição que pode ser elaborada da seguinte forma:

> Ao Juízo da Vara Cível da Comarca de Niterói.

> **JOÃO DA SILVA**, por seu advogado, nos autos da **Ação de Despejo** proposta contra **MANOEL DOS SANTOS**, processo nº 0005555.2024.8.17.2001, havendo sido intimado para apresentar RAZÕES FINAIS, vem, pela presente, reiterar os termos da petição inicial, requerendo que a ação seja julgada pela procedência dos pedidos.

### *1.5.1.6.9 Sentença*

Após a apresentação das razões finais, o magistrado está autorizado a proferir a sentença, que, na ação de despejo, tem natureza mista, sendo:

**(a)** **Condenatória**, na parte em que o juiz condena o réu a pagar os aluguéis em atraso, os acessórios da locação (IPTU, condomínio, contas de água e de energia elétrica, principalmente), as custas, as despesas processuais e os honorários advocatícios, que podem ser executados pelo próprio profissional, com fundamento no art. 23 do EOAB ("Art. 23. Os honorários incluídos na condenação, por arbitramento ou sucumbência, pertencem ao advogado, tendo este direito autônomo para executar a sentença nesta parte, podendo requerer que o precatório, quando necessário, seja expedido em seu favor").

**(b)** **Executiva *lato sensu***, na parte em que o juiz decreta o despejo e determina a desocupação do imóvel.

### *1.5.1.6.10 Embargos de declaração*

Contra a sentença, o vencido pode interpor embargos de declaração, quando entender que o pronunciamento é **omisso, obscuro e/ou contraditório**, com fundamento no art. 1.022 do CPC, por meio de petição que pode ter a seguinte redação:

> Ao Juízo da 23ª Vara Cível da Comarca do Recife.
>
> **JOÃO DA SILVA**, nos autos da **Ação de Rescisão de Contrato de Locação c/c Despejo por Falta de Pagamento, Cobrança de Aluguéis e Demais Encargos com Pedido de Antecipação de Tutela** proposta

pela **EMPRESA ABC**, processo 001.002.2023.8.17.2001, havendo sido intimada do teor da r. sentença da lavra desse douto Juízo, vem, pela presente e no prazo legal de 5 (cinco) dias, interpor **EMBARGOS DE DECLARAÇÃO COM PRETENSÃO MODIFICATIVA OU INFRINGENTE**, de acordo com as razões de fato e de direito adiante aduzidas:

01. Conforme percebemos através do exame dos autos eletrônicos, a ação *sub examine* foi inicialmente distribuída para a 23ª Vara Cível da Capital – Seção A, tendo o douto magistrado que atua naquela Vara determinado a remessa dos autos a esse douto Juízo, através da decisão datada de 07.04.2023, **em decorrência do reconhecimento da conexão desta ação com a ação judicial nº 000.000.000-32, que já tramitava por esse douto Juízo**.

02. Conforme é do conhecimento geral, reconhecida a conexão (como o foi no caso concreto), **os autos das ações conexas devem ser reunidos para julgamento conjunto**, **evitando a contradição entre os julgados**, tendo sido este, inclusive, o fundamento utilizado pelo douto magistrado que atua na 23ª Vara Cível para "abrir mão" da sua competência em favor do juízo prevento.

03. A reunião dos autos a que nos referimos em linhas anteriores não decorre da vontade das partes, **MAS DA LEI**, que deve ser observada não apenas pelas partes e pelos seus patronos, como também por Vossa Excelência, representante do poder estatal.

04. Nesse passo, o art. 55 do CPC tem a seguinte redação:

> "Art. 55. Reputam-se conexas 2 (duas) ou mais ações quando lhes for comum o pedido ou a causa de pedir. § 1º Os processos de ações conexas serão reunidos para decisão conjunta, salvo se um deles já houver sido sentenciado. § 2º Aplica-se o disposto no *caput*: I – à execução de título extrajudicial e à ação de conhecimento relativa ao mesmo ato jurídico; II – às execuções fundadas no mesmo título executivo. § 3º Serão reunidos para julgamento conjunto os processos que possam gerar risco de prolação de decisões conflitantes ou contraditórias caso decididos separadamente, mesmo sem conexão entre eles".

05. Infringindo a lei, com as vênias devidas, como se a ação ordinária proposta pela peticionária sequer existisse, esse douto juízo julgou a ação de despejo sem apreciar a ação conexa, que ainda se encontra na fase de produção de provas, após o oferecimento da réplica à contestação, pela peticionária.

06. Ao atuar dessa forma, esse douto juízo pecou por omissão, não fazendo qualquer referência à ação ordinária, repita-se, como se não existisse.

07. Para piorar a situação, esse douto juízo vagamente afirma que a peticionária não teria adimplido as obrigações assumidas no contrato firmado entre as partes, sem se aperceber que **A TOTALIDADE DA DÍVIDA está sendo discutida nos autos da ação ordinária (e é exatamente por isso que as ações devem ser reunidas)**, repita-se, conexa a este feito, conexão reconhecida pelo juízo da 23ª Vara Cível da Capital, através de pronunciamento que não foi atacado por qualquer das partes.

08. O julgamento precipitado da ação de despejo só tem uma explicação: **o desejo de Vossa Excelência de punir o subscritor desta manifestação processual**, única e tão somente porque o mesmo suscitou a suspeição desse magistrado em vários processos, considerando a inimizade que esse douto julgador nutre em relação ao profissional da advocacia.

09. A omissão é patente, e deve ser sanada, *data vênia*, para que Vossa Excelência faça referência à ação ordinária, reconhecendo que é conexa em relação à ação de despejo.

10. Caso Vossa Excelência reconheça que não há conexão, e que, por isso, a ação de despejo pode ser julgada isoladamente, deve devolver os autos ao juízo da 23ª Vara Cível da Capital, em respeito ao princípio do juiz natural.

11. Sanada a omissão, e reconhecida a necessidade de julgamento conjunto das ações, esse douto Juízo deve atribuir efeito modificativo à sentença atacada, modificando o seu convencimento, permitindo que a peticionária comprove a inexistência da dívida, resultando no julgamento da ação de despejo pela improcedência dos pedidos.

12. Posta a questão nesses termos, identificada a omissão, extremamente relevante no caso concreto, a peticionária requer se digne Vossa Excelência a:

(a) Conceder vista dos autos à adversa parte, em face da pretensão modificativa deste remédio processual.

(b) Ao final, **DAR PROVIMENTO A ESTE RECURSO, COM EFEITO MODIFICATIVO OU INFRINGENTE**, reconhecendo (o que já foi reconhecido pelo douto juízo da 23ª Vara Cível da Capital) a **conexão entre a ação *sub examine* e a ação ordinária nº 0022222-32.2018.8.18**, e, consequentemente, a necessidade de reunião das ações para julgamento conjunto, tornando sem efeito a sentença atacada, em decorrência da impossibilidade de se reconhecer a mora, quando a existência da dívida está sendo discutida nos autos da ação anteriormente informada.

Nestes termos, pede deferimento.

Local e data.

Nome do advogado

OAB

Embora o recurso de embargos de declaração **interrompa o prazo para a interposição do recurso principal** (apelação), **não suspende os efeitos da sentença**, como prevê o art. 1.026 do CPC, adiante transcrito:

> "Art. 1.026. Os embargos de declaração não possuem efeito suspensivo e interrompem o prazo para a interposição de recurso.
>
> § 1º A eficácia da decisão monocrática ou colegiada poderá ser suspensa pelo respectivo juiz ou relator se demonstrada a probabilidade de provimento do recurso ou, sendo relevante a fundamentação, se houver risco de dano grave ou de difícil reparação.
>
> § 2º Quando manifestamente protelatórios os embargos de declaração, o juiz ou o tribunal, em decisão fundamentada, condenará o embargante a pagar ao embargado multa não excedente a dois por cento sobre o valor atualizado da causa.
>
> § 3º Na reiteração de embargos de declaração manifestamente protelatórios, a multa será elevada a até dez por cento sobre o valor atualizado da causa, e a interposição de qualquer recurso ficará condicionada ao depósito prévio do valor da multa, à exceção da Fazenda Pública e do beneficiário de gratuidade da justiça, que a recolherão ao final.
>
> § 4º Não serão admitidos novos embargos de declaração se os 2 (dois) anteriores houverem sido considerados protelatórios".

Assim, mesmo quando interposto o recurso que estudamos nesta seção, e mesmo que não tenha sido ainda julgado, o autor pode requerer a expedição do mandado de despejo, assunto que estudaremos adiante.

### *1.5.1.6.11 Apelação*

Julgado o recurso de embargos de declaração, ou não interposto, o vencido pode fazer uso da apelação, no prazo de 15 dias úteis, no primeiro caso, contado a partir da intimação da decisão que responde aos embargos, e, no segundo, da intimação da sentença.

O inciso V do art. 58 da LI estabelece que "os recursos interpostos contra as sentenças terão efeito somente devolutivo", regra que é "traumática" para os locatários, pois, diferentemente de outras ações, a apelação não tem força suficiente para evitar o despejo, após a expiração do prazo destacado na tabela a seguir:

| Prazo | Situação |
|---|---|
| **15 dias** | Se entre a citação e a sentença de primeira instância houverem decorrido mais de quatro meses, ou se o despejo houver sido decretado com fundamento no art. 9° ou no § 2° do art. 46 da LI. |
| **Mínimo de 6 meses e máximo de 1 ano** | Tratando-se de estabelecimento de ensino autorizado e fiscalizado pelo Poder Público, de modo que a desocupação coincida com o período de férias escolares. |
| **1 ano** | Tratando-se de hospitais, repartições públicas, unidades sanitárias oficiais, asilos, estabelecimentos de saúde e de ensino autorizados e fiscalizados pelo Poder Público, bem como por entidades religiosas devidamente registradas, e o despejo for decretado com fundamento no inciso IV do art. 9° ou no inciso II do art. 53 da LI, exceto no caso em que entre a citação e a sentença de primeira instância houver decorrido mais de um ano, hipótese em que o prazo será de seis meses. |

Embora a apelação interposta nas ações de despejo por falta de pagamento não seja dotada do efeito suspensivo, e, por isso, o autor/locador possa requerer a instauração da execução provisória, **a determinação de expedição do mandado de despejo está condicionada à prestação de caução pelo locador**, assunto estudado em outras seções desta obra, com fundamento no § 4° do art. 63 e no art. 64 da LI, adiante transcritos:

> "Art. 63. (...).
>
> § 4º A sentença que decretar o despejo fixará o valor da caução para o caso de ser executada provisoriamente".
>
> "Art. 64. Salvo nas hipóteses das ações fundadas no art. 9º, a execução provisória do despejo dependerá de caução não inferior a 6 (seis) meses nem superior a 12 (doze) meses do aluguel, atualizado até a data da prestação da caução.
>
> § 1º A caução poderá ser real ou fidejussória e será prestada nos autos da execução provisória.
>
> § 2º Ocorrendo a reforma da sentença ou da decisão que concedeu liminarmente o despejo, o valor da caução reverterá em favor do réu, como indenização mínima das perdas e danos, podendo este reclamar, em ação própria, a diferença pelo que a exceder".

A caução é **prestada nos próprios autos da execução provisória**, por petição que pode ter a seguinte redação:

> Ao Juízo da 12ª Vara Cível da Comarca do Recife.
>
> **JOÃO DA SILVA**, nos autos da **Ação de Despejo por Falta de Pagamento de Aluguéis e de Encargos da Locação** nº 000.2024.8.17.2001, vem, mui respeitosamente, perante V. Exa., por seus advogados, em decorrência do despacho constante do ID 21217960, que determinou a **EXPEDIÇÃO DE MANDADO PARA DESPEJO COERCITIVO**, expor e requer o que segue:
>
> 01. Conforme decisão constante do ID 21217960, acertadamente, esse douto juízo indeferiu liminarmente a exceção oposta pelo réu e, na mesma ocasião, **determinou a expedição de mandado de despejo forçado, condicionando a prática desse ato à apresentação de caução REAL OU FIDEJUSSÓRIA, no valor equivalente ao dobro do débito atualizado dos aluguéis, tudo em conformidade com o disposto no art. 63, § 4º, da Lei nº 8.245/91.**
>
> 02. **Em cumprimento ao despacho referido em linhas anteriores, a autora requer a juntada aos autos de caução/garantia FIDEJUSSÓRIA, qual seja: carta de fiança assinada pelos 3 (três) acionistas da locadora, que compõem 100% (cem por cento) do capital social da empresa.**

Dessa forma, em razão do cumprimento das determinações desse douto juízo, a peticionária requer se digne Vossa Excelência a determinar a imediata expedição de mandado de despejo, diante da resistência do locatário em cumprir espontaneamente as decisões proferidas.

Termos em que, pede e espera deferimento.

Local e data.

Nome do advogado

OAB

Entendemos que o magistrado deve conceder vista dos autos ao locatário, após a prestação da caução pelo seu adversário processual, para que aquele possa se manifestar sobre a idoneidade ou não da garantia, em petição que pode ter a seguinte redação:

Ao Juízo da 12ª Vara Cível da Comarca do Recife – Seção B.

**MARIA DA SILVA**, nos autos da **Ação de Rescisão de Contrato de Locação c/c Despejo por Falta de Pagamento, Cobrança de Aluguéis e Demais Encargos com Pedido de Antecipação de Tutela** proposta pela **EMPRESA ABC**, processo nº 0012000.2024.8.17.2001, havendo tomado conhecimento de que a adversa parte protocolou petição em juízo, supostamente prestando caução fidejussória para embasar o pedido de expedição do mandado de desocupação do bem objeto do litígio, considerando que a caução em exame é **MANIFESTAMENTE INIDÔNEA**, consistindo em fiança prestada pelos próprios sócios da sociedade demandante, que sequer comprovaram que teriam capacidade financeira e patrimonial para efetuar o pagamento de indenização advinda dos prejuízos que podem ser causados à peticionária com a efetivação do despejo, caso a sentença seja reformada no julgamento da apelação a ser interposta, considerando, ainda, que a ré pode obter efeito suspensivo excepcional à apelação, como prevê o art. 1.012 da lei processual, encontrando-se em curso o prazo para a interposição do mencionado remédio processual, vem, pela presente, requerer se digne Vossa Excelência a indeferir o pedido formulado pela autora, sem prejuízo da possibilidade de nova prestação de caução, desta feita suficiente e idônea.

Nestes termos, pede deferimento.

Local e data.

Nome do advogado

OAB

A decisão que delibera sobre a idoneidade (ou não) da caução é de natureza interlocutória, e pode ser atacada pelo recurso de agravo de instrumento, segundo entendemos, por ser proferida na fase de cumprimento da sentença (parágrafo único do art. 1.015 do CPC).

### 1.5.1.6.11.1 Pedido de atribuição excepcional do efeito suspensivo à apelação

Embora a apelação que julga a ação de despejo por falta de pagamento pela procedência dos pedidos seja dotada apenas do efeito devolutivo, o réu/locatário pode requerer a atribuição excepcional do efeito suspensivo a esse recurso, com fundamento nos §§ 3° e 4° do art. 1.012 do CPC, adiante transcritos:

> "Art. 1.012. (...).
>
> § 3º O pedido de concessão de efeito suspensivo nas hipóteses do § 1º poderá ser formulado por requerimento dirigido ao:
>
> I – tribunal, no período compreendido entre a interposição da apelação e sua distribuição, ficando o relator designado para seu exame prevento para julgá-la;
>
> II – relator, se já distribuída a apelação.
>
> § 4º Nas hipóteses do § 1º, a eficácia da sentença poderá ser suspensa pelo relator se o apelante demonstrar a probabilidade de provimento do recurso ou se, sendo relevante a fundamentação, houver risco de dano grave ou de difícil reparação".

O pedido de atribuição de efeito suspensivo à apelação não é recurso, mas simples requerimento, dirigido ao relator, quando já distribuída no Tribunal, ou aleatoriamente, neste caso, sendo distribuído a desembargador que se torna relator da apelação.

A petição em que o apelante requer a atribuição excepcional do efeito suspensivo pode ter a seguinte redação:

Excelentíssimo Senhor Desembargador **JOÃO DA SILVA**.

**EMPRESA ABC**, pessoa jurídica de direito privado, inscrita no CNPJ sob o nº 00.399.456/0001-32, sediada na Rua da Alegria, s/n, loja 03, cidade do Recife, capital do Estado de Pernambuco, através do seu representante legal, por seu advogado, conforme instrumento procuratório em anexo, com endereço profissional sito na Rua Cel. Anísio Rodrigues Coelho, nº 464, sala 902, no bairro da Boa Viagem, município do Recife, capital do Estado de Pernambuco, local em que receberá as intimações que se fizerem necessárias, com endereço eletrônico misaelmontenegroadv@gmail.com, vem, pela presente, com fundamento no art. 1.012 do CPC, formular **PEDIDO DE ATRIBUIÇÃO DE EFEITO SUSPENSIVO** a recurso de apelação interposto na origem, nos autos da **Ação de Rescisão de Contrato de Locação c/c Despejo por Falta de Pagamento, Cobrança de Aluguéis e Demais Encargos com Pedido de Antecipação de Tutela** proposta pela **EMPRESA LMN**, pessoa jurídica de direito privado, inscrita no CNPJ sob o nº 01.002.003/0001-04, com endereço na Av. 7 de Setembro, nº 04, térreo, no bairro do Recife, município do Recife, capital do Estado de Pernambuco, processo nº 000000-52.2023.8.17.2001, em curso pela 12ª Vara Cível da Comarca do Recife – Seção B, de acordo com as razões de fato e de direito adiante aduzidas:

**PRELIMINARMENTE – DA PREVENÇÃO DESSE DOUTO RELATOR**

01. Conforme percebemos através do simples acesso ao sistema do PJE, a adversa parte interpôs agravo de instrumento contra decisão proferida pela autoridade de piso, nos mesmos autos em que foi prolatada a sentença atacada pela apelação à qual a peticionária pretende seja atribuído efeito suspensivo.

02. O agravo de instrumento referido em linhas anteriores foi tombado sob o nº 000000-53.2023.8.17.9000, não tendo sido julgado até o presente momento, caracterizando a prevenção desse douto relator, repita-se, considerando que o pedido formulado neste momento pela peticionária tem origem no mesmo processo em que a decisão atacada pelo AI foi proferida.

**DO CABIMENTO DO PEDIDO DE ATRIBUIÇÃO DE EFEITO SUSPENSIVO À APELAÇÃO**

03. Conforme é do conhecimento desse douto relator, a apelação interposta contra sentença proferida nos autos de ações de despejo não é dotada do efeito suspensivo, como prevê o art. 58 da LI.

04. Contudo, não apenas nesse caso, como em todas as demais situações em que a apelação é dotada apenas do efeito devolutivo, a lei processual permite a atribuição excepcional do efeito suspensivo ao mencionado recurso, com base nos parágrafos que integram o seu art. 1.012.

05. O pedido referido em linhas anteriores deve ser dirigido ao tribunal, no período compreendido entre a interposição da apelação e a sua distribuição, ficando o relator designado para o seu exame prevento para julgá-la (inciso I do § 3º do art. 1.012 da lei processual).

06. É o caso dos autos. A peticionária interpôs o recurso de apelação na origem, mas os autos do processo ainda não foram encaminhados a esse e. Pretório Estadual, como percebemos através da análise dos documentos em anexo.

## DOS FUNDAMENTOS DO PEDIDO DE ATRIBUIÇÃO DO EFEITO SUSPENSIVO DE MODO EXCEPCIONAL

07. Ainda atentos ao art. 1.012 do CPC, percebemos que a atribuição excepcional do efeito suspensivo à apelação está condicionada à comprovação: (a) da probabilidade do provimento do recurso; ou (b) sendo relevante a fundamentação, houver risco de dano grave ou de difícil reparação.

08. A peticionária preenche à exaustão os requisitos identificados em linhas anteriores. Quanto à probabilidade do provimento do recurso interposto na origem, ou à relevância da fundamentação, é patente, na medida em que a autoridade monocrática julgou a ação de despejo descumprindo a regra constante do § 1º do art. 55 da lei processual, adiante transcrita:

> "Art. 55. Reputam-se conexas 2 (duas) ou mais ações quando lhes for comum o pedido ou a causa de pedir.
>
> § 1º Os processos de ações conexas serão reunidos para decisão conjunta, salvo se um deles já houver sido sentenciado. (...)".

09. No caso concreto, e como percebemos pela análise dos documentos que acompanham esta manifestação processual, a peticionária propôs ação ordinária contra a adversa parte, antes do ajuizamento da

ação de despejo em que a sentença foi proferida pela autoridade monocrática.

10. O simples cotejo entre a ação de despejo e a ação proposta pela peticionária nos permite concluir que inexistem valores a serem pagos à adversa parte, sendo esta, na verdade, devedora.

11. A dívida imputada à peticionária só existe nos devaneios da parte contrária, seja porque a peticionária realizou pagamentos diretos à autora/apelada, o que foi provado com os comprovantes que acompanharam a contestação, seja porque a apelante busca obter o reconhecimento da ilegalidade das cobranças realizadas pela autora na ação anteriormente referida.

12. Analisando a petição inicial da ação proposta pela peticionária, percebemos que o seu objeto é mais amplo, quando comparado ao da ação de despejo, de modo que esta ação está contida naquela.

13. Embora a conexão entre as ações tenha sido reconhecida, a autoridade julgou a ação de despejo de forma isolada, sem qualquer justificativa plausível, infringindo a norma processual anteriormente destacada.

14. Em situações tais, a consequência do reconhecimento da infração à norma processual é a invalidação da sentença proferida de forma isolada, sem respeitar a relação de prejudicialidade estabelecida pela conexão.

15. Desse modo, além de todos os argumentos que fundamentam o pedido de provimento do recurso de apelação interposto na origem, implicitamente aproveitados neste momento, a nulidade da sentença é inquestionável, acentuando a probabilidade de provimento do recurso que a atacou.

16. Quanto ao risco de dano grave ou de difícil reparação, é igualmente inquestionável, pois a consumação do despejo acarretará a demissão de 42 (quarenta e dois) funcionários, obrigando a peticionária a efetuar o pagamento de rescisões, importando no desembolso da quantia de R$ 170.000,00 (cento e setenta mil reais), da noite para o dia, em pleno mês de dezembro, frustrando a receita diferenciada deste mês e impondo à apelante a obrigação de pagar quantia de que não dispõe.

17. Além da demissão em massa, o encerramento abrupto das atividades da peticionária impedirá o pagamento a fornecedores e à Fazenda

Pública, prejudicando-os em mais de R$ 170.000,00 (cento e setenta mil reais).

18. Esse acúmulo de prejuízos decorre do fato de o magistrado de piso não ter respeitado a relação de prejudicialidade entre as ações, decretando o despejo da peticionária da noite para o dia.

19. Além desses argumentos, a peticionária destaca que a adversa parte prestou caução inidônea na instância de origem, pelos seus próprios sócios, que subscreveram um documento denominado "caução judicial", sem que nenhum bem tenha sido oferecido, sem que os sócios tenham comprovado solidez patrimonial.

20. A "garantia" foi impugnada pela peticionária, tendo o magistrado *a quo* proferido decisão qualquer desprovida de fundamentação, infringindo o § 1º do art. 489 da lei processual.

21. Por essa razão, a peticionária opôs embargos de declaração, com pretensão modificativa ou infringente, recurso que não foi ainda apreciado pelo juiz de piso, e que, por isso, não pode ser atacado pelo agravo de instrumento.

22. A garantia não vale absolutamente nada, não podendo ser reconhecida como suficiente e idônea, a não ser através da decisão proferida pelo magistrado que atua no 1º grau de jurisdição, repita-se, sem qualquer fundamentação, limitando-se a afirmar que a caução seria suficiente e idônea, de forma genérica.

**DO PEDIDO**

23. Posta a questão nesses termos, comprovado o preenchimento dos requisitos relacionados no art. 1.012 da lei processual, a peticionária requer se digne Vossa Excelência a **CONCEDER O EFEITO SUSPENSIVO À APELAÇÃO** anteriormente interposta, evitando a ocorrência de prejuízo irreparável para a apelante, sobretudo porque esta já foi comunicada de que dispõe do prazo de 15 (quinze) dias para desocupar o imóvel, através de mandado juntado aos autos no dia 13.07.2022.

Nestes termos, pede deferimento.

Local e data.

Nome do advogado

OAB

O pedido de atribuição de efeito suspensivo à apelação é enfrentado por meio de decisão proferida pelo relator, que pode ser atacada pelo recurso de agravo interno, no prazo de 15 dias úteis e com fundamento no art. 1.021 do CPC.

Olhando para a dinâmica forense, percebemos que o relator costuma conceder o efeito suspensivo de forma excepcional quando constata que o cumprimento do despejo pode acarretar prejuízo imediato não apenas para o locatário, como também para outras pessoas, vinculadas ou subordinadas àquele, como na situação em que o imóvel locado se constitui na sede de sociedade que presta serviços de saúde para a rede pública, como percebemos por meio da leitura do seguinte julgado:

> "Petição. Atribuição de efeito suspensivo à apelação. Ação de despejo cumulada com cobrança de aluguéis e demais encargos da locação. Clínica de hemodiálise. Risco de dano grave ou de difícil reparação. Analisando os autos, infere-se que o locatário a ser despejado é clínica de hemodiálise, que presta serviços a pacientes do SUS, razão pela qual a desocupação do imóvel atingirá aqueles que necessitam dos serviços médicos. Assim, demonstrado está o risco de dano grave ou de difícil reparação previsto no § 4º do artigo 1.012 do CPC/2015. Pedido de concessão de efeito suspensivo ao apelo deferido" (TJRS, Pet. 70079023040, 16ª Câmara Cível, relatora Desembargadora DEBORAH COLETO ASSUMPÇÃO DE MORAES).

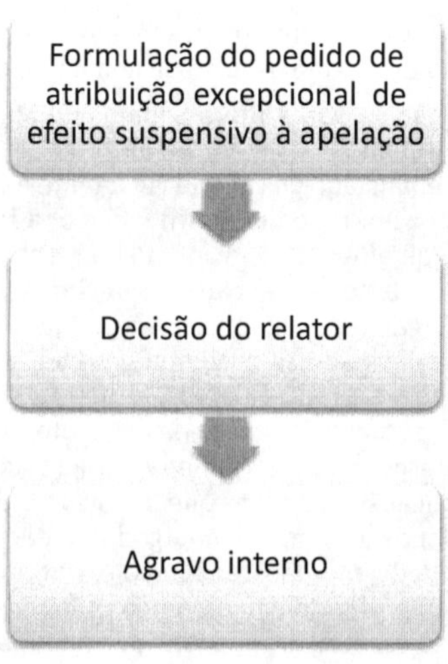

### *1.5.1.6.12 Encaminhamento da apelação ao tribunal*

Interposta a apelação, o apelado é intimado para apresentar as contrarrazões no prazo de 15 dias úteis, findo o qual o juiz determina o encaminhamento dos autos ao tribunal, independentemente da realização do juízo de admissibilidade (§ 3º do art. 1.010 do CPC[26]), o que significa dizer que a apelação deve ser remetida à 2ª instância mesmo que o recurso tenha sido interposto fora do prazo.

Se o juiz negar seguimento ao recurso de apelação, realizando juízo de admissibilidade (quando não poderia fazê-lo), o recorrente pode fazer uso da reclamação, com fundamento no art. 988 do CPC,[27] para preservar a competência do tribunal.

A reclamação não é nem recurso nem ação, mas instrumento decorrente do direito de petição, consagrado no inciso XXXIV do art. 5º da CF, sobretudo para garantir a autoridade de decisões proferidas pelos tribunais e para preservar a sua competência para processar e julgar as ações e os recursos.

O juízo de admissibilidade é feito exclusivamente no âmbito do tribunal, pelo relator, que pode negar seguimento ao recurso, com

26. "Art. 1.010. (...). § 3º Após as formalidades previstas nos §§ 1º e 2º, os autos serão remetidos ao tribunal pelo juiz, independentemente de juízo de admissibilidade".

27. "Art. 988. Caberá reclamação da parte interessada ou do Ministério Público para: I – preservar a competência do tribunal; II – garantir a autoridade das decisões do tribunal; III – garantir a observância de enunciado de súmula vinculante e de decisão do Supremo Tribunal Federal em controle concentrado de constitucionalidade; IV – garantir a observância de acórdão proferido em julgamento de incidente de resolução de demandas repetitivas ou de incidente de assunção de competência. § 1º A reclamação pode ser proposta perante qualquer tribunal, e seu julgamento compete ao órgão jurisdicional cuja competência se busca preservar ou cuja autoridade se pretenda garantir. § 2º A reclamação deverá ser instruída com prova documental e dirigida ao presidente do tribunal. § 3º Assim que recebida, a reclamação será autuada e distribuída ao relator do processo principal, sempre que possível. § 4º As hipóteses dos incisos III e IV compreendem a aplicação indevida da tese jurídica e sua não aplicação aos casos que a ela correspondam. § 5º É inadmissível a reclamação; I – proposta após o trânsito em julgado da decisão reclamada; II – proposta para garantir a observância de acórdão de recurso extraordinário com repercussão geral reconhecida ou de acórdão proferido em julgamento de recursos extraordinário ou especial repetitivos, quando não esgotadas as instâncias ordinárias. § 6º A inadmissibilidade ou o julgamento do recurso interposto contra a decisão proferida pelo órgão reclamado não prejudica a reclamação".

fundamento no inciso III do art. 932 do CPC,[28] ou pelo órgão colegiado responsável pelo julgamento da apelação, como uma Turma ou uma Câmara Cível.

A decisão do relator que monocraticamente nega seguimento ao recurso pode ser atacada pelo agravo interno, no prazo de 15 dias úteis e com fundamento no art. 1.021 do CPC.

### *1.5.1.6.13 Julgamento monocrático da apelação*

Os incisos IV e V do art. 932 do CPC dispõem:

> "Art. 932. Incumbe ao relator: (...).
>
> IV – negar provimento a recurso que for contrário a:
>
> a) súmula do Supremo Tribunal Federal, do Superior Tribunal de Justiça ou do próprio tribunal;
>
> b) acórdão proferido pelo Supremo Tribunal Federal ou pelo Superior Tribunal de Justiça em julgamento de recursos repetitivos;

---

28. "Art. 932. Incumbe ao relator: (...); III – não conhecer de recurso inadmissível, prejudicado ou que não tenha impugnado especificamente os fundamentos da decisão recorrida; (...)".

> c) entendimento firmado em incidente de resolução de demandas repetitivas ou de assunção de competência;
>
> V – depois de facultada a apresentação de contrarrazões, dar provimento ao recurso se a decisão recorrida for contrária a:
>
> a) súmula do Supremo Tribunal Federal, do Superior Tribunal de Justiça ou do próprio tribunal;
>
> b) acórdão proferido pelo Supremo Tribunal Federal ou pelo Superior Tribunal de Justiça em julgamento de recursos repetitivos;
>
> c) entendimento firmado em incidente de resolução de demandas repetitivas ou de assunção de competência; (...)".

Embora o julgamento monocrático da apelação que ataca sentença proferida em ação de despejo por falta de pagamento de aluguéis e de encargos da locação não seja frequente, se isto ocorrer, o pronunciamento pode ser combatido pelo recurso de agravo interno, no prazo legal de 15 dias e com fundamento no art. 1.021 do CPC.

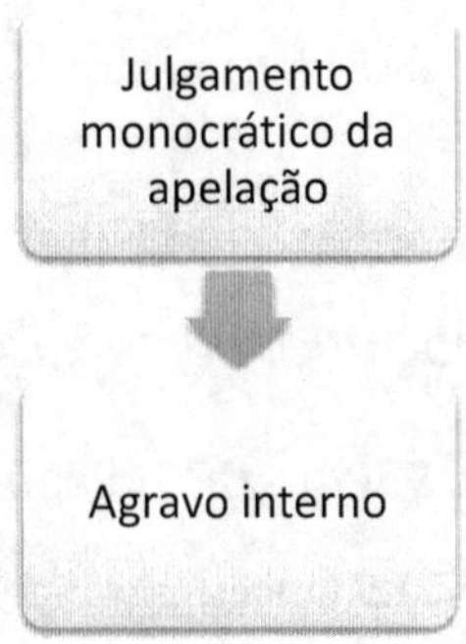


### *1.5.1.6.14 Julgamento colegiado da apelação e recursos na sequência*

O julgamento do recurso de apelação deve ser antecedido da publicação da pauta, pelo menos cinco dias antes da sessão (art. 935 do CPC[29]), sendo permitida a realização de sustentação oral pelos advogados

29. "Art. 935. Entre a data de publicação da pauta e a da sessão de julgamento decorrerá, pelo menos, o prazo de 5 (cinco) dias, incluindo-se em nova pauta os processos que não tenham sido julgados, salvo aqueles cujo julgamento tiver sido expressamente adiado para a primeira sessão seguinte. § 1º Às partes será permitida vista dos autos em cartório após a

das partes, primeiro pelo do apelante, depois pelo do apelado, cada qual dispondo do prazo de 15 minutos.

Além da sustentação oral, sugerimos aos colegas advogados que entreguem memoriais aos desembargadores, dias antes da sessão de julgamento, contendo breve resumo dos acontecimentos processuais e dos fundamentos que subsidiam o pedido de provimento ou de improvimento da apelação.

Julgado o recurso de apelação pelo órgão colegiado (Câmara ou Turma, principalmente), o vencido deve interpor embargos de declaração, com fundamento no art. 1.022 do CPC e no prazo de cinco dias úteis, tanto para denunciar a existência de omissão, obscuridade e/ou contradição como para prequestionar a matéria, preparando a interposição do recurso especial e/ou do recurso extraordinário.

A Súmula 282 do STF prevê que "é inadmissível o recurso extraordinário, quando não ventilada, na decisão recorrida, a questão federal suscitada". Em decorrência dessa súmula, repita-se, para preparar a interposição do recurso especial e/ou do recurso extraordinário, o vencido deve apresentar o recurso de embargos de declaração para forçar o tribunal local a se manifestar sobre a alegada infração de norma infraconstitucional e/ou sobre a existência de divergência jurisprudencial, que são fundamentos do recurso especial (inciso III do art. 105 da CF).

Exemplificativamente, pensemos em ação de despejo cumulada com cobrança de aluguéis e de encargos da locação, proposta contra o locatário e o seu fiador, que, na contestação, alega que teria se exonerado da obrigação anteriormente prestada, por meio de notificação encaminhada ao locador, com fundamento no art. 835 do CC, adiante transcrito:

> "Art. 835. O fiador poderá exonerar-se da fiança que tiver assinado sem limitação de tempo, sempre que lhe convier, ficando obrigado por todos os efeitos da fiança, durante sessenta dias após a notificação do credor".

---

publicação da pauta de julgamento. § 2º Afixar-se-á a pauta na entrada da sala em que se realizar a sessão de julgamento".

Não obstante a alegação, a ação é julgada pela procedência dos pedidos, resultando na decretação do despejo e na condenação solidária do locatário e do fiador ao pagamento dos aluguéis em atraso, além dos acessórios da locação, das custas, das despesas processuais e dos honorários advocatícios.

Contra a sentença, o fiador interpõe apelação, em que denuncia a infração ao artigo anteriormente reproduzido, alegação que não é enfrentada pelo tribunal no julgamento da apelação. Por conta disso, como condição para interpor o recurso especial, o vencido (fiador) terá de fazer uso dos embargos de declaração para forçar o tribunal a se manifestar sobre a questão.

Se o tribunal mantiver a omissão, o vencido pode interpor recurso especial, alegando a infração ao inciso I do art. 1.022 e ao art. 835, ambos do CPC.

Vejamos como o recurso de embargos de declaração pode ser redigido:

> Excelentíssimo Senhor Desembargador **JOSÉ DA SILVA** – Mui Digno Relator da Apelação Cível nº 123456-7.
>
> **MANOEL DOS SANTOS**, por seu advogado, nos autos da **Apelação Cível** interposta contra **JOAQUIM DE JESUS**, nº 123456-7, havendo sido intimado do teor do v. acórdão de fls., em que o órgão fracionário desse e. Tribunal Estadual negou provimento ao recurso de apelação anteriormente interposto pelo peticionário, vem, pela presente, no prazo legal de 5 (cinco) dias úteis e com fundamento no art. 1.022 do CPC, opor **EMBARGOS DE DECLARAÇÃO** contra o mencionado *decisum*, de acordo com as razões de fato e de direito adiante aduzidas:
>
> 01. Conforme percebemos através da simples leitura do recurso de apelação anteriormente apresentado pelo peticionário contra a sentença proferida pela autoridade que atua no 1º grau de jurisdição, o ora embargante suscitou a infração ao art. 835 do CC, na medida em que enviou notificação extrajudicial para o locador durante a vigência do contrato de locação, comunicando a sua liberação do encargo.
>
> 02. Não obstante a alegação, esse e. Tribunal não a enfrentou, caracterizando a omissão, que é causa para a interposição do recurso de embargos de declaração, como prevê o inciso I do art. 1.022 do CPC.

> 03. Além disso, e como é do conhecimento geral, a Súmula 282 do Colendo STF exige a comprovação da realização do denominado prequestionamento da matéria, como condição para a interposição do recurso especial, sob pena de esse remédio processual ter o seu seguimento negado.
>
> 04. Desse modo, identificada a omissão, o embargante requer se dignem Vossas Excelências a saná-la, por meio do **PROVIMENTO** deste recurso, com efeito modificativo ou infringente, resultando no provimento do recurso de apelação, com a consequente liberação do peticionário do encargo contratual anteriormente assumido.

Na petição que apresentamos nesta seção, o fiador fez uso dos embargos de declaração com pretensão modificativa ou infringente, o que é comum, quando o fundamento do recurso é a alegada existência de omissão, cuja eliminação é capaz de modificar o convencimento dos julgadores (a vitória, anteriormente atribuída ao locador, passa a ser atribuída ao fiador, no exemplo analisado).

Nesse caso, o relator deve conceder vista dos autos à parte contrária, em respeito ao princípio do contraditório e da ampla defesa, permitindo que ofereça impugnação.

Embora não seja o assunto estudado nesta seção, apenas porque nos referimos ao art. 835 do CC quando comentamos sobre a pretensão do fiador de se liberar da obrigação por meio do encaminhamento de notificação extrajudicial para o locador, informamos que essa pretensão não angaria a simpatia dos órgãos que integram o Poder Judiciário, em respeito ao princípio da segurança jurídica, como percebemos por meio da leitura do seguinte julgado:

> "Agravo interno no agravo em recurso especial. Ação de despejo por falta de pagamento cumulada com cobrança. Contrato de locação por prazo determinado. Notificação extrajudicial da locadora. Exoneração da fiança na vigência do contrato. Impossibilidade. Garantia que se estende até o fim do contrato. Arts. 39 da Lei 8.245/91 e 835 do CC/2002. Recurso provido. 1. 'O fiador poderá exonerar-se da fiança que tiver assinado sem limitação de tempo, sempre que lhe convier, ficando obrigado por todos os efeitos da fiança, durante sessenta dias após a notificação do credor' (CC/2002, art. 835).

Tratando-se, contudo, de fiança prestada por prazo determinado, não se cogita dessa liberalidade, sob pena de causar insegurança jurídica aos negócios. 2. Na vigência do contrato de locação por prazo determinado, responde a fiadora pela garantia dada. A notificação extrajudicial feita à locadora não exonera a fiadora do compromisso, que se estende até o fim do contrato de locação (art. 39 da Lei 8.245/91, combinado com o art. 835 do CC/2002). 3. Agravo interno a que se dá provimento, para conhecer do agravo e dar provimento ao recurso especial" (STJ, AgInt no AREsp 627.755/RJ, 4ª Turma, rel. Min. RAUL ARAÚJO).

### *1.5.1.6.15 Recurso especial e/ou recurso extraordinário*

Julgados os embargos de declaração, o vencido pode interpor o recurso especial e/ou o recurso extraordinário, desde que comprove que o caso concreto se adéqua a, pelo menos, uma das situações relacionadas no inciso III do art. 102 e/ou no inciso III do art. 105 da CF, sendo mais frequente a interposição do recurso especial, sob a alegação de infração à norma infraconstitucional ou de existência de divergência jurisprudencial.

Nesse momento, o vencido deve ter cautela na redação do recurso especial e/ou do recurso extraordinário, pois esses remédios processuais se distinguem dos que são interpostos na instância ordinária (agravo de instrumento, apelação etc.), pelo fato de **não admitirem a**

**discussão de fatos e o reexame de provas**, como na situação em que o recorrente afirma:

**(a)** Que efetuou o pagamento dos aluguéis, embora não disponha dos recibos, alegação que entende estar provada nos depoimentos prestados por testemunhas.

**(b)** Que as benfeitorias que realizou não seriam voluptuárias, como afirmado pelo magistrado, mas úteis.

Voltando a pensar na situação que envolve o fiador de contrato de locação que notificou extrajudicialmente o locador, durante a vigência do contrato, informando que estaria se liberando da obrigação, e que foi demandado em ação de despejo por falta de pagamento de aluguéis e de encargos da locação, cumulada com cobrança, ao interpor o recurso especial, o recorrente não pode afirmar que o juiz ou o tribunal teria valorado equivocadamente a prova; que o julgador fundamentou a sua decisão em depoimento prestado por uma testemunha, quando deveria ter utilizado determinado documento na formação do seu convencimento.

O recurso especial deve ter por fundamento a alegação de infração ao art. 835 do CC e a existência de divergência jurisprudencial entre o acórdão proferido no caso que envolve o recorrente e outro(s) acórdão(s), da lavra de outros Tribunais, já que a Súmula 13 do STJ dispõe que "a divergência entre julgados do mesmo tribunal não enseja recurso especial".

Vejamos como o recurso pode ser redigido:

> Excelentíssimo Senhor Desembargador Relator da Apelação Cível nº 123.456 - 8.
>
> **JOÃO DA SILVA**, por seu advogado, nos autos da **Apelação Cível** nº 123.456 - 8, interposta contra **MANOEL DOS SANTOS**, havendo sido intimado do teor do v. acórdão proferido pela 4ª Câmara Cível desse e. Tribunal Estadual, que negou provimento à apelação anteriormente apresentada pelo peticionário, vem, pela presente e no prazo legal de 15 (quinze) dias, interpor **RECURSO ESPECIAL** contra o mencionado acórdão, de acordo com as razões em anexo, confiando, *concessa venia*, que o remédio processual será provido, acarretando a reforma do julgado atacado.

Nestes termos, pede deferimento.

Local e data.

Nome do advogado

OAB

**Recorrente: JOÃO DA SILVA**

**Recorrido: MANOEL DOS SANTOS**

**RAZÕES DO RECORRENTE**

Eminentes Ministros:

01. A r. decisão proferida por órgão colegiado do tribunal local deve ser reformada, *data venia*, por ter infringido o art. 835 do CC, e por ter divergido de acórdão proferido por outro tribunal da federação, em caso semelhante.

02. O julgamento deste recurso não depende da análise de fatos e do reexame de provas, afastando a aplicação da Súmula 7 desse Colendo Tribunal Superior.

03. Como podemos constatar através da simples análise dos autos, o peticionário assinou contrato de locação no dia 10.08.2020, na condição de fiador, assumindo responsabilidade solidária com MARIA JOSÉ DE JESUS, locatária do mesmo contrato.

04. Pouco tempo após a celebração do contrato de locação, o peticionário encaminhou notificação extrajudicial ao locador, em que se desobrigou da fiança, ficando liberado do cumprimento das obrigações contratualmente assumidas.

05. Não obstante o envio e o recebimento da notificação extrajudicial, o que não foi negado pelo locador, constituindo-se em fato incontroverso, este propôs ação de despejo por falta de pagamento contra o locatário, cumulada com a cobrança de aluguéis e de encargos da locação, inserindo o peticionário no polo passivo da relação processual.

06. Embora o peticionário tenha arguido a sua ilegitimidade passiva, o juiz de 1º grau julgou a ação pela procedência dos pedidos, condenando os réus ao pagamento dos valores indicados na petição inicial, além das custas, das despesas processuais e dos honorários advocatícios.

07. Na sequência, o peticionário interpôs recurso de apelação, que restou improvido, sob a alegação de que o princípio da segurança jurídica deveria prevalecer no caso concreto.

08. O peticionário entende que o julgado atacado infringiu o art. 835 do CC, adiante transcrito:

> "Art. 835. O fiador pode exonerar-se da fiança que tiver assinado sem limitação de tempo, sempre que lhe convier, ficando obrigado por todos os efeitos da fiança, durante sessenta dias após a notificação do credor".

09. Além de o julgado ter infringido a norma reproduzida, diverge do entendimento consolidado no âmbito de outros Tribunais, no sentido de que a notificação extrajudicial libera o fiador do encargo contratualmente assumido.

10. Para comprovar a divergência jurisprudencial, o peticionário pede *venia* para transcrever o pronunciamento atacado e outro proferido pelo TJRS no julgamento de caso semelhante:

> **ACÓRDÃO ATACADO**:
>
> "Direito civil. Locação. Fiança. Notificação extrajudicial. Efeitos. O envio de notificação extrajudicial ao locador, em que o fiador 'se libera das obrigações contratualmente assumidas', não tem validade durante o período de vigência do contrato, em respeito ao princípio da segurança jurídica" (TJSP, Apelação Cível nº _______, 1ª Câmara Cível, Rel. Des. _____________, julgado em ___/___/2024).
>
> **ACÓRDÃO PROFERIDO PELO TJRS EM CASO SEMELHANTE**:
>
> "Direito civil. Locação. Fiança. Notificação extrajudicial. Efeitos. O envio de notificação extrajudicial ao locador, em que o fiador 'se libera das obrigações contratualmente assumidas', é válida e eficaz, como prevê o art. 835 do CC, mesmo durante a vigência do contrato" (TJRS, Apelação Cível nº _______, 1ª Câmara Cível, Rel. Des. _____________, julgado em ___/___/2024).

11. O acórdão confrontado foi extraído do site www.tjrs.jus.br, acesso em 19.08.2024, comprovando a divergência jurisprudencial de forma analítica.

**DO PEDIDO**

12. Posta a questão nesses termos, demonstrada a violação à norma infraconstitucional reproduzida e a divergência jurisprudencial, o peticionário requer se dignem Vossas Excelências a DAR PROVIMENTO a este recurso, acarretando a reforma da decisão atacada e, consequentemente, o reconhecimento da ilegitimidade passiva do recorrente.

O recurso especial deve ser interposto no prazo de 15 dias úteis, perante o tribunal local, exigindo o recolhimento de custas processuais, sob pena de deserção.

Interposto o recurso especial e/ou o recurso extraordinário, a presidência do Tribunal local (TJRS, TJPE, TJRJ, por exemplo) realiza o denominado juízo diferido ou provisório de admissibilidade, verificando se o recorrente comprovou o preenchimento dos requisitos de admissibilidade do recurso (preparo, tempestividade, legitimidade recursal etc.), se a matéria foi prequestionada e se o recurso se adéqua a uma das hipóteses relacionadas no inciso III do art. 102 e no inciso III do art. 105 da CF, principalmente.

Com mais frequência, a presidência do Tribunal local nega seguimento ao recurso especial e/ou ao recurso extraordinário, por meio de decisão de natureza interlocutória, que pode ser atacada pelo recurso de agravo em recurso especial ou de agravo em recurso extraordinário (art. 1.042 do CPC).[30]

30. "Art. 1.042. Cabe agravo contra decisão do presidente ou do vice-presidente do tribunal recorrido que inadmitir recurso extraordinário ou recurso especial, salvo quando fundada na aplicação de entendimento firmado em regime de repercussão geral ou em julgamento de recursos repetitivos. (...). § 2° A petição de agravo será dirigida ao presidente ou ao vice-presidente do tribunal de origem e independe do pagamento de custas e despesas postais, aplicando-se a ela o regime de repercussão geral e de recursos repetitivos, inclusive quanto à possibilidade de sobrestamento e do juízo de retratação. § 3° O agravado será intimado, de imediato, para oferecer resposta no prazo de 15 (quinze) dias. § 4° Após o prazo de resposta, não havendo retratação, o agravo será remetido ao tribunal superior competente. § 5° O agravo poderá ser julgado, conforme o caso, conjuntamente com o recurso especial ou extraordinário, assegurada, neste caso, sustentação oral, observando-se, ainda, o disposto no regimento interno do tribunal respectivo. § 6° Na hipótese de interposição conjunta de recursos extraordinário e especial, o agravante deverá interpor um agravo para cada recurso não admitido. § 7° Havendo apenas um agravo, o recurso será remetido ao tribunal competente, e, havendo interposição

### 1.5.1.6.16 *Possibilidade de instauração da execução provisória após a interposição do REsp ou do RExtr*

Em seções anteriores, estudamos que o locador pode retomar o imóvel locado após a prolação da sentença, independentemente da interposição do recurso de apelação, porque dotado apenas do efeito devolutivo, desde que preste caução, como exige a Lei do Inquilinato.

Contudo, no que toca aos aluguéis não pagos, aos acessórios da locação (taxas condominiais, IPTU, contas de energia elétrica etc.), às custas, às despesas processuais e aos honorários advocatícios, essas verbas só podem ser executadas após a interposição do recurso especial e/ou do recurso extraordinário, pois estes são dotados apenas do efeito devolutivo.

Desse modo, após a interposição dos recursos anteriormente referidos, o credor pode instaurar a fase de cumprimento da sentença, embasada em título provisório, com fundamento no art. 520[31] e seguintes do CPC.

A petição que requer a instauração da execução provisória pode ter a seguinte redação:

> Ao Juízo da 12ª Vara Cível da Comarca do Recife.

---

conjunta, os autos serão remetidos ao Superior Tribunal de Justiça. § 8° Concluído o julgamento do agravo pelo Superior Tribunal de Justiça e, se for o caso, do recurso especial, independentemente de pedido, os autos serão remetidos ao Supremo Tribunal Federal para apreciação do agravo a ele dirigido, salvo se estiver prejudicado".

31. "Art. 520. O cumprimento provisório da sentença impugnada por recurso desprovido de efeito suspensivo será realizado da mesma forma que o cumprimento definitivo, sujeitando-se ao seguinte regime:

I – corre por iniciativa e responsabilidade do exequente, que se obriga, se a sentença for reformada, a reparar os danos que o executado haja sofrido;

II – fica sem efeito, sobrevindo decisão que modifique ou anule a sentença objeto da execução, restituindo-se as partes ao estado anterior e liquidando-se eventuais prejuízos nos mesmos autos;

III – se a sentença objeto de cumprimento provisório for modificada ou anulada apenas em parte, somente nesta ficará sem efeito a execução;

IV – o levantamento de depósito em dinheiro e a prática de atos que importem transferência de posse ou alienação de propriedade ou de outro direito real, ou dos quais possa resultar grave dano ao executado, dependem de caução suficiente e idônea, arbitrada de plano pelo juiz e prestada nos próprios autos.

§ 1° No cumprimento provisório da sentença, o executado poderá apresentar impugnação, se quiser, nos termos do art. 525.

**MANOEL DOS SANTOS**, por seu advogado, nos autos da **Ação de Despejo por Falta de Pagamento de Aluguéis** proposta contra a **COOPERATIVA ABC**, processo nº 0001221-05.2020.8.17.0001, considerando que o recurso especial interposto pela adversa parte contra o v. acórdão que negou provimento à apelação aforada contra a sentença condenatória da lavra desse douto Juízo é dotado apenas do efeito devolutivo, considerando, ainda, que a mesma sentença condenou o vencido ao pagamento da quantia de R$ 57.212,83, que atualmente corresponde a R$ **215.871,41 (duzentos e quinze mil oitocentos e setenta e um reais e quarenta e um centavos)**, conforme memória discriminada do débito em anexo, vem, pela presente, requerer a instauração da **FASE DE CUMPRIMENTO DA SENTENÇA** contra a **COOPERATIVA ABC**, pessoa jurídica de direito privado, inscrita no CPF/MF sob o nº 00.000.000/0001-08, com filial em Recife, no endereço sito na Av. Domingos Ferreira, nº 1000, lojas 02 e 06, no bairro da Boa Viagem, solicitando se digne Vossa Excelência a determinar a intimação da adversa parte, para que efetue o pagamento da dívida, sob pena do acréscimo da multa e dos honorários advocatícios, cada qual na quantia correspondente a 10% (dez por cento) do crédito exequendo, até plena satisfação da obrigação.

Nestes termos, pede deferimento.

Local e data.

Nome do advogado

OAB

---

§ 2º A multa e os honorários a que se refere o § 1º do art. 523 são devidos no cumprimento provisório de sentença condenatória ao pagamento de quantia certa.

§ 3º Se o executado comparecer tempestivamente e depositar o valor, com a finalidade de isentar-se da multa, o ato não será havido como incompatível com o recurso por ele interposto.

§ 4º A restituição ao estado anterior a que se refere o inciso II não implica o desfazimento da transferência de posse ou da alienação de propriedade ou de outro direito real eventualmente já realizada, ressalvado, sempre, o direito à reparação dos prejuízos causados ao executado.

§ 5º Ao cumprimento provisório de sentença que reconheça obrigação de fazer, de não fazer ou de dar coisa aplica-se, no que couber, o disposto neste Capítulo".

### *1.5.1.6.17 Recursos no âmbito do STJ e do STF*

Interposto o agravo em recurso especial ou o agravo em recurso extraordinário, e distribuído no STJ ou no STF, o relator pode negar-lhe seguimento, por decisão de natureza interlocutória, que pode ser atacada pelo agravo interno, no prazo legal de 15 dias úteis, sendo julgado por uma Turma, por acórdão que pode ser combatido pelos embargos de declaração, se o vencido entender que a decisão é omissa, obscura e/ ou contraditória, ou por embargos de divergência, com fundamento no art. 1.043 do CPC, o que é incomum em ações de despejo por falta de pagamento.

Enfrentado o último recurso, a secretaria do STJ ou do STF certifica o trânsito em julgado e devolve os autos ao juízo do 1° grau de jurisdição, em que a ação de despejo teve curso, permitindo a instauração da execução definitiva ou a conversão da execução provisória (se já instaurada) em definitiva.

### *1.5.1.6.18 Dinâmica resumida da fase de conhecimento da ação de despejo por falta de pagamento*

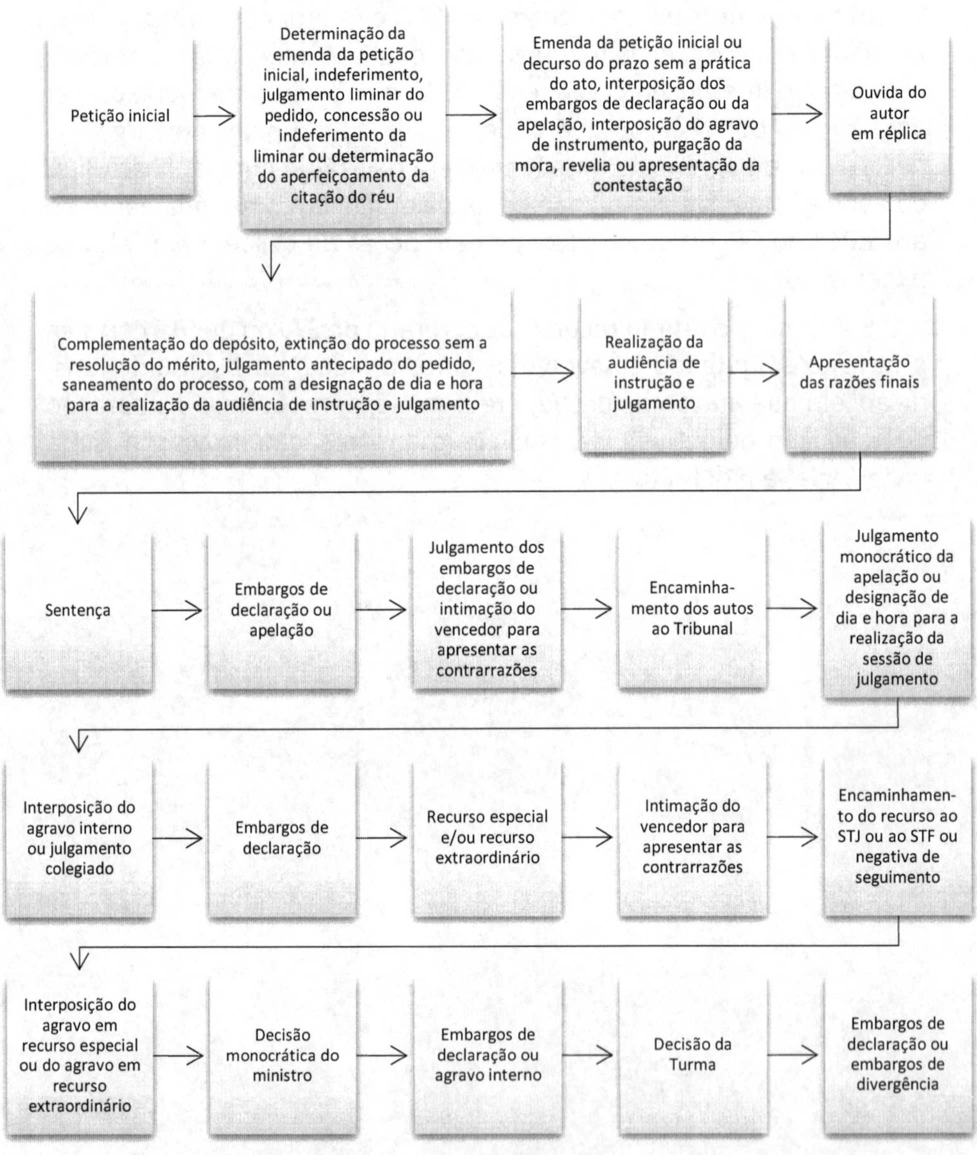

### *1.5.1.6.19 Instauração da fase de cumprimento da sentença*

Após a interposição do recurso especial e/ou do recurso extraordinário, como esses remédios processuais não são dotados de efeito suspensivo, o locador pode requerer a instauração da fase de cumprimento da sentença, fundada em título provisório, para o recebimento dos valores correspondentes aos aluguéis, aos encargos da locação, às custas, às despesas processuais e aos honorários advocatícios, assunto que analisamos na seção 1.5.1.6.16.

Nesta seção, estudamos a execução definitiva, instaurada após o trânsito em julgado da sentença que condenou o(s) réu(s) ao pagamento das verbas identificadas no parágrafo anterior, partindo da premissa de que o credor não optou por instaurar a execução fundada em título provisório, após a interposição do recurso especial e/ou do recurso extraordinário, pelo seu adversário processual.

A principal diferença existente entre a execução provisória e a definitiva é a de que, na primeira, *o levantamento de depósito em dinheiro e a prática de atos que importem transferência de posse ou alienação de propriedade ou de outro direito real, ou dos quais possa resultar grave dano ao executado, dependem de caução suficiente e idônea, arbitrada de plano pelo juiz e prestada nos próprios autos* (inciso IV do art. 520 do CPC).

Na execução definitiva, aperfeiçoada a penhora, julgada e rejeitada a impugnação oposta pelo devedor e praticados os demais atos que integram a fase que analisamos, o credor pode requerer a expedição de alvará judicial para levantamento do valor alcançado pela penhora *on-line* ou receber o produto da alienação forçada do(s) bem(ns) penhorado(s), resultado do leilão judicial.

Nas seções seguintes, estudamos os principais atos que integram a fase de cumprimento da sentença, fundada em título definitivo, destacando que, quanto à instauração, a petição é igual à que apresentamos como exemplo na seção **Possibilidade de instauração da execução provisória após a interposição do REsp ou do RExtr** (1.5.1.6.16).

### 1.5.1.6.19.1 Protesto da sentença proferida em ação de despejo

Após o trânsito em julgado, e independentemente da instauração da fase de cumprimento da sentença, o credor pode providenciar o protesto do título judicial, com fundamento no art. 517 do CPC, adiante transcrito:

> "Art. 517. A decisão judicial transitada em julgado poderá ser levada a protesto, nos termos da lei, depois de transcorrido o prazo para pagamento voluntário previsto no art. 523.
>
> § 1º Para efetivar o protesto, incumbe ao exequente apresentar certidão de teor da decisão.
>
> § 2º A certidão de teor da decisão deverá ser fornecida no prazo de 3 (três) dias e indicará o nome e a qualificação do exequente e do executado, o número do processo, o valor da dívida e a data de decurso do prazo para pagamento voluntário.
>
> § 3º O executado que tiver proposto ação rescisória para impugnar a decisão exequenda pode requerer, a suas expensas e sob sua responsabilidade, a anotação da propositura da ação à margem do título protestado.
>
> § 4º A requerimento do executado, o protesto será cancelado por determinação do juiz, mediante ofício a ser expedido ao cartório, no prazo de 3 (três) dias, contado da data de protocolo do requerimento, desde que comprovada a satisfação integral da obrigação".

O protesto da sentença condenatória proferida em ação de despejo por falta de pagamento constitui-se em uma opção, e não pode ser realizado de ofício pelo magistrado, dependendo da iniciativa do credor, que pode protestar o título em relação ao locatário e/ou ao fiador, se este integrou a relação processual, ou seja, se a ação de despejo foi cumulada com a cobrança de aluguéis.

### 1.5.1.6.19.2 Intimação do devedor

Recebida a petição em que o credor requer a instauração da fase de cumprimento da sentença, para receber os valores indicados na sentença proferida em ação de despejo cumulada com cobrança de aluguéis, o juiz determina que o devedor seja intimado, preferencialmente "pelo Diário da Justiça, na pessoa de seu advogado constituído nos autos" (inciso I do § 2º do art. 513 do CPC), para que efetue o pagamento da dívida no prazo de 15 dias, sob pena da aplicação da multa de 10% e dos honorários advocatícios no mesmo percentual.

Parte da doutrina e da jurisprudência entende que o prazo para pagamento não deve ser contado em dias úteis, mas em dias corridos, já que o ato a ser praticado não tem natureza processual, prevendo o parágrafo único do art. 219 do CPC que "o disposto neste artigo aplica-se somente aos prazos processuais".

Entendemos da mesma forma, já que o pagamento é ato disciplinado não pelo direito processual, mas pelo direito material, representando forma de extinção da obrigação.

### 1.5.1.6.19.3 Pagamento

No prazo de 15 dias, o devedor pode pagar a dívida, incluindo o principal (aluguéis e/ou acessórios da locação), correção monetária, juros, custas, despesas processuais e honorários, como condição para que o pagamento seja considerado como integral.

Realizado, por meio de depósito judicial, em conta à disposição do juízo, o magistrado determina o aperfeiçoamento da intimação do credor, para que se manifeste sobre o depósito. Havendo discordância, a execução prossegue em relação ao valor controvertido (diferença entre o valor depositado e a importância que o credor entende devida).

Manifestada concordância, o juiz determina a expedição de alvarás judiciais, em favor do credor e do seu advogado (para o recebimento de honorários de sucumbência e de honorários contratuais, quando ajustados), extinguindo a execução.

Vejamos como o devedor pode se manifestar nesse momento processual:

> Ao Juízo da 13ª Vara Cível da Comarca de Curitiba.
>
> **JOÃO DOS SANTOS**, por seu advogado, nos autos do **Procedimento de Cumprimento de Sentença** nº 001.003.2024.8.17.2001, instaurado por **MANOEL DA SILVA**, havendo sido intimado para pagar a

dívida no prazo legal de 15 (quinze) dias, vem, pela presente, isto fazer, conforme guia de depósito judicial em anexo, abrangendo o principal, as custas, as despesas processuais e os honorários advocatícios, aproveitando o ensejo para requerer a extinção da execução, em decorrência da satisfação da obrigação.

## 1.5.1.6.19.4 Pedido de parcelamento da dívida

Também no prazo de 15 dias, alguns devedores comparecem aos autos para requerer o parcelamento da dívida, depositando o valor correspondente a 30% do montante devido, comprometendo-se a pagar o restante em até seis parcelas mensais, acrescidas de juros e de correção monetária, ato praticado com fundamento no art. 916 do CPC, adiante transcrito:

> "Art. 916. No prazo para embargos, reconhecendo o crédito do exequente e comprovando o depósito de trinta por cento do valor em execução, acrescido de custas e de honorários de advogado, o executado poderá requerer que lhe seja permitido pagar o restante em até 6 (seis) parcelas mensais, acrescidas de correção monetária e de juros de um por cento ao mês.
>
> § 1º O exequente será intimado para manifestar-se sobre o preenchimento dos pressupostos do *caput*, e o juiz decidirá o requerimento em 5 (cinco) dias.
>
> § 2º Enquanto não apreciado o requerimento, o executado terá de depositar as parcelas vincendas, facultado ao exequente seu levantamento.
>
> § 3º Deferida a proposta, o exequente levantará a quantia depositada, e serão suspensos os atos executivos.
>
> § 4º Indeferida a proposta, seguir-se-ão os atos executivos, mantido o depósito, que será convertido em penhora.
>
> § 5º O não pagamento de qualquer das prestações acarretará cumulativamente:
>
> I – o vencimento das prestações subsequentes e o prosseguimento do processo, com o imediato reinício dos atos executivos;

> II – a imposição ao executado de multa de dez por cento sobre o valor das prestações não pagas.
>
> § 6º A opção pelo parcelamento de que trata este artigo importa renúncia ao direito de opor embargos.
>
> § 7º O disposto neste artigo não se aplica ao cumprimento da sentença".

A prerrogativa conferida ao executado de solicitar o parcelamento da dívida valoriza o princípio da menor onerosidade para o devedor (art. 805 do CPC[32]), e permite que a execução seja encerrada em menor espaço de tempo, em proveito não apenas do exequente, como também do Estado-juiz, que se libera do dever de prestar a jurisdição.

O requerimento de parcelamento é formulado por petição, nos autos da execução, não reclamando a instauração de novo processo ou de incidente. O executado não pode se defender e formular o requerimento. Ou se defende ou solicita o parcelamento da dívida, já que a formulação do pedido de parcelamento acarreta a renúncia ao direito de se defender. Protocolado o requerimento, não é mais possível opor os embargos ou a impugnação, em decorrência da preclusão.

O acolhimento da solicitação formulada pelo executado se subordina ao preenchimento dos seguintes requisitos:

**(a)** Verificação da **tempestividade da manifestação**, que deve ser apresentada nos 15 dias seguintes ao aperfeiçoamento da intimação.

**(b)** **Depósito da quantia correspondente a 30% do valor da dívida**, além das custas e dos honorários advocatícios.

**(c)** **Apresentação de proposta para pagamento do saldo remanescente**, em até seis prestações mensais, sujeitas à incidência da correção monetária e dos juros, no percentual de 1% ao mês.

32. "Art. 805. Quando por vários meios o exequente puder promover a execução, o juiz mandará que se faça pelo modo menos gravoso para o executado. Parágrafo único. Ao executado que alegar ser a medida executiva mais gravosa incumbe indicar outros meios mais eficazes e menos onerosos, sob pena de manutenção dos atos executivos já determinados".

Protocolado o pedido de parcelamento, o magistrado deve conceder vista dos autos ao exequente, em respeito ao princípio do contraditório e da ampla defesa (inciso LV do art. 5° da CF), que pode concordar com o pedido ou impugná-lo, sob a alegação de que os requisitos dispostos na lei não foram preenchidos.

Após a adoção dessa providência, o magistrado resolve a questão por meio de decisão interlocutória, que pode ser atacada pelo agravo de instrumento, no prazo geral de 15 dias (parágrafo único do art. 1.015 do CPC).

Deferido o parcelamento, os atos executivos são suspensos, sem atingir os já praticados, com destaque para a penhora, quando formalizada. Além disso, com o deferimento, o exequente pode levantar os depósitos já realizados (por meio de alvará), já que a(s) parcela(s) é(-são) incontroversa(s).

Se o magistrado indeferir o pedido de parcelamento, o depósito da parcela inicial é utilizado na garantia (parcial) do juízo, autorizando o prosseguimento da execução, sem reabrir o prazo para a apresentação da defesa.

O não pagamento de qualquer das parcelas mensais caracteriza a denominada ***mora intercorrente***, acarretando o vencimento antecipado das demais prestações, além do acréscimo de penalidade (multa), no percentual de 10% do valor das parcelas não adimplidas.

Contra o nosso entendimento, o legislador infraconstitucional optou por não estender a técnica processual para a fase de cumprimento da sentença, retirando do devedor o direito de formular o pedido quando instado a adimplir a obrigação de pagar soma em dinheiro, com base em título executivo judicial. Antipatizamos com a vedação legal, por entendermos que a possibilidade de parcelamento da dívida contribui para eliminar a controvérsia em menor espaço de tempo.

Não obstante a nossa divergência, a jurisprudência tem interpretado literalmente o § 7° do art. 916, do CPC, vedando a possibilidade de formulação do pedido de parcelamento quando a execução tem fundamento em título judicial, como percebemos por meio da leitura do seguinte julgado:

> "Agravo de instrumento. Fase de cumprimento da sentença. Pedido de parcelamento da dívida. Impossibilidade. Processo

em fase de cumprimento de sentença. Requerimento de parcelamento do débito, com fundamento no art. 916 do CPC. Inaplicabilidade prevista no § 7º do referido dispositivo. Recurso provido" (TJSP, AI 20565846322017826000/SP).

De qualquer modo, se o devedor quiser arriscar (arriscar, pois a formulação do pedido de parcelamento retira a possibilidade de oposição da impugnação), pode formular o pedido da seguinte forma:

> Ao Juízo da 3ª Vara Cível da Comarca de Cuiabá.
>
> **JOÃO DOS SANTOS**, por seu advogado, nos autos do **Procedimento de Cumprimento de Sentença** nº 001.2000.2021. 8.17.2001, instaurado por **ALEXANDRE DOS SANTOS**, havendo sido intimado para pagar a dívida no prazo legal de 15 (quinze) dias úteis, vem, pela presente, com fundamento nos arts. 805 e 916 do CPC, requerer o **PARCELAMENTO DA DÍVIDA**, comprovando já ter efetuado o pagamento da quantia correspondente a 30% (trinta por cento) do valor total, comprometendo-se a efetuar o pagamento do saldo remanescente em 6 (seis) parcelas mensais e sucessivas, acrescidas de juros e de correção monetária.

## 1.5.1.6.19.5 Penhora

Não realizado o pagamento no prazo de 15 dias, a consequência é a tentativa de aperfeiçoamento da penhora, preferencialmente em dinheiro, denominada penhora *on-line*, com fundamento no art. 854, do CPC, cujo *caput* tem a seguinte redação:

> "Art. 854. Para possibilitar a penhora de dinheiro em depósito ou em aplicação financeira, o juiz, a requerimento do exequente, sem dar ciência prévia do ato ao executado, determinará às instituições financeiras, por meio de sistema eletrônico gerido pela autoridade supervisora do sistema financeiro nacional, que torne indisponíveis ativos financeiros existentes em nome do executado, limitando-se a indisponibilidade ao valor indicado na execução".

O pedido de penhora *on-line* pode ser formulado em petição com a seguinte redação:

Ao Juízo da 2ª Vara de Execução de Títulos Extrajudiciais da Comarca do Recife.

**JOÃO DA SILVA**, advogando em causa própria, nos autos do **Procedimento de Cumprimento da Sentença** instaurado contra o **Banco ABC S.A.**, nº 123456-64.2022, tendo em vista o decurso do prazo de pagamento, sem que a adversa parte tenha adimplido a obrigação, vem, pela presente, requerer se digne Vossa Excelência a determinar o aperfeiçoamento da **penhora *on-line***, na quantia de R$ 28.692,98 (vinte e oito mil seiscentos e noventa e dois reais e noventa e oito centavos), após a incorporação do valor correspondente a 10% de honorários advocatícios (R$ 2.391,08) e de 10% de multa (R$ 2.391,08) ao principal (R$ 23.910,82), permitindo a prática dos demais atos executivos, até a plena satisfação da obrigação.

Nestes termos, pede deferimento.

Local e data.

Nome do advogado

OAB

O aperfeiçoamento da penhora *on-line* é o "sonho de consumo" de qualquer credor, pois acentua a possibilidade de satisfação da obrigação, sem o esforço que deve ser empreendido quando a penhora recai em bens móveis e imóveis, exigindo a realização de leilões para a sua arrematação, como condição para transformar o bem em dinheiro, permitindo o pagamento ao credor.

Realizada a penhora *on-line*, o devedor deve ser intimado, para que tenha o direito de comprovar que as quantias tornadas indisponíveis são impenhoráveis ou que ainda remanesce indisponibilidade excessiva de ativos financeiros (incisos I e II do § 3º do art. 854 do CPC[33]), o que deve ser feito no prazo de cinco dias úteis.

33. "Art. 854. Para possibilitar a penhora de dinheiro em depósito ou em aplicação financeira, o juiz, a requerimento do exequente, sem dar ciência prévia do ato ao executado, determinará às instituições financeiras, por meio de sistema eletrônico gerido pela autoridade supervisora do sistema financeiro nacional, que torne indisponíveis ativos financeiros existentes em nome do executado, limitando-se a indisponibilidade ao valor indicado na execução.

§ 1º No prazo de 24 (vinte e quatro) horas a contar da resposta, de ofício, o juiz determinará o cancelamento de eventual indisponibilidade excessiva, o que deverá ser cumprido pela instituição financeira em igual prazo.

## Vejamos como esse pedido pode ser formulado:

Ao Juízo da 13ª Vara Cível da Comarca do Rio de Janeiro.

**MANOEL DOS SANTOS**, por seu advogado, nos autos do **Procedimento de Cumprimento de Sentença** instaurado por **JOÃO DA SILVA**, nº 123.657.2022.8.17.2001, considerando que o valor da execução é de R$ 20.000,00, e que a penhora *on-line* realizada por determinação desse douto Juízo acarretou no bloqueio de todos os valores existentes nas diversas contas-correntes do executado, totalizando quantia superior a R$ 100.000,00, vem, pela presente, com fundamento no inciso II do § 3º do art. 854 do CPC, requerer se digne Vossa Excelência a determinar o cancelamento da indisponibilidade excessiva, limitando a constrição ao valor da execução.

---

§ 2° Tornados indisponíveis os ativos financeiros do executado, este será intimado na pessoa de seu advogado ou, não o tendo, pessoalmente.

§ 3° Incumbe ao executado, no prazo de 5 (cinco) dias, comprovar que:

I – as quantias tornadas indisponíveis são impenhoráveis;

II – ainda remanesce indisponibilidade excessiva de ativos financeiros.

§ 4° Acolhida qualquer das arguições dos incisos I e II do § 3°, o juiz determinará o cancelamento de eventual indisponibilidade irregular ou excessiva, a ser cumprido pela instituição financeira em 24 (vinte e quatro) horas.

§ 5° Rejeitada ou não apresentada a manifestação do executado, converter-se-á a indisponibilidade em penhora, sem necessidade de lavratura de termo, devendo o juiz da execução determinar à instituição financeira depositária que, no prazo de 24 (vinte e quatro) horas, transfira o montante indisponível para conta vinculada ao juízo da execução.

§ 6° Realizado o pagamento da dívida por outro meio, o juiz determinará, imediatamente, por sistema eletrônico gerido pela autoridade supervisora do sistema financeiro nacional, a notificação da instituição financeira para que, em até 24 (vinte e quatro) horas, cancele a indisponibilidade.

§ 7° As transmissões das ordens de indisponibilidade, de seu cancelamento e de determinação de penhora previstas neste artigo far-se-ão por meio de sistema eletrônico gerido pela autoridade supervisora do sistema financeiro nacional.

§ 8° A instituição financeira será responsável pelos prejuízos causados ao executado em decorrência da indisponibilidade de ativos financeiros em valor superior ao indicado na execução ou pelo juiz, bem como na hipótese de não cancelamento da indisponibilidade no prazo de 24 (vinte e quatro) horas, quando assim determinar o juiz.

§ 9° Quando se tratar de execução contra partido político, o juiz, a requerimento do exequente, determinará às instituições financeiras, por meio de sistema eletrônico gerido por autoridade supervisora do sistema bancário, que tornem indisponíveis ativos financeiros somente em nome do órgão partidário que tenha contraído a dívida executada ou que tenha dado causa à violação de direito ou ao dano, ao qual cabe exclusivamente a responsabilidade pelos atos praticados, na forma da lei".

Frustrada a tentativa de penhora *on-line*, o credor terá de indicar outros bens do devedor, passíveis de penhora, com exceção dos relacionados no art. 833 do CPC,[34] considerados impenhoráveis, assim como os indicados no art. 1° da Lei 8.009/1990,[35] que protege o denominado bem de família.

---

34. "Art. 833. São impenhoráveis:

I – os bens inalienáveis e os declarados, por ato voluntário, não sujeitos à execução;

II – os móveis, os pertences e as utilidades domésticas que guarnecem a residência do executado, salvo os de elevado valor ou os que ultrapassem as necessidades comuns correspondentes a um médio padrão de vida;

III – os vestuários, bem como os pertences de uso pessoal do executado, salvo se de elevado valor;

IV – os vencimentos, os subsídios, os soldos, os salários, as remunerações, os proventos de aposentadoria, as pensões, os pecúlios e os montepios, bem como as quantias recebidas por liberalidade de terceiro e destinadas ao sustento do devedor e de sua família, os ganhos de trabalhador autônomo e os honorários de profissional liberal, ressalvado o § 2°;

V – os livros, as máquinas, as ferramentas, os utensílios, os instrumentos ou outros bens móveis necessários ou úteis ao exercício da profissão do executado;

VI – o seguro de vida;

VII – os materiais necessários para obras em andamento, salvo se essas forem penhoradas;

VIII – a pequena propriedade rural, assim definida em lei, desde que trabalhada pela família;

IX – os recursos públicos recebidos por instituições privadas para aplicação compulsória em educação, saúde ou assistência social;

X – a quantia depositada em caderneta de poupança, até o limite de 40 (quarenta) salários mínimos;

XI – os recursos públicos do fundo partidário recebidos por partido político, nos termos da lei;

XII – os créditos oriundos de alienação de unidades imobiliárias, sob regime de incorporação imobiliária, vinculados à execução da obra.

§ 1° A impenhorabilidade não é oponível à execução de dívida relativa ao próprio bem, inclusive àquela contraída para sua aquisição.

§ 2° O disposto nos incisos IV e X do *caput* não se aplica à hipótese de penhora para pagamento de prestação alimentícia, independentemente de sua origem, bem como às importâncias excedentes a 50 (cinquenta) salários mínimos mensais, devendo a constrição observar o disposto no art. 528, § 8°, e no art. 529, § 3°.

§ 3° Incluem-se na impenhorabilidade prevista no inciso V do caput os equipamentos, os implementos e as máquinas agrícolas pertencentes a pessoa física ou a empresa individual produtora rural, exceto quando tais bens tenham sido objeto de financiamento e estejam vinculados em garantia a negócio jurídico ou quando respondam por dívida de natureza alimentar, trabalhista ou previdenciária".

35. "Art. 1° O imóvel residencial próprio do casal, ou da entidade familiar, é impenhorável e não responderá por qualquer tipo de dívida civil, comercial, fiscal, previdenciária ou de outra natureza, contraída pelos cônjuges ou pelos pais ou filhos que sejam seus proprietários e nele residam, salvo nas hipóteses previstas nesta lei.

Parágrafo único. A impenhorabilidade compreende o imóvel sobre o qual se assentam a construção, as plantações, as benfeitorias de qualquer natureza e todos os equipamentos, inclusive os de uso profissional, ou móveis que guarnecem a casa, desde que quitados".

O aperfeiçoamento da penhora não é condição para o prosseguimento da execução, mas o é para a satisfação da obrigação, pois a arrematação (um dos últimos atos da fase de cumprimento da sentença proferida em ação de despejo por falta de pagamento) depende do prévio aperfeiçoamento da penhora de bens do devedor.

Nas próximas seções, estudaremos assuntos polêmicos relacionados à penhora de bens e à responsabilidade patrimonial (bem de família, quebra da personalidade jurídica do devedor e apreensão do passaporte, da CNH e de cartões de créditos do devedor), assuntos que são frequentemente abordados na fase de cumprimento da sentença proferida em ações de despejo.

#### 1.5.1.6.19.5.1 Bem de família

Frustrada a tentativa de aperfeiçoamento da penhora *on-line*, o credor deve indicar bens do devedor, livres e desembaraçados, para que sejam penhorados e posteriormente transformados em dinheiro, em leilão judicial, preservando os impenhoráveis, relacionados no art. 833 do CPC e no art. 1° da Lei 8.009/1990, que disciplina o bem de família.

Nessa fase do processo, é comum o protocolo de petições pelo devedor e/ou pelo fiador alegando que a penhora teria recaído em bem de família. Vejamos o que dispõe o inciso VII do art. 3° da Lei 8.009/1990:

> "Art. 3º A impenhorabilidade é oponível em qualquer processo de execução civil, fiscal, previdenciária, trabalhista ou de outra natureza, salvo se movido: (...);
>
> VII – por obrigação decorrente de fiança concedida em contrato de locação; (...)".

Quanto ao locatário, não há dúvidas de que o seu imóvel residencial não pode ser penhorado, com a ressalva de que, se o casal ou a entidade familiar for proprietária de vários imóveis, utilizados como residência, a impenhorabilidade protegerá o de menor valor, salvo se outro tiver sido registrado, para esse fim, no Registro de Imóveis e na forma do art. 70 do CC[36] (parágrafo único do art. 5° da Lei 8.009/90[37]).

---

36. "Art. 70. O domicílio da pessoa natural é o lugar onde ela estabelece a sua residência com ânimo definitivo".

37. "Art. 5° Para os efeitos de impenhorabilidade, de que trata esta lei, considera-se residência um único imóvel utilizado pelo casal ou pela entidade familiar para moradia permanente.

Embora o bem imóvel residencial do locatário seja penhorado em algumas situações, este não terá dificuldades para obter o desfazimento da penhora, desde que comprove que, de fato, este é o único bem que possui e que ele é utilizado pelo casal ou pela entidade familiar para moradia permanente (parte final do art. 5° da mesma lei).

A comprovação de que possui um único bem pode ser feita por meio da juntada aos autos de certidões fornecidas pelos cartórios de imóveis da localidade, em que consta a informação de que o executado não é proprietário de outros imóveis, além do que foi penhorado.

Entendemos que a impenhorabilidade do bem de família pode ser arguida por petição avulsa ou por meio da oposição da impugnação, com fundamento no inciso IV do § 1° do art. 525 do CPC.

Vejamos como o locatário pode requerer o desfazimento da penhora que recaiu em bem de família:

> Ao Juízo da 1ª Vara Cível da Comarca do Rio de Janeiro.
>
> **JOÃO DA SILVA**, por seu advogado, nos autos do **Procedimento de Cumprimento da Sentença** instaurado por **JOSÉ DOS SANTOS**, nº 001.002.2024.9.17.2001, advindo de sentença condenatória proferida em ação de despejo por falta de pagamento, havendo sido surpreendido com o aperfeiçoamento da penhora realizada por determinação desse douto Juízo, que recaiu em imóvel pertencente ao peticionário, constituindo-se no seu **bem de família**, como comprovam as certidões em anexo, fornecidas pelos cartórios de imóveis da capital, vem, pela presente, com fundamento no art. 1º da Lei nº 8.009/90, requerer se digne Vossa Excelência a determinar o desfazimento da constrição, ressaltando que a matéria suscitada nesta manifestação processual é de ordem pública, e, por isso, pode e deve ser enfrentada quando arguida em petição avulsa, não exigindo a oposição da impugnação.
>
> Nestes termos, pede deferimento.
>
> Local e data.

---

Parágrafo único. Na hipótese de o casal, ou entidade familiar, ser possuidor de vários imóveis utilizados como residência, a impenhorabilidade recairá sobre o de menor valor, salvo se outro tiver sido registrado, para esse fim, no Registro de Imóveis e na forma do art. 70 do Código Civil".

Nome do advogado
OAB

No que toca ao fiador, a questão é diferente, pois o inciso VII do art. 3° da Lei 8.009/1990 prevê a possibilidade do aperfeiçoamento da penhora do único bem a ele pertencente, que foi condenado a pagar os aluguéis e os acessórios da locação em sentença proferida em ação de despejo cumulada com cobrança de aluguéis.

A norma é ratificada pela Súmula 549 do STJ, adiante transcrita:

**STJ:**

**Súmula 549:** "É válida a penhora de bem de família pertencente a fiador de contrato de locação".

A jurisprudência vem aplicando a lei "ao pé da letra", como percebemos por meio da leitura do seguinte julgado:

> "Agravo de instrumento. Ação de despejo por falta de pagamento em fase de cumprimento de sentença. Penhora em bem imóvel de família. Possibilidade. **Ante a Súmula 549 do STJ e o posicionamento jurisprudencial desta corte, possível a penhora do bem de família do fiador em contrato de locação.** Negaram provimento ao recurso. Unânime" (TJRS, AI 70077589349, 15ª Câmara Cível, rel. Des. OTÁVIO AUGUSTO DE FREITAS BARCELLOS) (grifamos).

Ainda analisando a jurisprudência aplicável à matéria, destacamos que o STJ considerou constitucional a penhora de bem de família pertencente ao fiador de contrato de locação, seja comercial, seja residencial, conforme Tema 1.127 da repercussão geral do STF, com a seguinte redação:

> "É constitucional a penhora de bem de família pertencente a fiador de contrato de locação, seja residencial, seja comercial".

Quanto à possibilidade de aperfeiçoamento da penhora do único bem imóvel pertencente ao fiador, devemos analisar se o juiz pode determinar a realização da constrição, quando a fiança houver sido prestada por fiador casado, **sem que a sua esposa tenha assinado o contrato de locação**, vejamos o que dispõem os arts. 1.645, 1.647, 1.649 e 1.650 do CC:

"Art. 1.645. As ações fundadas nos incisos III, IV e V do art. 1.642 comprometem ao cônjuge prejudicado e aos seus herdeiros".

"Art. 1.647. Ressalvado o disposto no art. 1.648, nenhum dos cônjuges pode, sem autorização do outro, exceto no regime da separação absoluta: (...); III – prestar fiança ou aval; (...)".

"Art. 1.649. A falta de autorização, não suprida pelo juiz, quando necessária (art. 1.647), tornará anulável o ato praticado, podendo o outro cônjuge pleitear-lhe a anulação, até dois anos depois de terminada a sociedade conjugal. Parágrafo único. A aprovação torna válido o ato, desde que feita por instrumento público, ou particular, autenticado".

"Art. 1.650. A decretação de invalidade dos atos praticados sem outorga, sem consentimento, ou sem suprimento do juiz, só poderá ser demandada pelo cônjuge a quem cabia concedê-la, ou por seus herdeiros".

Como percebemos, a validade da fiança prestada por fiador(a) casado(a) está condicionada à **autorização do seu cônjuge**, que igualmente deve assinar o contrato de locação, assumindo a coobrigação, com o seu marido ou esposa, sob pena de **ineficácia total da garantia**, nos termos da Súmula 332 do STJ, adiante transcrita:

**STJ:**

**Súmula 332:** "A fiança prestada sem autorização de um dos cônjuges implica a ineficácia total da garantia".

Para reforçar o que expusemos, transcrevemos julgado sobre a matéria:

"Locação não residencial. Pretensão de despejo por falta de pagamento cumulada com cobrança de aluguéis e encargos da locação julgada procedente. Fiança prestada sem outorga uxória. Ineficácia. Reconhecimento acertado. Inteligência dos artigos 1.645, 1.647, inciso III, 1.649 e 1.650, do Código Civil, e da Súmula nº 332, do Superior Tribunal de Justiça. Recurso não provido" (TJSP, Apelação Cível 1000493-51.2015.8.26.0028, 33ª Câmara de Direito Privado, rel. Des. SÁ DUARTE).

Percebam que a consequência advinda da constatação de que o cônjuge do(a) fiador(a) não assinou o contrato de locação, anuindo à prestação da fiança pelo seu marido ou esposa, não é a preservação da meação, mas o reconhecimento da **ineficácia total da garantia**, com o consequente desfazimento da penhora que recaiu sobre o bem de família.

Para obtê-lo, o cônjuge que não prestou a fiança deve opor embargos de terceiro, com fundamento no art. 674 do CPC, adiante transcrito:

> "Art. 674. Quem, não sendo parte no processo, sofrer constrição ou ameaça de constrição sobre bens que possua ou sobre os quais tenha direito incompatível com o ato constritivo, poderá requerer seu desfazimento ou sua inibição por meio de embargos de terceiro.
>
> § 1º Os embargos podem ser de terceiro proprietário, inclusive fiduciário, ou possuidor.
>
> § 2º Considera-se terceiro, para ajuizamento dos embargos:
>
> I – o cônjuge ou companheiro quando defende a posse de bens próprios ou de sua meação, ressalvado o disposto no art. 843;
>
> II – o adquirente de bens cuja constrição decorreu de decisão que declara a ineficácia da alienação em fraude à execução;
>
> III – quem sofre constrição judicial de seus bens por força de desconsideração da personalidade jurídica, de cujo incidente não fez parte;
>
> IV – o credor com garantia real para obstar expropriação judicial do objeto de direito real de garantia, caso não tenha sido intimado, nos termos legais dos atos expropriatórios respectivos".

Os embargos de terceiro devem ser opostos até cinco dias depois da adjudicação, da alienação por iniciativa particular ou da arrematação, mas sempre antes da assinatura da respectiva carta (art. 675 do CPC[38]).

38. "Art. 675. Os embargos podem ser opostos a qualquer tempo no processo de conhecimento enquanto não transitada em julgado a sentença e, no cumprimento de sentença ou no

#### 1.5.1.6.19.5.2 Desconsideração da personalidade jurídica do devedor

Na fase de cumprimento das sentenças proferidas em ações de despejo por falta de pagamento de aluguéis e de acessórios da locação, muitos autores/locadores enfrentam dificuldades para conseguir aperfeiçoar a penhora de bens dos devedores (locatários e/ou fiadores), por desconhecerem a sua existência.

Estamos falando da situação em que os autores/locadores instauram a fase de cumprimento da sentença e o devedor não paga a dívida no prazo de 15 dias, sendo frustrada a tentativa de penhora *on-line* e de bens móveis e imóveis do devedor, embora o juiz tenha expedido ofício à Receita Federal, que encaminha as últimas declarações de imposto de renda do devedor, nelas nada constando na relação de BENS E DIREITOS.

Não obstante essa frustração, o credor tem conhecimento de que os sócios da executada (pessoa jurídica) possuem bens passíveis de penhora. Por isso, e pelo menos em tese, pode requerer a desconsideração da personalidade jurídica da devedora para que a responsabilidade seja estendida aos seus sócios e, consequentemente, os seus bens possam ser penhorados.

É importante destacar que essa técnica (desconsideração da personalidade jurídica) **não pode ser adotada tão somente porque o devedor não pagou**, bem assim porque o credor não tem conhecimento da existência de bens do executado que possam ser penhorados, como percebemos por meio da leitura dos seguintes julgados:

> "Agravo de instrumento. Direito privado não especificado. Execução de título extrajudicial. Desconsideração da personalidade jurídica. Dissolução irregular. Ausência dos pressupostos do art. 50 do Código Civil. **A desconsideração da personalidade jurídica constitui medida extrema e excepcional, não atendendo aos requisitos legais a pretensão fundada apenas na dissolução irregular da sociedade ou na não localização de bens penhoráveis.** Destarte, no caso, não evidenciada a prática de fraude ou abuso de direito por

processo de execução, até 5 (cinco) dias depois da adjudicação, da alienação por iniciativa particular ou da arrematação, mas sempre antes da assinatura da respectiva carta".

meio de manipulação da estrutura formal da pessoa jurídica, não há falar em desconsideração da personalidade jurídica. Ademais, no caso dos autos, sequer a dissolução irregular da empresa restou comprovada, porquanto deferida, inclusive, penhora sobre 10% do faturamento, afastando a conduta abusiva do sócio administrador e afigurando-se despiciendo o redirecionamento da execução. Agravo de instrumento desprovido" (TJRS, AI 70075245480, 17ª Câmara Cível, relatora Desembargadora MARTA BORGES ORTIZ) (grifamos).

"Agravo de instrumento. Direito privado não especificado. Execução de título extrajudicial. Redirecionamento contra os sócios da pessoa jurídica. A desconsideração da personalidade jurídica é exceção. Assim, cumpria à exequente a prova dos requisitos específicos do desvio de finalidade, da confusão patrimonial, **não bastando os indícios de encerramento das atividades no endereço fornecido pela ré e a frustração de localização e bens**. Agravo de instrumento provido" (TJRS, AI 70073928913, 19ª Câmara Cível, relatora Desembargadora MYLENE MARIA MICHEL) (grifamos).

A desconsideração da personalidade jurídica do devedor exige a comprovação do preenchimento dos requisitos previstos no art. 50 do CC, que tem a seguinte redação:

"Art. 50. Em caso de abuso da personalidade jurídica, caracterizado pelo desvio de finalidade ou pela confusão patrimonial, pode o juiz, a requerimento da parte, ou do Ministério Público quando lhe couber intervir no processo, desconsiderá-la para que os efeitos de certas e determinadas relações de obrigações sejam estendidos aos bens particulares de administradores ou de sócios da pessoa jurídica beneficiados direta ou indiretamente pelo abuso". (Redação dada pela Lei nº 13.874, de 2019)

Quanto ao procedimento, o credor deve requerer a desconsideração da personalidade jurídica com fundamento nos arts. 133 a 137 do CPC, adiante transcritos:

"Art. 133. O incidente de desconsideração da personalidade jurídica será instaurado a pedido da parte ou do Ministério Público, quando lhe couber intervir no processo.

§ 1º O pedido de desconsideração da personalidade jurídica observará os pressupostos previstos em lei.

> § 2º Aplica-se o disposto neste Capítulo à hipótese de desconsideração inversa da personalidade jurídica".
>
> "Art. 134. O incidente de desconsideração é cabível em todas as fases do processo de conhecimento, no cumprimento de sentença e na execução fundada em título executivo extrajudicial.
>
> § 1º A instauração do incidente será imediatamente comunicada ao distribuidor para as anotações devidas.
>
> § 2º Dispensa-se a instauração do incidente se a desconsideração da personalidade jurídica for requerida na petição inicial, hipótese em que será citado o sócio ou a pessoa jurídica.
>
> § 3º A instauração do incidente suspenderá o processo, salvo na hipótese do § 2º.
>
> § 4º O requerimento deve demonstrar o preenchimento dos pressupostos legais específicos para desconsideração da personalidade jurídica".
>
> "Art. 135. Instaurado o incidente, o sócio ou a pessoa jurídica será citado para manifestar-se e requerer as provas cabíveis no prazo de 15 (quinze) dias".
>
> "Art. 136. Concluída a instrução, se necessária, o incidente será resolvido por decisão interlocutória. Parágrafo único. Se a decisão for proferida pelo relator, cabe agravo interno".
>
> "Art. 137. Acolhido o pedido de desconsideração, a alienação ou a oneração de bens, havida em fraude de execução, será ineficaz em relação ao requerente".

Vejamos como o credor pode requerer a desconsideração da personalidade jurídica do devedor:

Ao Juízo da 10ª Vara Cível da Comarca do Recife.

**JOÃO DA SILVA**, por seu advogado, nos autos do **Procedimento de Cumprimento de Sentença** instaurado contra o **JORNAL ABC**, nº 00015777-25.2022.8.17.0001, vem, pela presente, com fundamento no art. 133 do Código de Processo Civil, requerer a instauração do **INCIDENTE DE DESCONSIDERAÇÃO DA PERSONALIDADE JURÍDICA**, de acordo com as razões de fato e de direito abaixo aduzidas:

01. Conforme é do conhecimento desse douto Juízo, o incidente de desconsideração da personalidade jurídica se constitui no instrumento processual adequado para impedir que os sócios, administradores e

representantes legais cometam abusos e pratiquem atos escusos e fraudulentos, aproveitando-se do manto da independência pessoal e patrimonial que separa a pessoa jurídica das pessoas naturais que as integram.

02. Atentos ao Código Civil, transcrevemos o dispositivo que fundamenta o pedido formulado pelo peticionário:

> "Art. 50. Em caso de abuso da personalidade jurídica, caracterizado pelo desvio de finalidade ou pela confusão patrimonial, pode o juiz, a requerimento da parte, ou do Ministério Público quando lhe couber intervir no processo, desconsiderá-la para que os efeitos de certas e determinadas relações de obrigações sejam estendidos aos bens particulares de administradores ou de sócios da pessoa jurídica beneficiados direta ou indiretamente pelo abuso". (Redação dada pela Lei nº 13.874, de 2019)

03. No caso em apreço, é evidente a ocorrência de abuso da personalidade jurídica, advindo da confusão patrimonial entre a sociedade devedora e os sócios que a integram.

04. Conforme percebemos através da simples leitura dos autos, o peticionário instaurou a fase de cumprimento da sentença contra a adversa parte, em decorrência do trânsito em julgado da sentença de fls. 136/141, que condenou o réu ao pagamento da quantia de R$ 50.000,00 (cinquenta mil reais).

05. Devidamente intimado, o executado deixou transcorrer o prazo para o pagamento voluntário, o que motivou o pedido de aperfeiçoamento da penhora *on-line* (através do Sistema Bacenjud).

06. Para a surpresa do peticionário, a medida mostrou-se ineficaz, sendo localizada a quantia ínfima de R$ 2.709,13 (dois mil setecentos e nove reais e treze centavos), que se encontrava em conta corrente da devedora.

07. Frustrada a tentativa de penhora, o peticionário requereu que fosse realizada pesquisa através do Sistema RENAJUD, na esperança de localizar bens suficientes para satisfazer a obrigação.

08. O pedido referido em linhas anteriores foi deferido por esse douto Juízo, após a apresentação da planilha atualizada de débitos, como percebemos através da análise do pronunciamento de fl. 356.

09. Porém, **não foi localizado um único bem em nome da executada**, embora estejamos diante de grupo empresarial que propaga ser um dos mais fortes do Nordeste, como podemos constatar por meio do acesso ao portal www.folhape.com.br.

10. A ré/executada é empresa de grande prestígio, pertencente ao grupo empresarial EQZ, atuando no mercado desde abril de 1998.

11. Atualmente, o jornal é um dos três de maior circulação diária em Pernambuco, com tiragem superior a 30 mil exemplares, sendo o segundo veículo de maior circulação no Estado.

12. Considerando tais fatos, é inadmissível que, após busca realizada em todas as contas bancárias da executada, apenas a quantia de R$ 2.709,13 (dois mil setecentos e nove reais e treze centavos) tenha sido penhorada.

13. Ademais, como pode um veículo de comunicação (do tamanho do JORNAL ABC) atuar sem ser proprietário de único automóvel? Como os jornalistas e os fotógrafos se deslocam pela cidade para apurar os fatos? A situação dos autos não condiz com a realidade de um jornal.

14. Por outro lado, o presidente (e dono) da primeira executada, o Sr. JOSÉ DE CARVALHO, é empresário que goza de grande prestígio em Pernambuco, conhecido por ser detentor de vasto patrimônio, ao contrário da pessoa jurídica que integra.

15. Dessa forma, não podemos considerar como normal uma empresa referência, consolidada no mercado, possuir quantia tão insignificante em suas contas bancárias, além de não ser proprietária de qualquer veículo, enquanto o seu sócio majoritário é milionário.

16. A confusão patrimonial ocorre quando os negócios dos sócios se confundem com os da pessoa jurídica, caracterizando o abuso da personalidade. É inacreditável que uma editora do porte da executada se mantenha no mercado sem saldo nem valores para adimplir compromissos.

17. Na verdade, os valores arrecadados pela executada, advindos da venda de espaços para anúncios publicitários e das assinaturas realizadas pelos seus clientes são utilizados para o pagamento de despesas pessoais do seu sócio fundador, o que explica a inexistência de patrimônio empresarial por parte daquela.

18. Observando os autos, percebemos que a adversa parte tenta de todas as formas esquivar-se do adimplemento da obrigação reconhecida em sentença judicial transitada em julgado, afirmado que não dispõe de bens a serem penhorados.

19. Em casos como o dos autos, o incidente de desconsideração da personalidade jurídica serve para coibir o abuso do direito, valorizando

o princípio da boa-fé objetiva e a máxima de que a ninguém é dado beneficiar-se da sua própria torpeza.

20. Vejamos o que dispõe o art. 134 do CPC:

> "Art. 134. O incidente de desconsideração é cabível em todas as fases do processo de conhecimento, no cumprimento de sentença e na execução fundada em título executivo extrajudicial.
>
> § 1º A instauração do incidente será imediatamente comunicada o ao distribuidor para as anotações devidas.
>
> § 2º Dispensa-se a instauração do incidente se a desconsideração da personalidade jurídica for requerida na petição inicial, hipótese em que será citado o sócio ou a pessoa jurídica.
>
> § 3º A instauração do incidente suspenderá o processo, salvo na hipótese do § 2º.
>
> § 4º O requerimento deve demonstrar o preenchimento dos pressupostos legais específicos para desconsideração da personalidade jurídica".

21. Interpretando a lei, nossos Tribunais têm prolatado decisões em proteção aos credores, como percebemos através da leitura dos seguintes julgados:

> "Processo civil. Recurso ordinário em mandado de segurança. Desconsideração da personalidade jurídica de sociedade empresária. A aplicação da teoria da desconsideração da personalidade jurídica dispensa a propositura de ação autônoma para tal. Verificados os pressupostos de sua incidência, poderá o Juiz, incidentemente no próprio processo de execução (singular ou coletiva), levantar o véu da personalidade jurídica para que o ato de expropriação atinja os bens particulares de seus sócios, de forma a impedir a concretização de fraude à lei ou contra terceiros. O sócio alcançado pela desconsideração da personalidade jurídica da sociedade empresária torna-se parte no processo e assim está legitimado a interpor, perante o Juízo de origem, os recursos tidos por cabíveis, visando a defesa de seus direitos. Recurso ordinário em mandado de segurança a que se nega provimento" (ROMS 16.274/SP, *DJ* 02.08.2004, p. 359).

> "Processo em fase de cumprimento de sentença. **Inexistência de bens penhoráveis. Abuso da personalidade jurídica. Indícios. Desconsideração da personalidade jurídica. Possibilidade. Hipóteses do artigo 50 do CC/2002. Recurso provido. É admissível a desconsideração da personalidade jurídica da sociedade empresária, atingindo-se os bens dos sócios, ou até mesmo o de outra**

**empresa criada e/ou administrada fraudulentamente, para frustrar os direitos dos credores, diante da presença de provas ou, pelo menos, indícios da ocorrência das hipóteses legais de abuso da personalização da sociedade, desvio de finalidade, ou confusão patrimonial.** O deferimento do pedido de desconsideração da personalidade jurídica de sociedade empresária reclama a demonstração pelo requerente da ocorrência de desvio de finalidade ou confusão patrimonial, não sendo suficiente a alegação de simples inexistência de patrimônio da sociedade passível de penhora ou a ausência de indicação de bens passíveis de satisfazer o crédito reclamado na ação. Requerida a desconsideração da personalidade jurídica, mostra-se necessária a citação dos sócios da empresa, oportunizando-lhes o direito à ampla defesa e ao contraditório, sob pena de nulidade da decisão, bem como para que o magistrado possa verificar com segurança a presença dos elementos necessários para a desconsideração pretendida" (TJMG, 100249710509760011/MG 1.0024.97.105097-6/001(1), Rel. Eduardo Mariné da Cunha) (grifamos).

22. Além dos obstáculos criados pela adversa parte para evitar o adimplemento da obrigação, resta evidente o abuso da personalidade jurídica, tendo em vista que a sociedade se encontra ativa e em perfeito funcionamento, auferindo lucros.

23. Assim, o Sr. JOSÉ DE CARVALHO administra a sociedade devedora em indisfarçável confusão patrimonial, desviando o patrimônio da executada, e, por isso, a execução deve ser redirecionada para atingir o patrimônio daquele.

24. Adequando-se perfeitamente à previsão legal, o incidente em exame deve ser processado, a fim de que a fase de cumprimento da sentença seja redirecionada para atingir os bens do mencionado sócio, viabilizando a prática dos atos constritivos e expropriatórios.

25. Além do sócio anteriormente identificado, a quebra da personalidade jurídica deve ser estendida para a sociedade EQZ PARTICIPAÇÕES, à qual o JORNAL ABC se integra, como participante do mencionado grupo. Vejamos a notícia veiculada no site www.jornalabc.com.br:

> "A EDITORA PERNAMBUCO NO MUNDO é composta pelo JORNAL DE PERNAMBUCO, o PORTAL PERNAMBUCO.com.br e a Rádio PERNAMBUCO 98,7 FM. **O sistema é parte integrante do Grupo EQZ**, um grupo empreendedor, considerado um dos mais sólidos do Nordeste, com atuação no setor sucroalcooleiro, de energia e de comunicação" (grifamos).

26. É evidente o cometimento de abuso de poder, pois as empresas integrantes do grupo nada têm em dinheiro e em patrimônio, enquanto este se autodenomina um dos maiores grupos da região Nordeste.

27. Essa forma de atuação empresarial é espúria, com todas as vênias devidas, e afronta o princípio da boa-fé, que orienta não apenas os atos negociais, no âmbito do direito civil, como também os atos processuais.

**DOS PEDIDOS**

28. Posta a questão nesses termos, comprovado o preenchimento dos requisitos exigidos para a oposição deste incidente processual, o peticionário requer se digne Vossa Excelência a:

a) Determinar a imediata comunicação da instauração deste incidente ao distribuidor, para as anotações devidas, como estabelece o § 1º do art. 134 da Lei Processual.

b) Determinar o aperfeiçoamento da citação do Sr. **JOÃO DE CARVALHO**, sócio da EDITORA PERNAMBUCO, inscrito no CPF/MF sob o nº 199.100.453-15, com endereço na Av. Marquês de Olinda, nº 300, município do Recife/PE, bem como da sociedade **EQZ PARTICIPAÇÕES**, inscrita no CNPJ sob o nº 09.300.759/0001-66, sediada no mesmo endereço, para que, querendo, apresentem defesa no prazo legal.

c) Determinar a suspensão da ação principal, até o julgamento final deste incidente (§ 3º do art. 134 do CPC).

d) Ao final, desconsiderar a personalidade jurídica da executada, estendendo os efeitos da sentença condenatória para as duas pessoas anteriormente identificadas, que passarão a compor o polo passivo da relação processual, possibilitando, ato contínuo, a intimação dos devedores, para que adimplam voluntariamente a obrigação, sob pena do aperfeiçoamento da penhora e da prática dos demais atos executivos.

e) Condenar a adversa parte ao pagamento das custas, das despesas processuais e dos honorários advocatícios.

29. Protesta provar o alegado por todos os meios de prova em direito admitidos.

Nestes termos, pede deferimento.

Local e data.

Nome do advogado

OAB

O incidente de desconsideração da personalidade jurídica é julgado por decisão de natureza interlocutória, que pode ser atacada pelo recurso de agravo de instrumento, no prazo geral de 15 dias úteis.

### 1.5.1.6.19.5.3 Apreensão do passaporte, da CNH e de cartões de crédito do devedor

Em seções anteriores, destacamos que a sentença que julga procedente a ação de despejo por falta de pagamento de aluguéis e de acessórios da locação decreta o despejo (determinando o adimplemento da obrigação de dar coisa, nesta parte) e condena o vencido ao pagamento dos valores referentes aos aluguéis e às obrigações acessórias inadimplidas, além das custas, das despesas processuais e dos honorários advocatícios.

Na parte em que a sentença é condenatória, se o vencido não pagar a dívida no prazo de 15 dias, na fase de cumprimento da sentença, o credor terá de localizar bens daquele, passíveis de penhora, como condição para o prosseguimento do procedimento executivo.

Contudo, muitas vezes essa procura por bens do devedor se mostra inexitosa, e, por isso, alguns credores/locadores têm solicitado a apreensão do passaporte, da CNH e de cartões de crédito do devedor, com fundamento no inciso IV do art. 139 do CPC, adiante transcrito:

> "Art. 139. O juiz dirigirá o processo conforme as disposições deste Código, incumbindo-lhe: (...);
>
> IV – determinar todas as medidas indutivas, coercitivas, mandamentais ou sub-rogatórias necessárias para assegurar o cumprimento de ordem judicial, inclusive nas ações que tenham por objeto prestação pecuniária; (...)".

A justificativa que embasa o pedido de adoção das providências que estudamos nesta seção é a de que seria injusto permitir que o devedor realize viagens internacionais, faça uso de automóvel (gastando dinheiro com combustível, manutenção, IPVA e seguro) e realize compras no cartão de crédito, não priorizando a quitação da dívida cobrada em ações de despejo, bem como em outras ações judiciais.

Não é o mero inadimplemento e a não localização de bens passíveis de penhora que, isoladamente, dão causa à adoção das técnicas que estudamos nesta seção. Diferentemente, o credor deve comprovar a **ocultação de bens por parte do devedor e/ou o desembolso de valores com a realização de viagens, com a manutenção de automóveis e para a manutenção do seu padrão de vida, em detrimento do adimplemento da obrigação reconhecida em título executivo judicial**.

Esse assunto tem dividido a doutrina e a jurisprudência, predominando o entendimento de que o juiz não deve adotar as providências em conjunto, e que a prática desse ato deve respeitar o princípio da proporcionalidade. Vejamos julgado sobre a questão:

> "Agravo de instrumento. Execução. Deferimento do requerimento de bloqueio de cartão de crédito, passaporte e CNH dos agravados com base no art. 139, inciso IV, do CPC/2015. Apreensão da CNH que deve ser deferida, uma vez que não compromete os direitos e garantias dos agravados, não ofendendo sua liberdade de locomoção. Medida que tem o condão de modificar a circunstância de ausência de bens e de assegurar o cumprimento da obrigação discutida nos autos. Inteligência do art. 824, do CPC, e 805, do CC. **Medidas indutivas, não satisfativas, contudo, que não podem ser empregadas cumulativamente, sob pena de tanger-se o abuso.** Afastamento da expansão da medida com relação ao cartão de crédito e passaporte. Recurso provido em parte" (TJSP, AI 2233112-15.2018.8.26.0000, 17ª Câmara de Direito Privado, rel. Des. JOÃO BATISTA VILHENA, j. 20.02.2019) (grifamos).

O credor/locador pode solicitar a adoção da providência em petição que pode ter a seguinte redação:

> Exmo. Sr. Dr. Juiz de Direito da 12ª Vara Cível da Comarca do Recife.
>
> **JOÃO DA SILVA**, por seu advogado infra-assinado, nos autos do **Procedimento de Cumprimento de Sentença** nº 001.002.2022.8.17.2001, instaurado contra **MANOEL DOS SANTOS**, vem, pela presente, expor e requerer o seguinte:
>
> 01. Conforme percebemos através da simples análise dos autos eletrônicos, o peticionário instaurou a fase executiva, para compelir o devedor a

efetuar o pagamento da quantia histórica de R$ 20.000,00 (vinte mil reais), incluindo os aluguéis não adimplidos durante a vigência do contrato de locação, custas, despesas processuais e honorários advocatícios.

02. Na sequência, esse douto Julgador determinou o aperfeiçoamento da intimação da parte contrária, para que efetuasse o pagamento da dívida no prazo legal, sob pena do acréscimo da multa e dos honorários advocatícios, cada qual no valor correspondente a 10% (dez por cento) da dívida.

03. O prazo legal conferido para o pagamento fluiu *in albis*, sem que o devedor tenha sequer comparecido aos autos, o que motivou o protocolo de petição pelo exequente, em que requereu o aperfeiçoamento da penhora *on-line*.

04. Contudo, não obstante os esforços do credor e do juízo, todas as tentativas de penhora de dinheiro e de bens do devedor restaram infrutíferas, já que o mesmo não tem absolutamente nada em seu nome, colocando os bens em nome de familiares e de amigos, para evitar o aperfeiçoamento de penhoras judiciais.

05. Por conta do comportamento adotado pelo devedor, o credor está a "ver navios", como se diz popularmente, detendo sentença condenatória transitada em julgado, sem que consiga receber os valores que deveriam ter sido voluntariamente pagos pela parte contrária.

06. Embora o devedor afirme que não tem bens a serem penhorados, muito menos dinheiro no banco, realiza viagens internacionais, como demonstram as fotografias postadas no seu Instagram, em lazer, o que é inegavelmente injusto.

07. Desse modo, com fundamento no inciso IV do art. 139 do CPC, o peticionário requer se digne Vossa Excelência a determinar o aperfeiçoamento da intimação do devedor, para que entregue o seu passaporte em juízo no prazo de 5 (cinco) dias, sob pena de expedição do mandado de busca e apreensão, se necessário com o auxílio da força policial.

Questão interessante diz respeito à definição do instrumento processual que pode ser utilizado pelo devedor para combater a decisão judicial que determina a apreensão do seu passaporte, alguns advogados defendendo a ideia de que o pronunciamento deve ser atacado pelo recurso de agravo de instrumento, outros pelo *habeas corpus* cível, para preservar o direito de ir e vir.

Como é do conhecimento geral, na matéria recursal adotamos o princípio da singularidade recursal e, por isso, a decisão judicial só pode ser atacada por um único recurso, com exceção do acórdão proferido pelos Tribunais Estaduais e pelos Tribunais Regionais Federais, que, em tese, podem ser combatidos pelo recurso especial e/ou pelo recurso extraordinário.

Essa observação pode sugerir que o pronunciamento que determina a apreensão do passaporte do devedor só poderia ser atacado pelo recurso de agravo de instrumento **ou** pelo *habeas corpus* cível, conclusão que é equivocada, já que o segundo instrumento não tem a natureza de recurso, mas de ação constitucional.

Assim, entendemos que o pronunciamento pode ser combatido pelo recurso de agravo de instrumento e pelo *habeas corpus* cível, entendimento que não é unânime na jurisprudência, como percebemos por meio da leitura do seguinte julgado, no sentido de não admitir a impetração do *habeas corpus*:

> "*Habeas corpus*. Decisão que determinou a retenção de CNH e passaporte de fiadores em sede de cumprimento de sentença. Poder geral de cautela. Art. 139, inciso IV do CPC/2015. Decisão que atinge apenas mediatamente a liberdade de ir e vir. *Habeas corpus* não conhecido. Decisão unânime. Decisão judicial que, com base no art. 139, IV do CPC/2015, determinou a apreensão do passaporte e Carteira Nacional de Habilitação – CNH dos fiadores em sede de cumprimento de sentença como meio de coagir estes últimos ao pagamento de obrigação pecuniária discutida naqueles autos. A decisão emanada pela autoridade apontada como coatora não atinge o núcleo essencial do direito à liberdade de locomoção. Pelo contrário, os pacientes do presente *habeas corpus* ainda possuem a plena liberdade de ir e vir dentro do território nacional. A impossibilidade de dirigir, eles próprios, seus automóveis, não impede os pacientes de lançarem mão de outros meios de locomoção para alcançarem qualquer ponto do território nacional, a exemplo dos táxis e dos transportes coletivos, tal qual faz a maioria da população brasileira. Até mesmo ao território estrangeiro os pacientes ainda podem ter acesso, visto que o passaporte é apenas um dos documentos de apresentação necessária, *e.g.*, a possibilidade de

> viajar para os países integrantes do Mercosul apresentando apenas a carteira de identidade. Ademais, ainda que não fosse o caso, frise-se, a retenção do passaporte afeta a liberdade de locomoção do paciente apenas no plano mediato, o que torna incabível o manejo do *habeas corpus*, ação constitucional que se presta a tutelar os casos em que a liberdade física é afetada diretamente (STF, HC 94.147/RJ; STF, HC 81837). **Decisão judicial que deve ser impugnada pelos recursos processuais cabíveis, e não através de *habeas corpus*. *Habeas corpus* não conhecido.** Decisão unânime" (TJPE, HC 0007144-50.2017.8.17.9000, 4ª Câmara Cível, rel. Des. JONES FIGUEIREDO ALVES, j. 24.11.2017) (grifamos).

### 1.5.1.6.19.6 Oposição da impugnação

O devedor/locatário/fiador pode apresentar defesa na fase de cumprimento da sentença, denominada impugnação, no prazo legal de 15 dias úteis, **independentemente da segurança do juízo e do aperfeiçoamento da penhora**.

O prazo para a apresentação da impugnação não é contado a partir do aperfeiçoamento da intimação do devedor, mas do decurso do prazo de que dispôs para pagar, sem que o tenha feito, independentemente de nova intimação, o que significa dizer que, decorrido o prazo para o pagamento, a impugnação deve ser apresentada nos 15 dias úteis seguintes.

Quanto às matérias que podem ser alegadas nessa defesa, o § 1° do art. 525, da Lei Processual, as relaciona. Vejamos a norma:

> "Art. 525. Transcorrido o prazo previsto no art. 523 sem o pagamento voluntário, inicia-se o prazo de 15 (quinze) dias para que o executado, independentemente de penhora ou nova intimação, apresente, nos próprios autos, sua impugnação.
>
> § 1º Na impugnação, o executado poderá alegar:
>
> I – falta ou nulidade da citação se, na fase de conhecimento, o processo correu à revelia;
>
> II – ilegitimidade de parte;
>
> III – inexequibilidade do título ou inexigibilidade da obrigação;

> IV – penhora incorreta ou avaliação errônea;
>
> V – excesso de execução ou cumulação indevida de execuções;
>
> VI – incompetência absoluta ou relativa do juízo da execução;
>
> VII – qualquer causa modificativa ou extintiva da obrigação, como pagamento, novação, compensação, transação ou prescrição, desde que supervenientes à sentença. (...)".

Comparando a norma reproduzida com o que frequentemente ocorre na fase de cumprimento de sentenças proferidas em ações de despejo, verificamos que a arguição das matérias previstas nos incisos I, III e VI não é comum.

Quanto às demais, iniciando pela **ilegitimidade de parte**, constatamos a frequência de sua alegação quando a impugnação é oposta por fiador que não integrou a ação de despejo (fase de conhecimento), e que é incluído na fase de cumprimento da sentença, como se tivesse sido condenado ao pagamento de valores, inclusão baseada no fato de que o fiador seria obrigado solidário, por ter renunciado ao benefício de ordem.

Em outras passagens desta obra, destacamos que o fiador que não integrou a fase de conhecimento da ação de despejo por falta de pagamento de aluguéis e de encargos da locação **não detém legitimidade para figurar na fase de cumprimento da sentença**, independentemente de ter ou não renunciado ao benefício de ordem. Vejamos julgado que reforça a advertência:

> "Ação de despejo cumulada com cobrança. **Os fiadores que não integram o polo passivo da ação não têm legitimidade para figurar como executados na fase de cumprimento de sentença.** Impossibilidade de penhora sobre seus bens. Honorários advocatícios majorados, nos termos do art. 85, § 11, do Código de Processo Civil de 2015. Sentença mantida, com observação" (TJSP, Apelação Cível 10273761920158260001) (grifamos).

Como a legitimidade das partes é matéria de ordem pública, sendo uma das condições da ação, entendemos que o fiador pode opor impugnação, exceção de pré-executividade ou arguir a sua ilegitimidade por petição simples, nos autos do procedimento de cumprimento da sentença.

Essa petição pode ter a seguinte redação:

Ao Juízo da 1ª Vara Cível da Comarca de Chapecó.

**JOÃO DA SILVA**, por seu advogado, nos autos do **Procedimento de Cumprimento da Sentença** instaurado por MANOEL DOS SANTOS, nº 001.003.2024.8.17.2001, advindo da ação de despejo por falta de pagamento de aluguéis nº 001.003.2020.8.17.2001, havendo sido intimado para pagar a dívida no prazo legal de 15 (quinze) dias, vem, pela presente, expor e requerer o seguinte:

01. Conforme percebemos através da leitura da petição que instaurou a fase de cumprimento da sentença, o credor requereu a intimação do peticionário, por ter assinado o contrato de locação anteriormente celebrado entre o locador e o locatário, na condição de fiador, renunciando ao benefício de ordem, assumindo obrigação solidária.

02. Contudo, o procedimento executivo jamais poderia ter sido instaurado contra o peticionário, já que não participou da fase de conhecimento, não tendo sido condenado ao pagamento de qualquer valor, na sentença que encerrou a ação de despejo.

03. Assim, a ilegitimidade passiva do peticionário é inquestionável, nos termos da Súmula 268 do STJ, adiante transcrita:

> "O fiador que não integrou a relação processual na ação de despejo não responde pela execução do julgado".

04. No mesmo sentido é o § 5º do art. 513 do CPC, que tem a seguinte redação:

> "Art. 515. (...).
>
> § 5º O cumprimento da sentença não poderá ser promovido em face do fiador, do coobrigado ou do corresponsável que não tiver participado da fase de conhecimento".

05. Como a legitimidade das partes é matéria de ordem pública, que pode e deve ser analisada de ofício pelo magistrado, não seria razoável se exigir a oposição da impugnação, defesa mais burocrática, comprometendo a aplicação prática do princípio da razoável duração do processo.

06. Desse modo, comprovada a manifesta ilegitimidade passiva do peticionário, que não integrou a fase de formação do título judicial, este requer se digne Vossa Excelência a reconhecê-la, extinguindo a execução

> em relação à sua pessoa, providência acompanhada da condenação do credor ao pagamento das custas, das despesas processuais e dos honorários advocatícios, em respeito aos princípios da sucumbência e da causalidade.

Após a concessão de vista dos autos ao credor, o magistrado enfrenta a questão por sentença, se acolher a impugnação, a exceção de pré-executividade ou o pedido formulado em petição avulsa, ou por decisão de natureza interlocutória, se rejeitar o requerimento formulado pelo fiador.

Quando profere sentença, reconhecendo a ilegitimidade passiva do fiador, deve condenar o exequente ao pagamento das custas, das despesas processuais e dos honorários advocatícios, em respeito aos princípios da sucumbência e da causalidade, já que o fiador foi onerado com a contratação de advogado, como condição para a apresentação da sua defesa.

Seguindo a ordem da norma anteriormente reproduzida, constatamos também ser frequente a oposição da impugnação fundada na alegação de **penhora incorreta ou de avaliação errônea**, como na situação em que o devedor sofreu a penhora de seu bem de família, protegido pela Lei 8.009/1990.

Embora a lei preveja a possibilidade de oposição da impugnação, mais uma vez manifestamos o entendimento de que o devedor que sofreu a penhora de bem de família pode suscitar a impenhorabilidade por meio de petição avulsa, o que deve ser estimulado, em respeito ao princípio da razoável duração do processo.

A questão é enfrentada por decisão de natureza interlocutória, que pode ser atacada pelo recurso de agravo de instrumento, como prevê o parágrafo único do art. 1.015 do CPC.

Outra matéria que é frequentemente suscitada pelos devedores na fase de cumprimento de sentença proferida em ações de despejo por falta de pagamento é o **excesso de execução**, caracterizado pelo fato de o credor exigir mais do que o título permite, quase sempre decorrendo do equívoco no cálculo dos juros e da correção monetária, incidentes sobre o valor principal.

Como temos um espaço de tempo considerável entre o ajuizamento da ação de despejo e a instauração da fase de cumprimento da sentença que é nela proferida, nem sempre os credores conseguem atualizar com exatidão os aluguéis e os encargos da locação, que tiveram os seus valores históricos informados na petição inicial da ação de conhecimento.

Por conta disso, para denunciar o excesso de cobrança, os devedores podem opor a impugnação, sendo exigida, contudo, a observância das normas constantes dos §§ 4° e 5° do art. 525 do CPC, adiante transcritos:

> "Art. 525. (...).
>
> § 4º Quando o executado alegar que o exequente, em excesso de execução, pleiteia quantia superior à resultante da sentença, cumprir-lhe-á declarar de imediato o valor que entende correto, apresentando demonstrativo discriminado e atualizado de seu cálculo.
>
> § 5º Na hipótese do § 4º, não apontado o valor correto ou não apresentado o demonstrativo, a impugnação será liminarmente rejeitada, se o excesso de execução for o seu único fundamento, ou, se houver outro, a impugnação será processada, mas o juiz não examinará a alegação de excesso de execução. (...)".

Em decorrência do primeiro parágrafo reproduzido, o devedor não pode se limitar a genericamente[39] afirmar "que o credor está cobrando mais do que pode", "que o credor exagerou na cobrança", "que o valor cobrado não seria devido". Diferentemente, ao opor a impugnação, o devedor deve afirmar "que o credor está cobrando R$ 20.000,00, quando a dívida é de apenas R$ 10.000,00", ou "que o credor está cobrando R$ 2.000,00 além do valor devido", sob pena de rejeição da impugnação,

39. "Agravo de instrumento. Locação. Ação de despejo por falta de pagamento combinada com cobrança de aluguéis e acessórios da locação. Impugnação à fase de cumprimento de sentença. Alegação de excesso de execução não demonstrada. Impugnada genérica dos cálculos apresentados. Ausência de demonstrativo discriminado e atualizado do valor que o impugnante entende devido. Não demonstrada a irregularidade do cálculo impugnado. **Não basta a afirmação genérica de excesso de execução, mas necessária a impugnação específica**. Fulcro art. 525, §§ 4° e 5°, do CPC/15. Rejeitada impugnação na origem. Mantida decisão. Precedentes. Negaram provimento ao recurso. Unânime" (TJRS, AI 70080334295, 15ª Câmara Cível, Rel. Des. OTÁVIO AUGUSTO DE FREITAS BARCELLOS) (grifamos).

se este for o seu único fundamento, ou da desconsideração da alegação, se a impugnação apresentar outra(s) alegação(ões).

Também como matéria que fundamenta a impugnação, é frequente a alegação de pagamento, como causa extintiva da obrigação, devendo o devedor comprovar a veracidade de sua alegação, pagamento que pode ter sido realizado em qualquer momento, mesmo após a prolação da sentença condenatória.

Contudo, para que seja considerado válido e eficaz, é necessário que inclua o principal, a correção monetária, os juros de mora, as custas, as despesas processuais e os honorários advocatícios.

A comprovação do pagamento autoriza o magistrado a acolher a impugnação e a extinguir o procedimento executivo, considerando a extinção da obrigação.

### 1.5.1.6.19.7 Ouvida do credor

Após a oposição da impugnação, o magistrado deve conceder vista dos autos ao credor, para que se manifeste sobre a impugnação, no prazo de 15 dias úteis, rebatendo as alegações expostas pelo seu adversário processual, sob pena de as alegações não rebatidas serem consideradas verdadeiras.

### 1.5.1.6.19.8 Julgamento da impugnação

A impugnação é como regra julgada por decisão de natureza interlocutória, que pode ser atacada pelo recurso de agravo de instrumento, no prazo de 15 dias úteis e com fundamento no parágrafo único do art. 1.015 do CPC, exceto quando o pronunciamento extinguir a execução, por sentença, que deve ser combatida pela apelação, também no prazo de 15 dias úteis.

O julgamento da impugnação por sentença (reforçamos: extinguindo a execução) ocorre quando o magistrado reconhece a **falta ou nulidade de citação** se, na fase de conhecimento, o processo correu à revelia, a **ilegitimidade da parte**, a **inexigibilidade do título ou a inexigibilidade da obrigação** ou a **existência de qualquer causa modificativa ou extintiva da obrigação** (incisos I, II, III e VII do § 1° do art. 525 do CPC).

Nesses casos, como estamos diante de sentença, o juiz deve condenar o vencido ao pagamento das custas, das despesas processuais e dos honorários advocatícios, em respeito aos princípios da sucumbência e da causalidade.

Quando o juiz rejeita a impugnação, a eventual interposição do recurso de apelação contra esse pronunciamento (que é de natureza interlocutória) retrata o cometimento do denominado **erro grosseiro**, impedindo o conhecimento do recurso equivocadamente interposto, como percebemos por meio da leitura do seguinte julgado:

> "Agravo de instrumento. Ação de despejo c/c cobrança de aluguéis. Impugnação à fase de cumprimento de sentença julgada improcedente. **Interposição de apelação. Erro grosseiro**. Unirrecorribilidade recursal. Contra a decisão que julga a impugnação ao cumprimento de sentença, sem extinguir o feito cabe agravo de instrumento nos termos do art. 1.015, § único, do CPC/15. Intempestividade. Preclusão consumativa. Agravo de instrumento não conhecido" (TJRS, AI 70072475643, 15ª Câmara Cível, Rel. OTÁVIO AUGUSTO DE FREITAS BARCELLOS) (grifamos).

### 1.5.1.6.19.9 Satisfação do crédito. Adjudicação e entrega do dinheiro

O art. 904 do CPC estabelece que a satisfação do crédito exequendo ocorre por meio da **adjudicação dos bens penhorados** ou da **entrega do dinheiro ao credor**. Costumamos dizer que a execução (tanto a fundada em título judicial como a embasada em título extrajudicial) apresenta dois atos principais, quais sejam: a penhora e a transformação do bem em dinheiro, mediante a realização de leilão judicial.

Julgada a impugnação, e se o recurso interposto pela parte vencida não for excepcionalmente recebido no efeito suspensivo, o credor pode requerer a adjudicação do(s) bem(ns) penhorado(s), com fundamento no art. 876 do CPC, o que se constitui numa faculdade.

Vejamos a norma que fundamenta esse pedido:

> "Art. 876. É lícito ao exequente, oferecendo preço não inferior ao da avaliação, requerer que lhe sejam adjudicados os bens penhorados.
>
> § 1º Requerida a adjudicação, o executado será intimado do pedido:

I – pelo Diário da Justiça, na pessoa de seu advogado constituído nos autos;

II – por carta com aviso de recebimento, quando representado pela Defensoria Pública ou quando não tiver procurador constituído nos autos;

III – por meio eletrônico, quando, sendo o caso do § 1º do art. 246, não tiver procurador constituído nos autos.

§ 2º Considera-se realizada a intimação quando o executado houver mudado de endereço sem prévia comunicação ao juízo, observado o disposto no art. 274, parágrafo único.

§ 3º Se o executado, citado por edital, não tiver procurador constituído nos autos, é dispensável a intimação prevista no § 1º.

§ 4º Se o valor do crédito for:

I – inferior ao dos bens, o requerente da adjudicação depositará de imediato a diferença, que ficará à disposição do executado;

II – superior ao dos bens, a execução prosseguirá pelo saldo remanescente.

§ 5º Idêntico direito pode ser exercido por aqueles indicados no art. 889, incisos II a VIII, pelos credores concorrentes que hajam penhorado o mesmo bem, pelo cônjuge, pelo companheiro, pelos descendentes ou pelos ascendentes do executado.

§ 6º Se houver mais de um pretendente, proceder-se-á a licitação entre eles, tendo preferência, em caso de igualdade de oferta, o cônjuge, o companheiro, o descendente ou o ascendente, nessa ordem.

§ 7º No caso de penhora de quota social ou de ação de sociedade anônima fechada realizada em favor de exequente alheio à sociedade, esta será intimada, ficando responsável por informar aos sócios a ocorrência da penhora, assegurando-se a estes a preferência".

A adjudicação pode ser requerida por petição com a seguinte redação:

Ao Juízo da Vara Cível da Comarca de Campinas.

**MANOEL DOS SANTOS**, por seu advogado, nos autos do **Procedimento de Cumprimento de Sentença** instaurado contra **JOSÉ DA SILVA**, nº 003345-8.2024.8.17.2001, proveniente dos autos da Ação de

Despejo por Falta de Pagamento de Aluguéis nº 00356-9.2020.8.17.2001, tendo em vista a rejeição da impugnação anteriormente oposta pelo devedor, vem, pela presente, com fundamento no art. 876 do CPC, requerer se digne Vossa Excelência a deferir a adjudicação do bem penhorado, permitindo a extinção da fase executiva em decorrência da satisfação da obrigação, comprometendo-se a depositar a diferença entre o valor do crédito e o do bem penhorado, que é superior àquele, após manifestação da parte contrária.

Atentos à dinâmica forense, percebemos que a adjudicação não se constitui na modalidade preferencial de satisfação da obrigação, sendo mais frequente a formulação do pedido de designação de dia e hora para a realização do leilão judicial, considerando a preferência do credor em receber seu crédito em dinheiro, resultado do êxito do leilão judicial.

O leilão deve ser antecedido da prática de dois atos, quais sejam:

**(a) Publicação de edital**, na rede mundial de computadores, em sítio designado pelo juízo da execução (§ 2° do art. 887 do CPC[40]), pelo menos cinco dias antes da data marcada para o leilão, observando-se as regras previstas no art. 886 do CPC.[41]

40. "Art. 887. O leiloeiro público designado adotará providências para a ampla divulgação da alienação. (...). § 2° O edital será publicado na rede mundial de computadores, em sítio designado pelo juízo da execução, e conterá descrição detalhada e, sempre que possível, ilustrada dos bens, informando expressamente se o leilão se realizará de forma eletrônica ou presencial. (...)".

41. "Art. 886. O leilão será precedido de publicação de edital, que conterá:

I – a descrição do bem penhorado, com suas características, e, tratando-se de imóvel, sua situação e suas divisas, com remissão à matrícula e aos registros;

II – o valor pelo qual o bem foi avaliado, o preço mínimo pelo qual poderá ser alienado, as condições de pagamento e, se for o caso, a comissão do leiloeiro designado;

III – o lugar onde estiverem os móveis, os veículos e os semoventes e, tratando-se de créditos ou direitos, a identificação dos autos do processo em que foram penhorados;

IV – o sítio, na rede mundial de computadores, e o período em que se realizará o leilão, salvo se este se der de modo presencial, hipótese em que serão indicados o local, o dia e a hora de sua realização;

V – a indicação de local, dia e hora de segundo leilão presencial, para a hipótese de não haver interessado no primeiro;

VI – menção da existência de ônus, recurso ou processo pendente sobre os bens a serem leiloados.

(b) **Intimação do devedor**, pelo menos cinco dias antes da realização do leilão, como regra, por meio do seu advogado, ou, se não tiver procurador constituído, por carta registrada, mandado, edital ou outro meio idôneo (inciso I do art. 889 do CPC[42]).

Embora a lei preveja a possibilidade de realização do leilão por iniciativa particular (art. 880 do CPC[43]), é mais frequente a realização do denominado leilão judicial, geralmente em duas datas, o que significa dizer que, nesse caso, teremos dois leilões ou duas tentativas de venda do(s) bem(ns) penhorado(s).

Na primeira tentativa, o(s) bem(ns) penhorado(s) só pode(m) ser alienado(s) por preço igual ou superior ao da avaliação, enquanto, na segunda, a venda pode ser realizada pelo preço mínimo estipulado pelo juiz e constante do edital, e, não tendo sido fixado, por preço não inferior a 50% do valor da avaliação, sob pena de ser considerado vil (art. 891 do CPC[44]), processualmente sinônimo de simbólico.

---

Parágrafo único. No caso de títulos da dívida pública e de títulos negociados em bolsa, constará do edital o valor da última cotação".

42. "Art. 889. Serão cientificados da alienação judicial, com pelo menos 5 (cinco) dias de antecedência:

I – o executado, por meio de seu advogado ou, se não tiver procurador constituído nos autos, por carta registrada, mandado, edital ou outro meio eletrônico; (...)".

43. "Art. 880. Não efetivada a adjudicação, o exequente poderá requerer a alienação por sua própria iniciativa ou por intermédio de corretor ou leiloeiro público credenciado perante o órgão judiciário.

§ 1° O juiz fixará o prazo em que a alienação deve ser efetivada, a forma de publicidade, o preço mínimo, as condições de pagamento, as garantias e, se for o caso, a comissão de corretagem.

§ 2° A alienação será formalizada por termo nos autos, com a assinatura do juiz, do exequente, do adquirente e, se estiver presente, do executado, expedindo-se:

I – a carta de alienação e o mandado de imissão na posse, quando se tratar de bem imóvel;

II – a ordem de entrega ao adquirente, quando se tratar de bem móvel.

§ 3° Os tribunais poderão editar disposições complementares sobre o procedimento da alienação prevista neste artigo, admitindo, quando for o caso, o concurso de meios eletrônicos, e dispor sobre o credenciamento dos corretores e leiloeiros públicos, os quais deverão estar em exercício profissional por não menos que 3 (três) anos.

§ 4° Nas localidades em que não houver corretor ou leiloeiro público credenciado nos termos do § 3°, a indicação será de livre escolha do exequente".

44. "Art. 891. Não será aceito lance que ofereça preço vil.

Parágrafo único. Considera-se vil o preço inferior ao mínimo estipulado pelo juiz e constante do edital, e, não tendo sido fixado preço mínimo, considera-se vil o preço inferior a cinquenta por cento do valor da avaliação".

Arrematado(s) o(s) bem(ns) penhorado(s), o juiz autoriza que o credor levante o produto da venda judicial, até a satisfação integral do seu crédito, extinguindo a execução.

### 1.5.1.6.19.10 Dinâmica resumida da fase de cumprimento da sentença

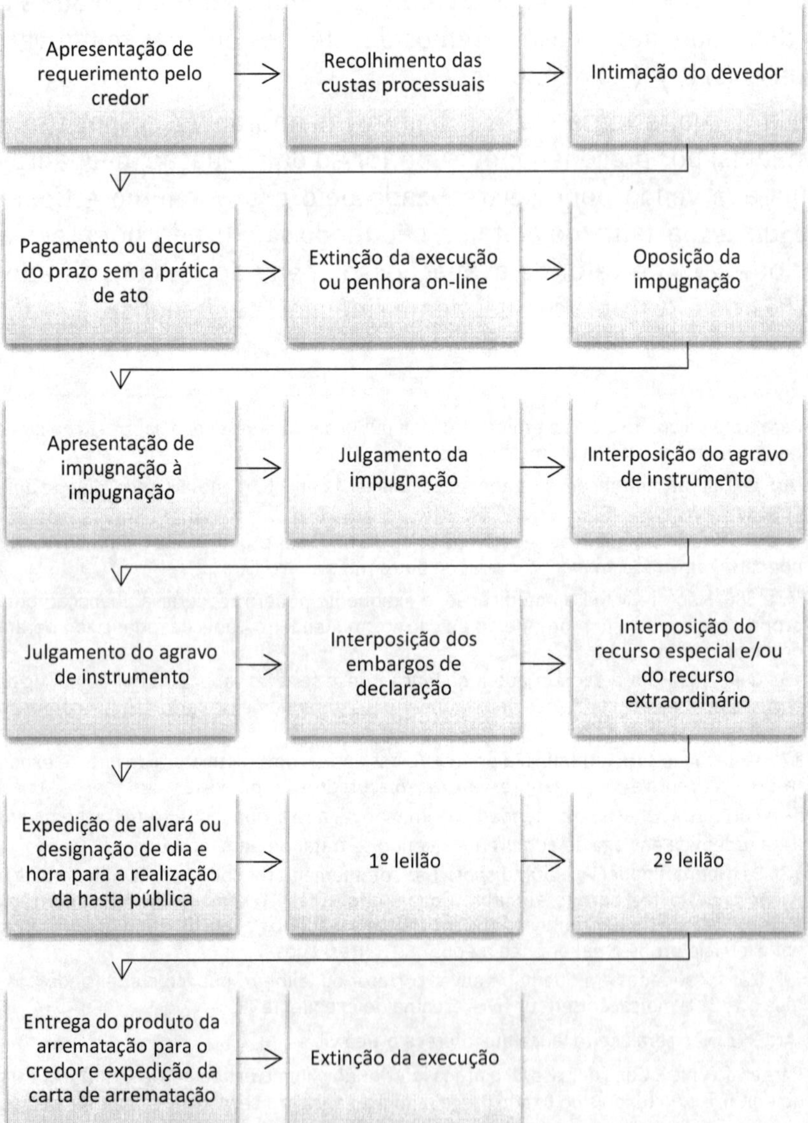

## 1.5.2 Ação de despejo por denúncia vazia ou imotivada

A ação de despejo por denúncia vazia ou imotivada pode ser proposta:

**(a)** Em decorrência da expiração do prazo de vigência da locação.

**(b)** Quando a locação é celebrada por prazo indeterminado e o locador notifica o locatário com base no art. 6º[45] da Lei do Inquilinato, sem ser atendido, afirmando a jurisprudência que a citação nessa ação supre o não aperfeiçoamento da notificação, por comprovar a **ciência inequívoca do locatário** de que o locador não tem interesse em prorrogar a locação.[46]

A modalidade que estudamos a partir desta seção é mais simples, em termos de redação da petição inicial e da tramitação do processo, pois o autor não está obrigado a comprovar qualquer fato, como condição para que a ação seja julgada pela procedência dos pedidos, além da prova da expiração do prazo contratual (nas locações por prazo determinado) e do recebimento da notificação pelo locatário, que permanece injustificadamente na posse do bem.

45. "Art. 6º O locatário poderá denunciar a locação por prazo indeterminado mediante aviso por escrito ao locador, com antecedência mínima de trinta dias.

Parágrafo único. Na ausência do aviso, o locador poderá exigir quantia correspondente a um mês de aluguel e encargos, vigentes quando da resilição".

46. "Agravo de instrumento. Despejo liminar por denúncia vazia. Cumprimento dos requisitos legais pertinentes. Citação. Suprimento da notificação. Decisão de deferimento prolatada na origem que vai mantida. Pedido sucessivo de concessão de mais prazo para a desocupação. Ausência de fundamento legal. Indeferido. Pedido sucessivo de pagamento de indenização pelo fundo de comércio. Matéria não analisada na origem. Não conhecido. Não vai conhecido o recurso no ponto em que o agravante pretende a indenização pela alegada constituição de fundo de comércio, porquanto a matéria não foi objeto de análise na origem. **Em relação ao despejo por denúncia, verifica-se que a citação na ação de origem supre eventual invalidade da notificação prevista no art. 57 da Lei nº 8.245/91, devido à ciência inequívoca do locatário quanto à intenção do locador de retomar o imóvel**. Ademais, demonstrado está o depósito de caução correspondente ao valor de três aluguéis. Assim, estando perfectibilizados os requisitos para o despejo liminar por denúncia, a manutenção da decisão agravada é medida que se impõe. O pedido sucessivo de concessão de mais prazo para a desocupação do imóvel vai indeferido, por ausência de fundamento legal. Agravo de instrumento conhecido em parte, e, nesta, desprovido" (TJRS, AI 70079139747, 16ª Câmara Cível, relatora Desembargadora DÉBORAH COLETO ASSUMPÇÃO DE MORAES) (grifamos).

Vejamos como a petição inicial pode ser redigida:

Ao Juízo da Comarca de Fortaleza – a quem a presente ação vier a ser distribuída.

**MANOEL DOS SANTOS**, brasileiro, casado, comerciante, inscrito no CPF/MF sob o nº 908.987.986-00, por seu advogado, conforme instrumento procuratório em anexo, com endereço profissional sito na Rua ABC, nº 10, bairro de Aldeota, município de Fortaleza, Estado do Ceará, local em que receberá as intimações que se fizerem necessárias, vem, pela presente, com fundamento no art. 1º e seguintes da Lei do Inquilinato, e nos demais dispositivos legais aplicáveis à matéria, propor

**AÇÃO DE DESPEJO POR DENÚNCIA VAZIA**

contra **MARIA DE JESUS**, brasileira, casada, do lar, residente e domiciliada na Rua General Expedito Mourão, nº 100, no bairro de Aldeota, município de Fortaleza, Estado do Ceará, de acordo com as razões de fato e de direito adiante aduzidas:

**DOS FATOS**

01. Conforme percebemos através da análise dos documentos que acompanham esta manifestação processual, o peticionário locou imóvel à ré, em que esta reside, pelo prazo de 30 (trinta) meses, para fins residenciais, com início no dia 10.01.2020 e término no dia 10.07.2023.

02. Expirado o prazo contratual, o peticionário enviou notificação extrajudicial à ré, solicitando a desocupação voluntária do imóvel locado, no prazo de 30 (trinta) dias, sob pena do ajuizamento da ação de despejo.

03. Não obstante o recebimento da notificação anteriormente referida, a ré se manteve na posse do bem locado, infringindo a lei aplicável à matéria, justificando o ajuizamento desta ação.

**DO DIREITO**

04. O art. 46 da LI tem a seguinte redação:

> "Art. 46. Nas locações ajustadas por escrito e por prazo igual ou superior a trinta meses, a resolução do contrato ocorrerá findo o prazo estipulado, independentemente de notificação ou aviso.

§ 1º Findo o prazo ajustado, se o locatário continuar na posse do imóvel alugado por mais de trinta dias sem oposição do locador, presumir-se-á prorrogada a locação por prazo indeterminado, mantidas as demais cláusulas e condições do contrato.

§ 2º Ocorrendo a prorrogação, o locador poderá denunciar o contrato a qualquer tempo, concedido o prazo de trinta dias para desocupação".

05. No caso concreto, não há dúvidas quanto à expiração do prazo contratual, e ao envio da notificação à ré, em que o peticionário expressamente manifestou o seu desinteresse na continuidade da locação, não se justificando, portanto, a permanência da demandada no bem locado.

**DOS PEDIDOS**

06. Posta a questão nesses termos, o peticionário requer se digne Vossa Excelência a:

(a) Designar dia e hora para a realização da audiência de tentativa de conciliação, manifestando o seu interesse pela autocomposição (inciso VII do art. 334 do CPC).

(b) Determinar o aperfeiçoamento da citação da ré, para que, querendo, apresente defesa no prazo legal, sob pena de revelia.

(c) Ao final, **JULGAR A AÇÃO PELA PROCEDÊNCIA DOS PEDIDOS**, decretando o despejo da ré, com a consequente fixação de prazo para a desocupação do imóvel, além da sua condenação ao pagamento das custas, das despesas processuais e dos honorários advocatícios, que devem ser fixados no percentual máximo.

07. Protesta provar o alegado por todos os meios de prova em direito admitidos, tais como a juntada de novos documentos e a ouvida de testemunhas.

08. Dá à causa a quantia de R$ 12.000,00 (doze mil reais).

No caso da locação não residencial, expirado o prazo de vigência ajustado no contrato, e desde que a ação seja proposta em até 30 dias do termo ou do cumprimento de notificação comunicando o desejo de retomada, o autor pode requerer a concessão da tutela provisória, com a finalidade de obter liminar no início do processo, com fundamento no inciso VIII do § 1° do art. 59 da LI,[47] desde que comprove o preenchimento dos requisitos constantes do art. 300 do CPC,[48] quais sejam: **probabilidade do direito** e **perigo de dano ou risco ao resultado útil do processo**.

Vejamos o entendimento da jurisprudência sobre essa questão:

> "Agravo de instrumento. Locação. Ação de despejo por denúncia vazia. Pedido liminar de despejo. O art. 59, § 1º, VIII, c/c art. 57, da Lei de Locações, determina expressamente os requisitos necessários para o deferimento de medida liminar de despejo nas hipóteses de contrato de locação de imóvel não residencial por prazo indeterminado. **Deverão estar presentes os requisitos dos artigos 300 e 311, do NCPC, autorizadores da concessão da tutela antecipada, quais sejam, prova inequívoca e convencimento da verossimilhança, requisitos específicos, bem como perigo de dano ou risco ao resultado útil do processo. Preenchidos os requisitos legais, deve ser mantida a decisão que deferiu o pedido liminar de despejo.** Agravo de instrumento desprovido" (TJRS, AI 70079967469, 15ª Câmara Cível, relatora Desembargadora ANA BEATRIZ ISER) (grifamos).

A simplicidade dessa modalidade de ação locatícia também produz efeitos no conteúdo da contestação, que se limita a discutir se o prazo contratual teria ou não expirado, se o réu teria realizado benfeitorias, e se teria sido comunicado pelo locador da intenção deste de

47. "Art. 59. Com as modificações constantes deste capítulo, as ações de despejo terão o rito ordinário.
§1° Conceder-se-á liminar para desocupação em quinze dias, independentemente da audiência da parte contrária e desde que prestada a caução no valor equivalente a três meses de aluguel, nas ações que tiverem por fundamento exclusivo: (...);
VIII – o término do prazo da locação não residencial, tendo sido proposta a ação em até 30 (trinta) dias do termo ou do cumprimento de notificação comunicando o intento de retomada; (...)".

48. "Art. 300. A tutela de urgência será concedida quando houver elementos que evidenciem a probabilidade do direito e o perigo de dano ou o risco ao resultado útil do processo.
§ 1° Para a concessão da tutela de urgência, o juiz pode, conforme o caso, exigir caução real ou fidejussória idônea para ressarcir os danos que a outra parte possa vir a sofrer, podendo a caução ser dispensada se a parte economicamente hipossuficiente não puder oferecê-la.
§ 2° A tutela de urgência pode ser concedida liminarmente ou após justificação prévia.
§ 3° A tutela de urgência de natureza antecipada não será concedida quando houver perigo de irreversibilidade dos efeitos da decisão".

não renovar o contrato de locação, ou de rescindir a que vigorava por prazo indeterminado.

#### *1.5.2.1 Competência na ação de despejo por denúncia vazia*

A ação de despejo por denúncia vazia deve ser proposta no **foro do lugar da situação do imóvel, salvo se outro houver sido eleito no contrato** (inciso II do art. 58 da LI). Essa competência é de natureza relativa e, por isso, o magistrado não pode reconhecer a sua incompetência de ofício, devendo aguardar pela arguição da incompetência como preliminar da contestação (inciso II do art. 337 do CPC).

A preliminar pode ser arguida da seguinte forma:

> Antes de o réu expor as razões de mérito, que subsidiam o pedido de julgamento da ação pela improcedência dos pedidos, suscita a preliminar de incompetência relativa, com fundamento no inciso II do art. 58 da LI e no inciso II do art. 337 do CPC, já que, ao invés de propor a ação no foro de situação do imóvel, a parte contrária a ajuizou no foro do seu domicílio.
>
> Desse modo, descumprida a regra contida na lei especial, o peticionário requer se digne Vossa Excelência a reconhecer a sua incompetência, determinando, consequentemente, a remessa dos autos ao juízo competente, como tal, o da Comarca do Rio de Janeiro, em que o bem locado se encontra localizado.

#### *1.5.2.2 Legitimidade ativa na ação de despejo por denúncia vazia*

A ação de despejo por denúncia vazia deve ser proposta pelo locador,[49] mesmo que este tenha conferido poderes a uma administradora para o recebimento de aluguéis e de encargos da locação.

49. "Apelação cível. Ação de despejo por denúncia vazia. Ilegitimidade ativa. **A legitimidade ativa para a propositura da ação de despejo por denúncia vazia é do locador que firmou o contrato de locação.** Ausência de sub-rogação do contrato de locação à ex-companheira do locador, que adquiriu 50% do imóvel, na partilha decorrente da dissolução de união estável. Ilegitimidade ativa reconhecida, na forma do art. 267, VI, e § 3°, do CPC/1973. Precedentes.

O ajuizamento da ação pela administradora caracteriza a ilegitimidade da parte, autorizando o magistrado a indeferir a petição inicial, com fundamento no inciso II do art. 330 do CPC.[50]

Se o juiz não se aperceber que o autor não detém legitimidade, e determinar o aperfeiçoamento da citação do réu, este pode arguir a ausência de legitimidade como matéria preliminar (inciso XI do art. 337 do CPC), cujo acolhimento acarreta a extinção do processo sem a resolução do mérito (inciso VI do art. 485 do CPC), neste caso, com a condenação do autor ao pagamento das custas, das despesas processuais e dos honorários advocatícios, já que o réu foi onerado com a contratação de advogado, como condição para a apresentação da sua defesa.

Vejamos como a preliminar pode ser arguida:

> Antes de expor as razões de mérito, que subsidiam o pedido de julgamento da ação pela improcedência dos pedidos, o réu suscita a ausência de legitimidade da autora, que é mera administradora do locador, não detendo legitimidade para propor ação de despejo nos interesses deste, por ter recebido atribuição apenas para o recebimento dos aluguéis.
>
> Posta a questão nesses termos, comprovada a manifesta ausência de legitimidade da autora, o réu requer se digne Vossa Excelência a acolher a preliminar suscitada, extinguindo o processo sem a resolução do mérito, providência acompanhada da condenação da parte contrária ao pagamento das custas, das despesas processuais e dos honorários advocatícios.

### *1.5.2.3 Legitimidade passiva na ação de despejo por denúncia vazia*

A ação de despejo por denúncia vazia deve ser proposta contra o locatário, identificado no contrato de locação, entendendo a

Ação julgada extinta" (TJRS, Apelação Cível 70068625581, 16ª Câmara Cível, relatora Desembargadora CATARINA RITA KRIEGER MARTINS) (grifamos).

50. "Art. 330. A petição inicial será indeferida quando: (...); II – a parte for manifestamente ilegítima; (...)".

jurisprudência que essa regra se mantém, mesmo se o locatário houver sublocado o bem, sem a autorização do locador.[51]

Do mesmo modo que advertimos na seção anterior, o reconhecimento da ilegitimidade passiva autoriza o magistrado a indeferir a petição inicial, com fundamento no inciso II do art. 330 do CPC.

Se o juiz considerar (implícita ou explicitamente) a petição inicial apta, sem se aperceber que o réu não detém legitimidade, determinando o aperfeiçoamento da sua citação, e este suscita a preliminar de ilegitimidade, o magistrado deve extinguir o processo sem a resolução do mérito, com fundamento no inciso VI do art. 485 do CPC, neste caso, condenando o autor ao pagamento das custas, das despesas processuais e dos honorários advocatícios, em respeito aos princípios da sucumbência e da causalidade, já que o réu foi onerado com a contratação de advogado, como condição para a apresentação da sua defesa.

### *1.5.2.4 Valor da causa*

Nas ações de despejo por denúncia vazia, o valor da causa deve ser igual a 12 meses de aluguel (inciso III do art. 58 da LI). O § 3° do art. 292 do CPC estabelece que o juiz pode modificar o valor da causa, de ofício e por arbitramento, através de natureza interlocutória, que não pode ser atacada pelo recurso de agravo de instrumento, por não ter sido inserida na relação constante do art. 1.015 do CPC.

Modificado o valor da causa de ofício e por arbitramento, o autor dispõe do prazo de 15 dias úteis para complementar as custas processuais (art. 290 do CPC), sob pena de indeferimento da petição inicial, por meio da prolação de sentença terminativa.

---

51. "O imóvel, objeto da locação, está sendo ocupado por pessoa alheia à relação contratual existente entre locador, locatário. Tal sublocação ocorreu sem a anuência prévia do locador, de modo que o vínculo jurídico existente cinge-se às partes obrigadas contratualmente. Desse modo, os sublocatários são parte ilegítima para figurar no polo passivo. Cobrança de honorários advocatícios. Incabível. Encargo que decorre da sucumbência ou contratação direta entre cliente e advogado. Sentença mantida. Negaram provimento ao recurso. Unânime" (TJRS, Apelação Cível 70071088942, 16ª Câmara Cível, rel. Des. ERGIO ROQUE MENINE).

### 1.5.2.5 Dinâmica da ação de despejo por denúncia vazia

Em termos de tramitação, considerando que as alegações expostas na petição inicial podem ser provadas por documentos que devem acompanhá-la (cópia do contrato de locação e notificação), após a apresentação da contestação e da manifestação do autor em réplica, é comum o julgamento antecipado do pedido, com fundamento no inciso I do art. 355 do CPC,[52] sem que a adoção dessa técnica, em princípio, caracterize o cerceamento do direito de defesa.[53]

Petição inicial[54]

↓

Citação do réu

↓

Revelia[55] ou apresentação da contestação[56]

↓

---

52. "Art. 355. O juiz julgará antecipadamente o pedido, proferindo sentença com resolução de mérito, quando:
    I – não houver necessidade de produção de outras provas. (...)".
53. "Apelação cível. Locação. Ação de despejo. Alegação de cerceamento de defesa. **Não caracteriza cerceamento de defesa o julgamento antecipado da lide quando não houver necessidade de produção de provas em audiência.** Apelação cível desprovida" (TJRS, Apelação Cível 70069970499, 16ª Câmara Cível, rel. Des. PAULO SÉRGIO SCARPARO) (grifamos).
54. Que deve comprovar o preenchimento dos requisitos relacionados no art. 319 do CPC, e ser instruída com a procuração, com a cópia do contrato de locação e da notificação recebida pelo locatário.
55. A revelia deve ser entendida como ausência de resposta, que produz os seguintes efeitos: (a) presunção de veracidade dos fatos afirmados pelo autor; (b) julgamento antecipado da lide; (c) fluência de prazos independentemente de intimações. Em decorrência do primeiro (e principal) efeito, o juiz está autorizado a julgar a ação pela procedência dos pedidos, decretando o despejo, fixando prazo para que o réu desocupe o imóvel e condenando-o ao pagamento das custas, das despesas processuais e dos honorários advocatícios.
56. No prazo geral de 15 dias úteis, contado em dobro, quando o réu for pessoa jurídica de direito público, o Ministério Público, pobre na forma da lei ou quando a ação é proposta contra mais de um réu (litisconsórcio passivo), desde que representados por advogados distintos, que não integrem o mesmo escritório de advocacia, e que o processo não tramite em autos eletrônicos.

↓

Manifestação do autor em réplica[57]

↓

Julgamento antecipado do pedido[58] ou designação de dia e hora para a realização da audiência de instrução e julgamento[59]

↓

Razões finais[60]

↓

Sentença[61]

↓

Embargos de declaração[62]

↓

Julgamento dos embargos de declaração[63]

↓

---

57. No prazo de 15 dias úteis. Na réplica, o autor deve se manifestar sobre documentos que instruíram a contestação e sobre preliminares arguidas pelo réu.
58. Com fundamento no art. 355 do CPC, quando o réu for revel ou quando não houver a necessidade de produção de outras provas, o que é comum nas ações de despejo por denúncia vazia.
59. Quando o magistrado constatar a necessidade de produção da prova oral (tomada do depoimento das partes e/ou ouvida de testemunhas), o que é incomum nas ações de despejo por denúncia vazia.
60. Em que as partes devem reforçar argumentos expostos na petição inicial e na contestação. As razões finais devem ser apresentadas oralmente, no encerramento da audiência de instrução e julgamento, ou por escrito, por memoriais, no prazo fixado pelo juiz, a depender da complexidade da causa, o que é incomum nas ações de despejo por denúncia vazia.
61. Em que o magistrado decreta o despejo, quando julga a ação pela procedência dos pedidos, fixa o prazo para a desocupação do imóvel locado e condena o vencido ao pagamento das custas, das despesas processuais e dos honorários advocatícios.
62. No prazo de 5 dias úteis, quando o vencido entender que a sentença é omissa, obscura e/ou contraditória.
63. Pelo próprio magistrado, independentemente da ouvida da parte contrária, exceto quando os embargos forem interpostos com pretensão modificativa ou infringente, quando o vencedor (embargado) deve ser intimado para impugnar os embargos de declaração no prazo de 5 dias úteis.

↓

Apelação[64]

↓

Contrarrazões[65]

↓

Encaminhamento dos autos ao Tribunal[66]

↓

Negativa de seguimento[67] ou designação de dia e hora para a realização da sessão de julgamento[68]

↓

Interposição do agravo interno[69] ou acórdão

↓

Embargos de declaração[70]

↓

64. Que deve ser interposta no prazo de 15 dias úteis. A apelação é dotada apenas do efeito devolutivo (inciso V do art. 58 da LI), e, por isso, não impede o cumprimento do mandado de despejo. O apelante pode requerer a excepcional atribuição do efeito suspensivo à apelação, com fundamento nos §§ 3° e 4° do art. 1.012 do CPC, que têm a seguinte redação: "Art. 1.012. (...). § 3° O pedido de concessão de efeito suspensivo nas hipóteses do § 1° poderá ser formulado por requerimento dirigido ao: I – tribunal, no período compreendido entre a interposição da apelação e sua distribuição, ficando o relator designado para seu exame prevento para julgá-la; II – relator, se já distribuída a apelação. § 4° Nas hipóteses do § 1°, a eficácia da sentença poderá ser suspensa pelo relator se o apelante demonstrar a probabilidade de provimento do recurso ou se, sendo relevante a fundamentação, houver risco de dano grave ou de difícil reparação".
65. Que devem ser apresentadas no prazo de 15 dias úteis.
66. Independentemente da realização do juízo de admissibilidade pelo juiz.
67. Por decisão de natureza monocrática, com fundamento no art. 932 do CPC.
68. Que deve ser antecedida da publicação da pauta de julgamento, no mínimo 5 dias antes da sessão.
69. No prazo de 15 dias úteis, com fundamento no art. 1.021 do CPC, contra a decisão monocrática proferida pelo relator.
70. No prazo de 5 dias úteis, quando o vencido entender que a decisão é omissa, obscura e/ou contraditória, ou quando faz uso do recurso para prequestionar a matéria, preparando a interposição do recurso especial e/ou do recurso extraordinário.

↓

Julgamento dos embargos de declaração[71]

↓

Recurso extraordinário e/ou recurso especial[72]

↓

Negativa de seguimento[73]

↓

Agravo em recurso especial ou em recurso extraordinário[74]

↓

Encaminhamento do recurso ao STJ ou ao STF

### 1.5.3 Ação de despejo por denúncia cheia ou motivada

A ação de despejo por denúncia cheia ou motivada distingue-se da ação de despejo por denúncia vazia pelo fato de exigir fundamentação e comprovação do descumprimento de um dos deveres relacionados no art. 23 da LI, quais sejam:

(a) **Pagar pontualmente o aluguel e os encargos da locação**, legal ou contratualmente exigíveis, no prazo estipulado ou, em sua falta, até o sexto dia útil do mês seguinte ao vencido, no imóvel locado, quando outro local não tiver sido indicado no contrato, entendendo a jurisprudência que não há exigência de prévia notificação do locatário, para constituí-lo em mora, como condição para o ajuizamento da ação de despejo.[75]

---

71. Independentemente da ouvida da parte contrária, exceto quando o recurso for interposto com pretensão modificativa ou infringente.

72. Que devem ser interpostos no prazo de 15 dias úteis, com fundamento no inciso III do art. 102 e no inciso III do art. 105 da CF, respectivamente.

73. Por decisão proferida pela presidência ou pela vice-presidência do Tribunal local.

74. No prazo de 15 dias úteis, com fundamento no art. 1.042 do CPC.

75. "Apelação. Ação de despejo por falta de pagamento c.c. cobrança de aluguéis. Carência de ação. Improcedente. Ação de despejo por 'denúncia cheia'. Inadimplemento do pagamento

(b) **Servir-se do imóvel para o uso convencionado ou presumido**, compatível com a natureza deste e com o fim a que se destina, devendo tratá-lo com o mesmo cuidado como se fosse seu.

(c) **Restituir o imóvel, finda a locação, no estado em que o recebeu**, salvo as deteriorações decorrentes do seu uso normal.

(d) **Levar imediatamente ao conhecimento do locador o surgimento de qualquer dano ou defeito cuja reparação a este incumba**, bem como as eventuais turbações de terceiros.

(e) **Realizar a imediata reparação dos danos verificados no imóvel, ou nas suas instalações**, provocadas por si, seus dependentes, familiares, visitantes ou prepostos.

(f) **Não modificar a forma interna ou externa do imóvel** sem o consentimento prévio e por escrito do locador.

(g) **Entregar imediatamente ao locador os documentos de cobrança de tributos e encargos condominiais, bem como qualquer intimação, multa ou exigência de autoridade pública**, ainda que dirigida a ele, locatário.

(h) **Pagar as despesas de telefone e de consumo de força, luz e gás, água e esgoto**.

(i) **Permitir a vistoria do imóvel pelo locador ou por seu mandatário**, mediante combinação prévia de dia e hora, bem como admitir que seja ele visitado e examinado por terceiros, na hipótese prevista no art. 27 da LI.

(j) **Cumprir integralmente a convenção de condomínio e os regulamentos internos**.

(k) **Pagar o prêmio do seguro de fiança**.

(l) **Pagar as despesas ordinárias de condomínio**.

---

dos aluguéis (art. 9°, III, da Lei 8.245/1991). **Desnecessidade de notificação premonitória.** Mérito. Alegações inverossímeis. Requerido manifestou-se expressamente pelo julgamento antecipado da lide. Réu que não se desincumbiu do seu ônus probatório (art. 373, II, do CPC). Negado provimento" (TJSP, Apelação Cível 1007050-51.2015.8.26.0126, 25ª Câmara de Direito Privado, rel. Des. HUGO CREPALDI) (grifamos).

Além do não pagamento dos aluguéis e dos encargos da locação, assunto estudado na seção 1.5.1 e nas seguintes, a ação de despejo por denúncia cheia ou motivada tem como causas mais frequentes a **alteração da destinação da locação** e a **modificação da estrutura interna ou externa do imóvel**.

Nesses casos, e diferentemente da ação de despejo por falta de pagamento, que costuma ser julgada de forma antecipada (após a apresentação da réplica pelo autor), como as causas que motivam o pedido de despejo dificilmente são comprovadas documentalmente, o processo costuma ser encaminhado para a fase de instrução probatória, sendo comum a produção da prova pericial e/ou da prova oral, para que o autor possa comprovar o que alegou na petição inicial.

Essa necessidade de produção complementar de provas impacta no tempo de duração do processo, bem maior, quando comparado à duração de uma ação de despejo por falta de pagamento de aluguéis e de encargos da locação.

Julgada procedente a ação, o juiz determina a expedição de mandado de desocupação voluntária, que deve ocorrer no prazo de 30 dias (exceto nas situações previstas nas alíneas *a* e *b* do § 1° do art. 63 da LI,[76] quando o prazo é de 15 dias, sob pena de cumprimento forçado da determinação judicial.

Como o ato a ser praticado (desocupação voluntária do imóvel) não tem natureza processual, entende-se que é contado em dias corridos, não em dias úteis.

---

76. "Art. 63. Julgada procedente a ação de despejo, o juiz determinará a expedição de mandado de despejo, que conterá o prazo de 30 (trinta) dias para a desocupação voluntária, ressalvado o disposto nos parágrafos seguintes.

§ 1° O prazo será de quinze dias se:

a) entre a citação e a sentença de primeira instância houverem decorrido mais de quatro meses; ou

b) o despejo houver sido decretado com fundamento no art. 9° ou no § 2° do art. 46. (...)".

### *1.5.3.1 Competência na ação de despejo por denúncia cheia*

A ação de despejo por denúncia cheia ou motivada deve ser proposta no **foro do lugar da situação do imóvel**, salvo se outro houver sido eleito no contrato (inciso II do art. 58 da LI). Essa competência é relativa e, por isso, o juiz não pode reconhecer a sua incompetência de ofício, devendo aguardar que o réu a suscite como preliminar da contestação.

Reconhecida a incompetência, os autos são encaminhados ao juízo competente (§ 3° do art. 64 do CPC), o que significa dizer que a preliminar é dilatória. Quanto ao conteúdo da preliminar, encaminhamos o leitor para a seção 1.5.2.1 desta obra, em que estudamos a **competência na ação de despejo por denúncia vazia**, permitindo o aproveitando da sugestão relacionada à forma de arguição da preliminar, apresentada na mesma seção.

### *1.5.3.2 Legitimidade ativa na ação de despejo por denúncia cheia ou motivada*

A ação de despejo por denúncia cheia ou motivada deve ser proposta pelo locador, **mesmo que não seja o proprietário do bem locado**,[77] e mesmo que tenha atribuído poderes a uma administradora para o recebimento dos aluguéis e dos encargos da locação.

Se a ação for proposta pela administradora, o juiz pode indeferir a petição inicial, com fundamento no inciso II do art. 330 do CPC, sem

---

77. "Recurso. Apelação. Locação de imóveis. Ação de despejo cumulada com cobrança. Legitimidade ativa 'ad causam' confirmada. **Desnecessário para ações que versem sobre relação locatícia, fundadas em relação de direito obrigacional, pessoal, a comprovação de ser o locador o titular do domínio do imóvel locado**. Petição inicial apta. Ação de despejo por denúncia cheia (infração contratual). Desnecessidade de comprovação de emissão de notificação premonitória pelo locador. Legalidade da multa moratória de 20% (vinte por cento) sobre o valor do aluguel fixada livremente pelas partes no momento da contratação. Verba honorária advocatícia fixada corretamente na origem. Procedência. Sentença mantida. Recurso não provido" (TJSP, Apelação Cível 0003161-43.2011.8.26.0160, 25ª Câmara de Direito Privado, rel. Des. MARCONDES D'ANGELO) (grifamos).

condenar a autora ao pagamento de honorários advocatícios, já que o réu não foi citado.

Contudo, se o magistrado não percebe que a parte autora não detém legitimidade e, por isso, determina o aperfeiçoamento da citação do réu, que comparece aos autos e apresenta contestação, arguindo a preliminar de ilegitimidade ativa, sendo acolhida, o juiz extingue o processo sem a resolução do mérito e condena a autora ao pagamento das custas, das despesas processuais e dos honorários advocatícios, em respeito aos princípios da sucumbência e da causalidade, já que o réu foi onerado com a contratação de advogado, como condição para a apresentação da sua defesa.

Vejamos como a preliminar pode ser arguida:

> Antes de expor as razões de mérito, que subsidiam o pedido de julgamento da ação pela improcedência dos pedidos, o réu suscita a preliminar de ausência de legitimidade da autora, já que, na condição de mera administradora dos interesses do locador, não detém legitimidade para propor ação de despejo por denúncia cheia ou motivada, conforme pacífico entendimento doutrinário e jurisprudencial aplicável à matéria.
>
> Desse modo, comprovada a manifesta ilegitimidade ativa, o réu requer se digne Vossa Excelência a reconhecê-la, extinguindo o processo sem a resolução do mérito, providência acompanhada da condenação da parte contrária ao pagamento das custas, das despesas processuais e dos honorários advocatícios, em respeito aos princípios da sucumbência e da causalidade.

### *1.5.3.3 Legitimidade passiva na ação de despejo por denúncia cheia ou motivada*

A ação de despejo por denúncia cheia ou motivada deve ser proposta contra o locatário, identificado no contrato de locação (quando a locação houver sido celebrada por escrito), não contra o sublocatário, quando a sublocação não foi anuída pelo locador, já que este não mantém relação jurídica com aquele.

Se a ação for proposta contra outra pessoa, que não o locatário, o juiz pode (e deve) indeferir a petição inicial, com fundamento no inciso II do art. 330 do CPC, ou extinguir o processo posteriormente, sem a resolução do mérito, acolhendo preliminar de ilegitimidade passiva arguida pelo réu na contestação, com fundamento no inciso XI do art. 337 do CPC.

Vejamos como a preliminar pode ser arguida:

> Antes de o réu rebater os aspectos de mérito da controvérsia, suscita a sua manifesta ilegitimidade passiva, como matéria preliminar, já que a ação deveria ter sido proposta contra o locatário, identificado no contrato de locação que instruiu a petição inicial, jamais contra o peticionário, que não mantém qualquer relação de direito material com o demandante.
>
> Desse modo, e com fundamento no pacífico entendimento jurisprudencial aplicável à matéria, o peticionário requer se digne Vossa Excelência a acolher a preliminar arguida, extinguindo o processo sem a resolução do mérito, com a consequente condenação do autor ao pagamento das custas, das despesas processuais e dos honorários advocatícios, em respeito aos princípios da sucumbência e da causalidade.

#### *1.5.3.4 Valor da causa na ação de despejo por denúncia cheia ou motivada*

Nas ações de despejo por denúncia cheia ou motivada, o valor da causa deve ser igual a 12 aluguéis mensais (inciso III do art. 58 da LI). O § 3° do art. 292 do CPC estabelece que o juiz pode modificar o valor da causa, de ofício e por arbitramento, por decisão de natureza interlocutória, que não pode ser atacada pelo recurso de agravo de instrumento, por não constar da relação do art. 1.015 do CPC.

Modificado o valor da causa, de ofício e por arbitramento, o autor é intimado para complementar as custas processuais no prazo de 15 dias úteis, sob pena do indeferimento da petição inicial.

### 1.5.3.5 Minuta de petição inicial da ação de despejo por denúncia cheia ou motivada

Ao Juízo da Vara Cível da Comarca de Mossoró – a quem a presente demanda vier a ser distribuída.

**MANOEL DOS SANTOS**, brasileiro, casado, engenheiro civil, residente e domiciliado na Rua 07, nº 08, Centro, neste município, inscrito no CPF/MF sob o nº 000.000.000-00, por seu advogado, conforme instrumento procuratório em anexo, vem, pela presente, com fundamento no art. 1º e seguintes da Lei do Inquilinato, e nos demais dispositivos legais aplicáveis à matéria, propor **AÇÃO DE DESPEJO POR DENÚNCIA CHEIA OU MOTIVADA** contra **JOÃO DA SILVA**, brasileiro, casado, médico, residente e domiciliado na Rua 10, nº 15, Centro, neste município, de acordo com as razões de fato e de direito adiante aduzidas:

**DOS FATOS**

01. Conforme percebemos através da leitura do contrato em anexo, o autor deu em locação ao réu o imóvel de nº 15, localizado na Rua 10, Centro, neste município, prevendo a cláusula segunda do referido instrumento que o demandado deveria fazer uso do imóvel para fins residenciais.

02. Contudo, e como percebemos através da análise das fotografias que acompanham esta manifestação processual, o réu instalou o seu consultório médico no bem locado, alterando a destinação da locação, infringindo, consequentemente, o inciso II do art. 23 da LI, adiante transcrito:

> "Art. 23. O locatário é obrigado a: (...); II – servir-se do imóvel para o uso convencionado ou presumido, compatível com a natureza deste e com o fim a que se destina, devendo tratá-lo com o mesmo cuidado como se fosse seu; (...)".

03. Assim que o peticionário tomou conhecimento da alteração da destinação da locação, enviou notificação ao locatário, em que solicitou fosse respeitado o que foi convencionado na cláusula segunda do contrato celebrado entre as partes, fixando o prazo de 5 (cinco) dias para que o réu se justificasse, no que não foi atendido.

**DO DIREITO**

04. Conforme percebemos através da simples leitura da cláusula segunda do contrato celebrado entre as partes, o imóvel anteriormente identificado foi locado ao réu para fins EXCLUSIVAMENTE RESIDENCIAIS, regra considerada primária, e que foi descumprida pelo locatário.

05. O descumprimento dessa obrigação contratual vem causando sérios prejuízos ao autor, já que, se a locação houvesse sido celebrada para fins comerciais, o demandante teria o direito de exigir o pagamento de aluguéis mensais superiores aos que foram estipulados no contrato celebrado, sem falar que o demandado alterou a estrutura física do imóvel (cometendo nova infração contratual), para adaptá-lo aos fins que unilateralmente destinou.

**DOS PEDIDOS**

06. Posta a questão nesses termos, comprovada a alteração da destinação realizada pelo réu, caracterizando infração ao contrato de locação celebrado entre as partes e a lei, o autor requer se digne Vossa Excelência a:

(a) Designar dia e hora para a realização da audiência de tentativa de conciliação, manifestando o seu interesse pela autocomposição (inciso VII do art. 334 do CPC).

(b) Determinar o aperfeiçoamento da citação do réu, para que, querendo, apresente contestação no prazo legal, sob pena de revelia.

(c) Ao final, **JULGAR A AÇÃO PELA PROCEDÊNCIA DOS PEDIDOS**, decretando o despejo do réu do bem locado, fixando prazo para desocupação voluntária, sob pena de expedição do mandado de despejo forçado, sem prejuízo da condenação do vencido ao pagamento das custas, das despesas processuais e dos honorários advocatícios, que devem ser fixados no percentual máximo.

07. Protesta provar o alegado por todos os meios de prova em direto admitidos, tais como a juntada de novos documentos, a ouvida de testemunhas e a tomada do depoimento pessoal da parte contrária, sob pena de confesso.

08. Dá à causa a quantia de R$ 12.000,00 (doze mil reais).

## 1.5.3.6 *Dinâmica da ação de despejo por denúncia cheia ou motivada*

Petição inicial[78]

↓

Citação do réu

↓

Revelia[79] ou apresentação da contestação[80]

↓

Manifestação do autor em réplica[81]

↓

Julgamento antecipado do pedido[82] ou designação de dia e hora para a realização da audiência de instrução e julgamento,[83] que pode ser antecedida da produção da prova pericial[84]

↓

---

78. Que deve ser instruída com cópia do contrato de locação e com a procuração, sujeitando-se ao preenchimento dos requisitos do art. 319 do CPC. Considerando o fundamento da ação que estudamos, é frequente a reprodução do art. 23 da LI, na petição inicial, que relaciona as obrigações do locatário.
79. Considerando o principal efeito produzido pela revelia (presunção de veracidade dos fatos afirmados pelo autor), o decurso do prazo sem a apresentação da contestação autoriza o magistrado a julgar a ação de forma antecipada (inciso II do art. 355 do CPC), o que é frequente nas ações de despejo por denúncia cheia ou motivada.
80. Em que o réu pode suscitar as preliminares do art. 337 do CPC e, quanto ao mérito, afirmar que não teria descumprido as obrigações relacionadas no art. 23 da LI. Além disso, o réu pode alegar que realizou benfeitorias, identificando-as e quantificando-as, para requerer o reconhecimento do direito de ser indenizado e de reter o imóvel, a depender da natureza da benfeitoria.
81. No prazo geral de 15 dias úteis.
82. Quando o magistrado constatar que não há necessidade de produção de outras provas ou que o réu é revel (art. 355 do CPC).
83. Quando o magistrado constatar a necessidade de produção da prova oral, como na situação em que a ação é fundada na alegação da modificação da destinação, fato que o autor pretende comprovar por meio da ouvida de testemunhas.
84. Como na situação em que o autor alega que o réu alterou a forma (ou a estrutura) interna do imóvel, entendendo o magistrado que deve nomear perito para vistoriar o bem.

↓

Razões finais

↓

Sentença

↓

Embargos de declaração[85]

↓

Julgamento dos embargos de declaração

↓

Apelação[86]

↓

Contrarrazões[87]

↓

Encaminhamento dos autos ao Tribunal[88]

↓

Julgamento monocrático da apelação[89] ou designação de dia e hora para a realização da sessão de julgamento

↓

85. Que devem ser interpostos no prazo de 5 dias úteis, com fundamento no art. 1.022 do CPC, quando o vencido entender que a sentença é omissa, obscura e/ou contraditória. O recurso de embargos de declaração interrompe o prazo para a interposição do recurso principal (apelação), mas não suspende a eficácia da decisão (art. 1.026 do CPC). Por isso, o vencedor pode requerer o cumprimento da ordem de despejo, independentemente da interposição do recurso de embargos de declaração.

86. Que deve ser interposta no prazo geral de 15 dias úteis, não sendo dotada do efeito suspensivo, o que significa dizer que, independentemente da sua interposição, o vencedor pode requerer o cumprimento do mandado de despejo.

87. Que devem ser apresentadas no prazo de 15 dias úteis.

88. Independentemente da realização do juízo de admissibilidade, pelo magistrado.

89. Com fundamento no art. 932 do CPC.

↓

Agravo interno[90]

↓

Acórdão

↓

Embargos de declaração[91]

↓

Julgamento dos embargos de declaração

↓

Recurso extraordinário e/ou recurso especial[92]

↓

Negativa de seguimento[93]

↓

Agravo em recurso extraordinário ou em recurso especial[94]

↓

Encaminhamento do recurso extraordinário ou do recurso especial ao STF ou ao STJ, respectivamente

---

90. No prazo geral de 15 dias úteis, com fundamento no art. 1.021 do CPC, contra a decisão proferida monocraticamente pelo relator, com base no art. 932 da lei processual.

91. Que deve ser interposto no prazo geral de 5 dias úteis, com fundamento no art. 1.022 do CPC, quando o vencido entender que o acórdão contém omissão, obscuridade e/ou contradição, bem assim para prequestionar a matéria, preparando a interposição do recurso especial e/ou do recurso extraordinário, evitando a aplicação da Súmula 282 do STF.

92. No prazo geral de 15 dias úteis, com fundamento no inciso III do art. 102 e no inciso III do art. 105 da CF, respectivamente.

93. Por decisão de natureza interlocutória, proferida pela presidência ou pela vice-presidência do tribunal local, geralmente embasada na afirmação de que o recorrente não teria prequestionado a matéria ou de que o julgamento do recurso especial e/ou do recurso extraordinário exigiria o reexame de fatos (exame do contexto fático-probatório), o que é incompatível com esses recursos.

94. No prazo geral de 15 dias úteis, com fundamento no art. 1.042 do CPC.

### 1.5.4 Ação de despejo para uso próprio

A ação de despejo para uso próprio tem por base **locação de imóvel não residencial**, sendo disciplinada pelo art. 52 da LI, adiante transcrito:

> "Art. 52. O locador não estará obrigado a renovar o contrato se: (...);
>
> II – o imóvel vier a ser utilizado por ele próprio ou para transferência de fundo de comércio existente há mais de um ano, sendo detentor da maioria do capital o locador, seu cônjuge, ascendente ou descendente.
>
> § 1º Na hipótese do inciso II, o imóvel não poderá ser destinado ao uso do mesmo ramo do locatário, salvo se a locação também envolvia o fundo de comércio, com as instalações e pertences.
>
> § 2º Nas locações de espaço em *shopping centers*, o locador não poderá recusar a renovação do contrato com fundamento no inciso II deste artigo.
>
> § 3º O locatário terá direito a indenização para ressarcimento dos prejuízos e dos lucros cessantes que tiver que arcar com mudança, perda do lugar e desvalorização do fundo de comércio, se a renovação não ocorrer em razão de proposta de terceiro, em melhores condições, ou se o locador, no prazo de três meses da entrega do imóvel, não der o destino alegado ou não iniciar as obras determinadas pelo Poder Público ou que declarou pretender realizar".

A jurisprudência entende que a afirmação feita pelo locador, de que pretende utilizar o imóvel para uso próprio deve ser considerada **sincera**, cabendo ao locatário (réu) provar o contrário, como percebemos por meio da análise do seguinte julgado:

> "Apelação cível. Ação de despejo para uso próprio. Pretensão da locadora amparada pelo art. 52 da Lei nº 8.245/91. **Presunção de veracidade das alegações da locadora, cujo ônus de desconstituí-la cabe ao locatário**, o que não ocorreu na hipótese tratada nos autos. Reforma da sentença. Provimento do recurso" (TJRJ, Apelação Cível 0001661-10.2017.8.19.0003, 12ª Câmara Cível, rel. Des. MÁRIO GUIMARÃES NETO) (grifamos).

### 1.5.4.1 Competência na ação de despejo para uso próprio

A ação de despejo para uso próprio deve ser proposta no **foro do lugar da situação do imóvel**, salvo se outro houver sido eleito no contrato (inciso II do art. 58 da LI), sendo hipótese de competência relativa. Por isso, o juiz não pode reconhecer a sua incompetência de ofício, facultada ao réu a arguição da incompetência como preliminar da contestação (inciso II do art. 337 do CPC), cujo acolhimento acarreta a remessa dos autos ao juízo competente (§ 3° do art. 64 do CPC).

A preliminar pode ser arguida da seguinte forma:

> Antes de o réu expor as razões que fundamentam o pedido de julgamento da ação pela improcedência dos pedidos, suscita a incompetência relativa como matéria preliminar, já que o autor propôs a ação no foro do seu domicílio, quando a demanda deveria ter sido ajuizada no foro do lugar da situação do imóvel, como estabelece o inciso II do art. 58 da LI.
>
> Desse modo, o réu requer se digne Vossa Excelência a reconhecer a sua incompetência, determinando o encaminhamento dos autos ao juízo competente, como tal o da Comarca de Florianópolis, nos termos do § 3º do art. 64 do CPC.

O inciso III do art. 3° da Lei 9.099/1995 prevê que o Juizado Especial Cível tem competência para conciliação, processo e julgamento das ações de despejo para uso próprio, independentemente do valor da causa, já que a competência é fixada pela matéria.

Nesse caso, o autor pode propor a ação no Juizado Especial Cível ou na justiça tradicional, pelo rito comum, já que a utilização da via do Juizado se constitui numa opção.

### 1.5.4.2 Legitimidade ativa na ação de despejo para uso próprio

A ação de despejo para uso próprio deve ser proposta pelo locador, mesmo que não seja proprietário do imóvel[95] e que tenha conferido

95. "Recurso inominado. Obrigacional. **Despejo para uso próprio. Relação locatícia comprovada. Desnecessidade de ser a locadora proprietária do imóvel para fins de locação. Posse**

poderes a uma administradora para receber os aluguéis. Se a ação for indevidamente proposta pela administradora, o juiz deve indeferir a petição inicial, com fundamento no inciso II do art. 330 do CPC, sem condenar o autor ao pagamento dos honorários advocatícios, já que o contraditório não foi formado.

Contudo, se o juiz determina o aperfeiçoamento da citação do réu e este suscita a ausência de legitimidade por parte do autor, como matéria preliminar, que é acolhida, neste caso, a extinção do processo sem a resolução do mérito deve ser acompanhada da condenação do demandante ao pagamento das custas, das despesas processuais e dos honorários advocatícios, em respeito aos princípios da sucumbência e da causalidade.

### *1.5.4.3 Legitimidade passiva na ação de despejo para uso próprio*

A ação de despejo para uso próprio deve ser proposta contra o locatário, mesmo que o imóvel tenha sido sublocado, sem o consentimento do locador. Se a ação for ajuizada contra o sublocatário, o juiz deve indeferir a petição inicial, com fundamento no inciso II do art. 330 do CPC, sem condenar o autor ao pagamento dos honorários advocatícios, já que o seu adversário processual não foi citado.

Diferentemente, se o magistrado determinar o aperfeiçoamento da citação do réu (sublocatário), e este suscitar a preliminar de ausência de legitimidade (inciso XI do art. 337 do CPC), que é acolhida, o juiz deve extinguir o processo sem a resolução do mérito, condenando o autor ao pagamento das custas, das despesas processuais e dos honorários advocatícios, em respeito aos princípios da sucumbência e da causalidade.

---

**indireta comprovada ante a juntada de instrumento de promessa de compra e venda do imóvel**. Inovação recursal. Impossibilidade. Sentença de procedência mantida. Com efeito, a prova dos autos dá conta de que as partes entabularam um contrato de locação de um imóvel residencial (fl. 07), assim como que a autora detém a posse indireta do imóvel, visto o contrato de promessa de compra e venda das fls. 08/10" (TJRS, Recurso Cível 71008014722, 3ª Turma Recursal Cível, Rel. Des. FÁBIO VIEIRA HEERDT, em transcrição parcial) (grifamos).

### 1.5.4.4 Valor da causa na ação de despejo para uso próprio

Na ação de despejo para uso próprio, o valor da causa deve ser igual a 12 vezes o aluguel (inciso III do art. 58 da LI), prevendo o § 3° do art. 292 do CPC que o juiz pode modificar o valor da causa, de ofício e por arbitramento, por decisão de natureza interlocutória, resultando na determinação de intimação do autor, para que complemente as custas no prazo de 15 dias úteis, sob pena de indeferimento da petição inicial.

### 1.5.4.5 Dinâmica da ação de despejo para uso próprio

A tramitação dessa modalidade de ação de despejo não costuma ser complexa, sendo frequente o julgamento antecipado do mérito (ou do pedido), após a apresentação da réplica pelo autor, sem que a adoção dessa técnica, em princípio, caracterize o cerceamento do direito de defesa.

Petição inicial[96]

↓

Citação do réu[97]

↓

Revelia[98] ou apresentação da contestação[99]

↓

---

96. Que deve preencher os requisitos relacionados no art. 319 do CPC e ser instruída com cópia do contrato de locação e com a procuração.

97. Se o magistrado designar dia e hora para a realização da audiência de tentativa de conciliação ou da sessão de mediação, o réu é citado/intimado, sendo advertido de que deve apresentar a defesa no prazo geral de 15 dias úteis, contado a partir da data da audiência.

98. Entendida como ausência de resposta, que pode produzir os seguintes efeitos: a) presunção (relativa) de veracidade dos fatos afirmados pelo autor; b) autorização para o julgamento antecipado da lide; c) fluência de prazos independentemente de intimações. Considerando que a ação de despejo para uso próprio versa sobre direito disponível, decretada a revelia do réu, é frequente o julgamento antecipado da lide ou do pedido.

99. Que deve ser apresentada no prazo geral de 15 dias úteis, contado a partir da data da audiência de tentativa de conciliação ou da sessão de mediação, quando designada, ou da juntada aos autos do mandado ou da carta de citação. Na contestação, o réu pode arguir as preliminares relacionadas no art. 337 do CPC e opor defesa direta, quase sempre fundada na alegação de insinceridade da afirmação exposta pelo autor na petição inicial.

↓

Manifestação do autor em réplica[100]

↓

Julgamento antecipado do mérito[101] ou designação de dia e hora para a realização da audiência de instrução e julgamento[102]

↓

Razões finais

↓

Sentença[103]

↓

Embargos de declaração[104]

↓

Julgamento dos embargos de declaração[105]

↓

---

100. No prazo geral de 15 dias úteis. Na réplica, o autor deve se manifestar sobre documentos que instruíram a contestação e sobre preliminares arguidas pelo réu.

101. Com fundamento no art. 355 do CPC, quando não houver necessidade de produção de outras provas, além dos documentos que instruíram a petição inicial e a contestação, ou quando o réu for revel.

102. Quando o magistrado constatar a necessidade de produção da prova oral (ouvida das partes e/ou de testemunhas), o que é incomum nas ações de despejo para uso próprio.

103. Em que o magistrado decreta a rescisão do contrato de locação, fixa prazo para a desocupação do imóvel e condena o vencido ao pagamento das custas, das despesas processuais e dos honorários advocatícios.

104. Que deve ser interposto no prazo geral de 5 dias úteis, com fundamento no art. 1.022 do CPC, quando o vencido entender que a sentença é omissa, obscura e/ou contraditória. O recurso de embargos de declaração interrompe o prazo para a apresentação do recurso principal (apelação), mas não suspende os efeitos da sentença. Por isso, o vencedor pode requerer a decretação do despejo, independentemente da interposição e da pendência de julgamento do recurso de embargos de declaração.

105. Pelo próprio juiz e independentemente da ouvida do embargado, exceto quando o recurso de embargos de declaração for interposto com pretensão modificativa ou infringente.

↓

Apelação[106]

↓

Contrarrazões[107]

↓

Encaminhamento dos autos ao Tribunal[108]

↓

Julgamento monocrático da apelação[109] ou designação de dia e hora para a realização da sessão de julgamento[110]

↓

Agravo interno[111]

↓

Acórdão[112]

↓

Embargos de declaração[113]

↓

---

106. Que deve ser interposta no prazo geral de 15 dias úteis, sendo recebida apenas no efeito devolutivo, o que significa dizer que o vencedor pode requerer a decretação do despejo, através da expedição de mandado judicial, independentemente da interposição e da pendência de julgamento do recurso de apelação.

107. Que devem ser apresentadas no prazo geral de 15 dias úteis.

108. Independentemente da realização do juízo de admissibilidade diferido ou provisório, pelo juiz que prolatou a sentença.

109. Com fundamento no art. 932 do CPC, sobretudo nas hipóteses previstas nos seus incisos III, IV e V.

110. Que deve ser antecedida da publicação da pauta, no mínimo 5 dias antes da sessão de julgamento.

111. No prazo geral de 15 dias úteis e com fundamento no art. 1.021 do CPC, contra a decisão do relator que julga monocraticamente a apelação.

112. Proferido no julgamento da apelação ou do agravo interno, interposto contra a decisão do relator que julga monocraticamente a apelação.

113. No prazo geral de 5 dias úteis, com fundamento no art. 1.022 do CPC, quando o vencido entender que o acórdão contém omissão, obscuridade e/ou contradição, ou para prequestionar

↓

Julgamento dos embargos de declaração[114]

↓

Recurso extraordinário e/ou recurso especial[115]

↓

Negativa de seguimento[116]

↓

Agravo em recurso extraordinário ou em recurso especial[117]

↓

Encaminhamento do recurso extraordinário ou do recurso especial ao STF ou ao STJ, respectivamente

### 1.5.5 Ação de despejo para a realização de reparos urgentes

O inciso IV do art. 9° da LI prevê que a locação pode ser desfeita para a realização de reparos urgentes determinados pelo Poder Público, **que não possam ser normalmente executados com a permanência do locatário no imóvel ou, podendo, ele se recuse a consenti-los**, o que deve ser comprovado pelo autor, sob pena de julgamento da ação pela improcedência dos pedidos.

---

a matéria, preparando a interposição do recurso especial e/ou do recurso extraordinário, evitando a aplicação da Súmula 282 do STF.

114. Independentemente da concessão de prazo para que o embargado impugne o recurso, exceto quando este for interposto com pretensão modificativa ou infringente, quando o vencedor deve ser intimado para opor impugnação, no prazo geral de 5 dias úteis.

115. No prazo geral de 15 dias úteis, com fundamento no inciso III do art. 102 e no inciso III do art. 105 da CF, respectivamente.

116. Por decisão interlocutória, proferida pela presidência ou pela vice-presidência do tribunal local, geralmente sob a alegação de que o recorrente não teria prequestionado a matéria e/ou de que o julgamento do recurso dependeria do reexame de fatos, o que não é permitido no âmbito do STJ.

117. No prazo geral de 15 dias úteis, com fundamento no art. 1.042 do CPC.

Do mesmo modo, o inciso IV do art. 47 da LI estabelece que, "quando ajustada verbalmente ou por escrito e como prazo inferior a trinta meses, findo o prazo estabelecido, a locação prorroga-se automaticamente, por prazo indeterminado, somente podendo ser retomado o imóvel se for pedido para demolição e edificação licenciada ou para a realização de obras aprovadas pelo Poder Público, que aumentem a área construída em, no mínimo, 20%, ou, se o imóvel for destinado a exploração de hotel ou pensão, em 50%."

Nesses casos, o locador (autor) pode requerer a concessão de liminar, para que o réu desocupe o imóvel no prazo de 15 dias, independentemente da sua ouvida, desde que aquele preste caução, no valor correspondente a três aluguéis, pedido que tem fundamento no inciso VI do § 1° do art. 59 da LI.[118]

Para tanto, a documentação que instrui a petição inicial deve comprovar o preenchimento dos requisitos legais exigidos para a concessão da liminar, notadamente, a urgência dos reparos e a impossibilidade de sua execução, com a permanência do réu no bem, ou a negativa deste de consentir que os reparos sejam realizados com a sua presença no imóvel.

O não preenchimento dos requisitos é causa de indeferimento do pedido liminar, por pronunciamento que pode ser atacado pelo recurso de agravo de instrumento (inciso I do art. 1.015 do CPC), no prazo geral de 15 dias úteis. Vejamos julgado sobre essa questão:

> "Agravo de instrumento. Decisão interlocutória. Concessão de tutela antecipada. Determinação de obrigação de fazer consistente em realização de reparos urgentes e necessários, no prazo de 60 (sessenta) dias, sob pena de multa diária. Existência de lastro probatório de mesmo valor para ambas as partes. Ausência de verossimilhança. Inexistência de risco de desabamento. Perigo da demora não demonstrado.

---

118. "Art. 59. Com as modificações constantes deste capítulo, as ações de despejo terão o rito ordinário. § 1° Conceder-se-á liminar para desocupação em quinze dias, independentemente da audiência da parte contrária e desde que prestada a caução no valor equivalente a três meses de aluguel, nas ações que tiverem por fundamento exclusivo: (...); VI – o disposto no inciso IV do art. 9°, havendo a necessidade de se produzir reparações urgentes no imóvel, determinadas pelo poder público, que não possam ser normalmente executadas com a permanência do locatário, ou, podendo, ele se recuse a consenti-las; (...)".

> Irreversibilidade da medida. Recurso provido. A concessão de tutela antecipada exige a prova inequívoca da verossimilhança da alegação e fundado receio de dano irreparável ou de difícil reparação ou reste caracterizado o abuso de direito ou manifesto protelatório, contanto que não se verifique o perigo da irreversibilidade do provimento. A decisão ora agravada teve por fundamento a verossimilhança dos documentos apresentados, acrescido da regra prevista no art. 1.245 do Código Civil. Compulsando cuidadosamente os autos, é possível constatar a inexistência de risco para o prédio, bem como para os moradores em razão dos problemas apontados, assim como não resta evidenciado perigo de desabamento ou desmoronamento. A discussão proposta pela parte agravada em suas contrarrazões, por exaurir o objeto da ação originária, somente se apresenta passível de apreciação, por este egrégio Tribunal de Justiça, em sede de apelação cível. Recurso provido" (TJPE, AI 31078220128170810).

### *1.5.5.1 Competência na ação de despejo para a realização de reparos urgentes*

A ação de despejo para a realização de reparos urgentes deve ser proposta no **foro do lugar da situação do imóvel**, salvo se outro houver sido eleito no contrato (inciso II do art. 58 da LI). Essa competência é relativa e, por isso, o juiz não pode reconhecer a sua incompetência de ofício, devendo aguardar que o réu a suscite como preliminar da contestação, com fundamento no inciso II do art. 337 do CPC.

### *1.5.5.2 Legitimidade ativa na ação de despejo para a realização de reparos urgentes*

A ação de despejo para a realização de reparos urgentes deve ser proposta pelo locador, **que está obrigado a comprovar a sua condição de proprietário ou de promissário comprador do imóvel**, como estabelece o art. 60 da LI, adiante transcrito:

> "Art. 60. Nas ações de despejo fundadas no inciso IV do art. 9º, inciso IV do art. 47 e inciso II do art. 53, a petição inicial deverá ser instruída com prova da propriedade do imóvel ou do compromisso registrado".

O documento que comprova a condição de proprietário ou de promissário comprador do autor é **essencial**,[119] e, por isso, se não instruir a petição inicial, o juiz deve determinar que o autor a emende, no prazo geral de 15 dias úteis e com fundamento no art. 321 do CPC, sob pena do seu indeferimento.

Se a ação for proposta por pessoa que não comprove a sua condição de proprietário ou de promissário comprador do bem imóvel identificado na petição inicial, e o juiz determinar o aperfeiçoamento da citação do réu, este pode suscitar a ausência de legitimidade do autor, com fundamento no inciso XI do art. 377 do CPC, cujo acolhimento acarreta a extinção do processo sem a resolução do mérito, com a condenação do demandante ao pagamento das custas, das despesas processuais e dos honorários advocatícios.

A preliminar pode ser arguida da seguinte forma:

> Antes de expor os fatos e as alegações que fundamentam o pedido de julgamento da ação pela improcedência dos pedidos, o réu suscita a ausência de legitimidade do autor, como matéria preliminar e com fundamento no inciso XI do art. 337 do CPC, combinado com o art. 60 da LI, já que o demandante não comprovou a sua condição de proprietário ou de (pelo menos) promissário comprador do imóvel identificado na petição inicial.
>
> Posta a questão nesses termos, com base na lei e no pacífico entendimento jurisprudencial aplicável à matéria, o réu requer se digne Vossa Excelência a acolher a preliminar arguida, extinguindo o processo sem a resolução do mérito, providência acompanhada da condenação do autor ao pagamento das custas, das despesas processuais e dos honorários advocatícios, em respeito aos princípios da sucumbência e da causalidade.

119. "Apelação cível. Ação de despejo. Realização de reparos urgentes determinados pelo Poder Público. Extinção do processo sem conhecimento do mérito em 1° grau de jurisdição. Ausência de documento essencial. Artigo 60, da Lei de Locações. Referência ao contrato de locação e à sucessão hereditária. Irrelevância. Recurso improvido" (TJSP, Apelação Cível 40076165320138260114, 35ª Câmara de Direito Privado, rel. Des. DIMITRIOS ZARVOS VARELLIS).

### 1.5.5.3 Legitimidade passiva na ação de despejo para a realização de reparos urgentes

A ação de despejo para a realização de reparos urgentes deve ser proposta contra o locatário, identificado no contrato de locação, não contra o sublocatário, quando a locação houver sido cedida sem a anuência do locador.

O ajuizamento da ação contra pessoa diferente do locatário autoriza o réu a suscitar a sua ilegitimidade, como preliminar da contestação (inciso XI do art. 337 do CPC), cujo acolhimento acarreta a extinção do processo sem a resolução do mérito, com a condenação do autor ao pagamento das custas, das despesas processuais e dos honorários advocatícios.

A preliminar pode ser arguida da seguinte forma:

> Antes de o réu expor as razões que fundamentam o pedido de julgamento da ação pela improcedência dos pedidos, suscita a sua manifesta ilegitimidade passiva, como matéria preliminar, já que não mantém qualquer relação contratual com o demandante, que celebrou contrato de locação com o Sr. MANOEL DOS SANTOS, contra quem a ação deveria ter sido proposta.
>
> Posta a questão nesses termos, comprovada a ausência de legitimidade do réu, este requer se digne Vossa Excelência a acolher a preliminar arguida, extinguindo o processo sem a resolução do mérito, providência acompanhada da condenação do autor ao pagamento das custas, das despesas processuais e dos honorários advocatícios, em respeito aos princípios da sucumbência e da causalidade.

### 1.5.5.4 Dinâmica da ação de despejo para a realização de reparos urgentes

Em termos de dinâmica, a ação de despejo que estudamos nesta seção pode se tornar complexa, se o réu impugnar os documentos técnicos que fundamentaram o pedido formulado pelo seu adversário processual, tornando necessária a produção da prova pericial, como condição para que o magistrado forme o seu convencimento.

Nesse caso, havendo requerimento de produção dessa modalidade de prova na contestação e/ou em petição protocolada pelo réu após a apresentação da réplica pelo autor, o julgamento antecipado do pedido pode caracterizar o cerceamento do direito de defesa, legitimando o réu a suscitar a matéria como preliminar da apelação, como dispõe o § 1° do art. 1.009 do CPC.

Petição inicial[120]

↓

Deferimento ou indeferimento da liminar[121] e/ou citação do réu

↓

Interposição do recurso de agravo de instrumento,[122] revelia[123] ou apresentação da contestação[124]

↓

---

120. Que deve comprovar o preenchimento dos requisitos relacionados no art. 319 do CPC e ser instruída com cópia da procuração e de documento que comprove a condição de proprietário (escritura pública de compra e venda, registrada em cartório, certidão de ônus e propriedade, fornecida pelo cartório de imóveis etc.) ou de promissário comprador do autor. Além disso, é comum a petição inicial ser instruída com cópia de notificação judicial ou extrajudicial encaminhada ao réu, em que o autor informa a necessidade de realização de reparos urgentes no imóvel, fixando prazo para que o locatário os realize, sob pena de ajuizamento da ação adequada.

121. Por decisão de natureza interlocutória, sujeita à comprovação do preenchimento dos requisitos previstos no art. 300 do CPC (probabilidade do direito e perigo de dano ou risco ao resultado útil do processo).

122. No prazo geral de 15 dias úteis, com fundamento no inciso I do art. 1.015 do CPC. Se o recurso for interposto pelo autor, que não obteve a liminar solicitada ao juiz que atua no 1° grau de jurisdição, o agravante deve solicitar a **concessão da tutela antecipada recursal**. Diferentemente, se o recurso for interposto pelo réu, contra o qual a liminar foi concedida no 1° grau de jurisdição, o recorrente deve solicitar a **atribuição de efeito suspensivo ao recurso**, nos dois casos, com fundamento no inciso I do art. 1.019 do CPC.

123. Entendida como ausência de resposta, que pode produzir os seguintes efeitos: a) presunção (relativa) de veracidade dos fatos afirmados pelo autor; b) autorização para o julgamento antecipado da lide; c) fluência de prazos independentemente de intimações.

124. No prazo geral de 15 dias úteis, em que o réu pode suscitar as preliminares relacionadas no art. 337 do CPC e apresentar defesa direta (de mérito), principalmente para alegar que os reparos indicados na petição inicial não são urgentes e/ou que podem ser realizados sem a necessidade do seu afastamento do imóvel.

↓

Manifestação do autor em réplica[125]

↓

Julgamento antecipado do pedido[126] ou designação de dia e hora para a realização da audiência de instrução e julgamento,[127] que pode ser antecedida da produção da prova pericial

↓

Razões finais

↓

Sentença[128]

↓

Embargos de declaração[129]

↓

Julgamento dos embargos de declaração[130]

↓

Apelação[131]

↓

125. No prazo geral de 15 dias úteis, em que o autor deve se manifestar sobre documentos que instruíram a contestação e/ou sobre preliminares arguidas pelo réu.
126. Quando o juiz constatar que não há necessidade de produção de outras provas ou que o réu é revel.
127. Quando o magistrado constatar a necessidade de produção da prova oral, o que não é frequente nas ações de despejo para uso próprio.
128. Em que o juiz pode: a) confirmar, conceder ou revogar a tutela provisória; b) decretar o despejo ou julgar a ação pela improcedência dos pedidos; c) condenar o vencido ao pagamento das custas, das despesas processuais e dos honorários advocatícios.
129. No prazo geral de 5 dias úteis, com fundamento no art. 1.022 do CPC, quando o vencido entender que a decisão é omissa, obscura e/ou contraditória.
130. Independentemente da concessão de vista para o vencedor, exceto se o embargante interpuser o recurso com pretensão modificativa ou infringente, quando o embargado deverá ser intimado para impugná-lo no prazo de 5 dias úteis.
131. No prazo geral de 15 dias úteis, não sendo dotada do efeito suspensivo, o que significa dizer que o vencedor pode requerer a decretação do despejo, independentemente da pendência de julgamento do recurso de apelação.

↓

Contrarrazões[132]

↓

Encaminhamento dos autos ao Tribunal[133]

↓

Julgamento monocrático da apelação[134] ou designação de dia e hora para a realização da sessão de julgamento[135]

↓

Agravo interno[136]

↓

Acórdão[137]

↓

Embargos de declaração[138]

↓

Julgamento dos embargos de declaração[139]

↓

---

132. No prazo geral de 15 dias úteis.
133. Independentemente da realização do juízo de admissibilidade diferido ou provisório.
134. Pelo relator, com fundamento nos incisos III, IV e V do art. 932 do CPC.
135. Que deve ser antecedido da publicação da pauta, pelo menos 5 dias antes da sessão de julgamento.
136. No prazo de 15 dias úteis, com fundamento no art. 1.021 do CPC, contra a decisão do relator que julga monocraticamente a apelação.
137. Julgando o agravo interno ou a apelação.
138. No prazo geral de 5 dias úteis, com fundamento no art. 1.022 do CPC, quando o vencido entender que a decisão (acórdão) é omissa, obscura e/ou contraditória, ou para prequestionar a matéria, evitando a aplicação da Súmula 282 do STF.
139. Independentemente da concessão de prazo ao embargado, exceto se o embargante interpuser o recurso com efeito modificativo ou infringente, quando o seu julgamento deve ser antecedido da intimação daquele, para que possa impugnar embargos no prazo de 5 dias úteis.

↓

Recurso extraordinário e/ou recurso especial[140]

↓

Negativa de seguimento[141]

↓

Agravo em recurso extraordinário ou em recurso especial[142]

↓

Encaminhamento do recurso extraordinário ou do recurso especial ao STF ou ao STJ, respectivamente

## 1.6 PRESCRIÇÃO

O inciso I do § 3º do art. 206 do CC fixa o prazo de três anos para a pretensão relativa a aluguéis de prédios urbanos ou rústicos. Vejamos julgado sobre esse assunto:

> "Apelação cível. Agravo retido. Ação de despejo cumulada com cobrança de aluguéis e perdas e danos. Questões preliminares de cerceamento de defesa e ilegitimidade ativa. Circunstâncias. O indeferimento da prova pericial tem fundamento no reconhecimento expresso pelo demandado, em ação de usucapião por ele ajuizada e julgada improcedente, de ter firmado o contrato de parceria agrícola com o demandante. Supera-se a questão preliminar de ilegitimidade ativa, o demandante como arrendante é proprietário das áreas objeto do contrato de arrendamento. A prova apresentada demonstra que as partes firmaram o contrato particular de arrendamento agrícola, que o demandado como arrendatário passou a inadimplir, o que autoriza a procedência do

140. No prazo geral de 15 dias úteis, com fundamento no inciso III do art. 102 e no inciso III do art. 105 da CF, respectivamente.

141. Por decisão de natureza interlocutória, proferida pela presidência ou pela vice-presidência do tribunal local, geralmente fundada na alegação de que o recorrente não teria prequestionado a matéria, ou que o julgamento do recurso dependeria do reexame de fatos.

142. No prazo geral de 15 dias úteis, com fundamento no art. 1.042 do CPC.

> pedido de despejo, bem como a condenação do demandado ao pagamento dos valores que deixou de adimplir, nos termos do contrato. Em razão do tempo decorrido, justifica-se o arbitramento dos aluguéis pelo juízo, de acordo com a perícia técnica realizada. **A prescrição aplicável é a trienal, de modo que a cobrança dos aluguéis vencidos no prazo de três anos que antecedem o ajuizamento da ação está prescrita.** Apelação e agravo retido desprovidos" (TJRS, Apelação Cível 70077037604, 20ª Câmara Cível, rel. Des. CARLOS CINI MARCHIONATTI) (grifamos).

Se o autor ajuizar a ação após o decurso do prazo prescricional, o juiz pode julgar liminarmente improcedente o pedido, com fundamento no § 1° do art. 332 do CPC, adiante transcrito:

> "Art. 332. Nas causas que dispensem a fase instrutória, o juiz, independentemente da citação do réu, julgará liminarmente improcedente o pedido que contrariar: (...).
>
> § 1° O juiz também poderá julgar liminarmente improcedente o pedido se verificar, desde logo, a ocorrência de decadência ou de prescrição. (...)".

Ao julgar liminarmente improcedente o pedido, em decorrência do reconhecimento da prescrição, o juiz não pode condenar o autor ao pagamento dos honorários advocatícios, já que o réu não foi citado, não tendo sido onerado com a contratação de advogado, como condição para a apresentação da sua defesa.

Diferentemente, se o juiz não perceber a ocorrência da prescrição, quando receber a petição inicial, e por isso determinar o aperfeiçoamento da citação, o réu pode arguir a prescrição como **preliminar**, requerendo a extinção do processo com a resolução do mérito, com base no inciso II do art. 487 do CPC.

A preliminar pode ser arguida da seguinte forma:

> Antes de o réu rebater as alegações de mérito, que embasam o pedido de julgamento da ação pela improcedência dos pedidos, suscita a preliminar de prescrição, perseguindo a extinção do processo com a resolução do mérito.

Nesse passo, analisando a petição inicial, percebemos que o autor cobra aluguéis que teriam vencido entre os meses de janeiro de 2020 e agosto de 2023, imputando uma dívida ao réu na quantia total de R$ 95.000,00 (noventa e cinco mil reais), incluindo o principal, juros e correção monetária.

Contudo, o inciso I do § 3º do art. 206 do CC prevê que os aluguéis vencidos no prazo de três anos anteriores ao ajuizamento da ação devem ser considerados prescritos, como no caso dos autos, já que o último aluguel teria vencido em agosto de 2020, e a ação só foi proposta em setembro de 2023.

Posta a questão nesses termos, o peticionário requer se digne Vossa Excelência a reconhecer a ocorrência da prescrição no caso concreto, extinguindo o processo com a resolução do mérito, condenando o autor ao pagamento das custas, das despesas processuais e dos honorários advocatícios, que devem ser fixados no percentual máximo.

## 1.7 PRINCIPAIS PRAZOS RELACIONADOS À AÇÃO DE DESPEJO

| Ato | Prazo |
|---|---|
| Emenda da petição inicial | 15 dias úteis (art. 321 do CPC) |
| Interposição da apelação contra sentença que indefere a petição inicial | 15 dias úteis (§ 5º do art. 1.003 do CPC) |
| Interposição do recurso de agravo de instrumento contra a decisão que defere liminar em favor do autor | 15 dias úteis (§ 5º do art. 1.003 do CPC) |
| Purga da mora | 15 dias (inciso II do art. 62 da LI)[143], com a ressalva de que parte da doutrina e da jurisprudência entende que o prazo não deve ser contado em dias uteis, mas em dias corridos, pois o ato a ser praticado (pagamento) não seria processual, com o que concordamos |

143. Como a purga ou a purgação da mora não é um ato processual, representando o pagamento, que se constitui em uma das formas de extinção da obrigação, temos dúvidas sobre a aplicação do art. 219 do CPC, e, por isso, aconselhamos que o ato seja praticado no prazo de 15 dias corridos.

| Ato | Prazo |
|---|---|
| Apresentação da contestação | 15 dias úteis (art. 335 do CPC) |
| Complementação do depósito pelo réu, após o autor ter divergido do valor da purgação da mora | 10 dias (inciso III do art. 62 da LI), com a ressalva de que parte da doutrina e da jurisprudência entende que o prazo não deve ser contado em dias uteis, mas em dias corridos, pois o ato a ser praticado (pagamento) não seria processual, com o que concordamos |
| Apresentação da réplica | 15 dias úteis (art. 351 do CPC) |
| Interposição da apelação contra a sentença | 15 dias úteis (§ 5° do art. 1.003 do CPC) |
| Desocupação voluntária do imóvel, após a decretação do despejo | 30 dias, como regra; 15 dias, se entre a citação e a sentença de primeira instância houver decorrido mais de quatro meses ou se o despejo houver sido decretado com fundamento no art. 9° ou no § 2° do art. 46, da Lei do Inquilinato; mínimo de seis meses e máximo de um ano, tratando-se de estabelecimento de ensino autorizado e fiscalizado pelo Poder Público, de modo que a desocupação coincida com o período de férias escolares; um ano, tratando-se de hospitais, repartições públicas, unidades sanitárias oficiais, asilos, estabelecimentos de saúde e de ensino autorizados e fiscalizados pelo Poder Público, bem como por entidades religiosas devidamente registradas, e o despejo for decretado com fundamento no inciso IV do art. 9° ou no inciso II do art. 53, da Lei do Inquilinato, exceto no caso em que entre a citação e a sentença de primeira instância houver decorrido mais de um ano, hipótese em que o prazo será de seis meses |
| Interposição do recurso de embargos de declaração, contra qualquer decisão proferida durante o processo | 5 dias úteis (§ 5° do art. 1.003 do CPC) |
| Interposição do recurso especial | 15 dias úteis (§ 5° do art. 1.003 do CPC) |
| Interposição do recurso extraordinário | 15 dias úteis (§ 5° do art. 1.003 do CPC) |

## 1.8 HONORÁRIOS QUE PODEM SER COBRADOS PELOS ADVOGADOS PARA ATUAÇÃO NAS AÇÕES DE DESPEJO

Nas tabelas das OAB's Estaduais, temos previsão específica de fixação de valores de honorários advocatícios para atuação nas ações de despejo, seja qual for o seu fundamento. Exemplificativamente, informamos os valores mínimos e os percentuais fixados por algumas OAB's Estaduais[144]:

| OAB | Valor mínimo | Percentual sobre o valor da causa ou sobre outra base de cálculo |
|---|---|---|
| AC | 20 URH | 20% sobre a anuidade |
| AL | 35 URH | 20% |
| AP | R$ 3.350,34 | 20% sobre a anuidade |
| AM | R$ 5.556,60, se houver pedido de liminar; R$ 4.800,00, se não houver pedido de liminar | |
| BA | R$ 3.000,00 | 20% |
| CE | 60 UAD | 20%, no caso de ação de despejo contestada |
| DF | 25 URH | 10% a 20% sobre o valor anual do contrato de locação |
| ES | 50 URH | |
| GO | R$ 2.049,60, com purgação de mora, sobre o valor da locação anual (autor) | 10% sobre o valor da locação anual |
| MA | R$ 2.920,00 | 20% do valor da anuidade da locação |
| MT | R$ 4.511,15 | 20% sobre o valor real da causa ou do benefício que advier ao cliente |

144. Sugerimos a consulta às tabelas das OAB's Estaduais, que são anualmente atualizadas.

| OAB | Valor mínimo | Percentual sobre o valor da causa ou sobre outra base de cálculo |
|---|---|---|
| MS | R$ 4.200,00 | 10% a 30% sobre o valor do aluguel correspondente a um ano de locação |
| MG | R$ 3.750,00 | 20% sobre o valor do aluguel correspondente a um ano de locação |
| PA | R$ 3.868,76, na condição de advogado do autor, sem purgação da mora e contestada | 20% do valor da locação anual |
| PB | R$ 2.883,00 | 10% |
| PR | R$ 2.405,49 | 10% sobre o valor da soma de 12 (doze) aluguéis |
| PE | R$ 5.140,51 | 20% |
| RJ | R$ 3.163,73, na ação de despejo por falta de pagamento, advogando em favor do locador | 10% sobre o valor do débito |
| RN | R$ 3.431,37, em ações de despejo por falta de pagamento de aluguéis | 20% sobre a renda anual do imóvel |
| RS | R$ 4.001,92 | 20% |
| RO | R$ 1.793,50 | 10% |
| RR | 7,15 salários-mínimos | com purgação de mora, 10% do valor da locação anual, como advogado do autor |
| SC | R$ 3.000,00 | |
| SP | R$ 4.484,52 | 20% |
| SE | R$ 3.969,56 | 10% sobre o valor econômico envolvido |
| TO | R$ 2.500,00, pelo locador ou sublocador, nas ações de despejo por falta de pagamento | 10% sobre o valor do débito, nas ações de despejo por falta de pagamento |

O advogado e o seu cliente podem fixar valores superiores aos previstos nas tabelas, como percebemos, a título de exemplo, através da leitura de trecho extraído das notas explicativas da tabela de honorários da OAB/PE, repetido nas notas explicativas de quase todas as demais tabelas das OAB's Estaduais:

> É lícito ao advogado contratar a prestação de serviços em valores superiores aos previstos nesta Tabela:
>
> a) Não havendo previsão de correção monetária para pagamento dos honorários advocatícios, com ou sem contrato escrito, o índice a ser considerado para o caso de parcelamento será o mesmo previsto no item 9 seguinte, calculando-se, nesse caso, o mencionado reajuste, a partir do vencimento das parcelas contratadas.
>
> b) A mesma sistemática deverá ser adotada para o caso de inadimplemento, ainda que se cuide de parcela única a ser paga.

## 1.9 SÚMULAS SOBRE LOCAÇÃO E A AÇÃO DE DESPEJO

**STJ:**

**Súmula 214:** O fiador na locação não responde por obrigações resultantes de aditamento ao qual não anuiu.

**Súmula 268:** O fiador que não integrou a relação processual na *ação de despejo* não responde pela execução do julgado.

**Súmula 335:** Nos contratos de locação, é válida a cláusula de renúncia à indenização das benfeitorias e ao direito de retenção.

**Súmula 486:** É impenhorável o único imóvel residencial do devedor que esteja locado a terceiros, desde que a renda obtida com a locação seja revertida para a subsistência ou a moradia da sua família.

**Súmula 549:** É válida a penhora de bem de família pertencente a fiador de contrato de locação.

CAPÍTULO 2

# AÇÃO DE CONSIGNAÇÃO EM PAGAMENTO

## 2.1 CONSIDERAÇÕES GERAIS

A ação de consignação em pagamento é o instrumento processual adequado para que o devedor ou terceiro obtenha o reconhecimento do adimplemento da obrigação de pagar soma em dinheiro ou de entregar coisa, e da mora do credor em receber o que lhe é devido,[1] nas situações previstas no art. 335 do CC, adiante transcrito:

> "Art. 335. A consignação tem lugar:
>
> I – se o credor não puder, ou, sem justa causa, recusar receber o pagamento, ou dar quitação na devida forma;
>
> II – se o credor não for, nem mandar receber a coisa no lugar, tempo e condição devidos;

---

1. "Apelação cível. Negócios jurídicos bancários. Ação de consignação em pagamento. Cabimento. A ação de consignação é instrumento processual do devedor ou interessado destinada a quitar obrigação diante da mora do credor em receber o que lhe é devido ou dúvida a quem pagar. Circunstância dos autos em que se impõe manter a sentença recorrida. Recurso desprovido" (TJRS, Apelação Cível 70081319584, 18ª Câmara Cível, rel. Des. JOÃO MORENO POMAR).

> III – se o credor for incapaz de receber, for desconhecido, declarado ausente, ou residir em lugar incerto ou de acesso perigoso ou difícil;
>
> IV – se ocorrer dúvida sobre quem deva legitimamente receber o objeto do pagamento;
>
> V – se pender litígio sobre o objeto do pagamento".

A ação de consignação em pagamento não é uma prerrogativa exclusiva do devedor de obrigação de natureza civil ou do locatário, nas relações locatícias, já que o art. 164 do CTN também autoriza o uso dessa ação pelo contribuinte, quando o fisco se negar a receber importância relativa a crédito tributário, com a advertência de que, nessa hipótese, a consignação da quantia deve ser judicial.[2]

Em qualquer caso, o que libera o devedor da obrigação de pagar soma em dinheiro ou de entregar a coisa não é a sentença que julga a ação de consignação em pagamento pela procedência dos pedidos, mas o depósito realizado na mesma ação, o que significa dizer que a sentença se limita a reconhecer esse fato.

Embora a lei processual (§ 1° do art. 539[3]) preveja a possibilidade de o devedor ou o terceiro realizar a denominada consignação extrajudicial, em estabelecimento bancário, oficial, onde houver, situado

2. "Apelação cível. Direito Tributário. IPTU. Exceção de pré-executividade. Nulidade das CDA's rejeitada. Consignação em pagamento realizado de forma extrajudicial. Art. 164 do CTN. nulidade. As CDA's que instruem a execução contêm todos os requisitos exigidos pelos arts. 202 do CTN e 2°, § 4° e § 5°, da Lei n° 6.830/80. Presunção de certeza e liquidez das CDA's não afastada. Sobre a consignação em pagamento, o *caput* do art. 164 do CTN é claro ao preconizar que: a importância de crédito tributário pode ser consignada judicialmente pelo sujeito passivo. Ou seja, caso o fisco, que possui competência de tributar, se recusar a receber a importância relativa ao tributo, poderá, o contribuinte, mediante ação consignatória, pagar de forma judicial o crédito que o consignante se propõe pagar. Verificado que a consignação em pagamento foi realizada de forma extrajudicial e que esta modalidade não encontra amparo no Código Tributário Nacional, não há falar em extinção do crédito tributário. Apelo provido, em decisão monocrática" (TJRS, Apelação Cível 70080899289, 22ª Câmara Cível, rel. Des. LUIZ FELIPE SILVEIRA DIFINI).

3. "Art. 539. (...).

   § 1° Tratando-se de obrigação em dinheiro, poderá o valor ser depositado em estabelecimento bancário, oficial onde houver, situado no lugar do pagamento, cientificando-se o credor por carta com aviso de recebimento, assinado o prazo de 10 (dez) dias para a manifestação de recusa. (...)".

no lugar do pagamento, esse instrumento não tem sido utilizado com frequência, sendo mais comum o ajuizamento da ação de consignação em pagamento, que é modalidade de procedimento especial, também disciplinada pelo art. 67[4] da Lei do Inquilinato.

Atentos à dinâmica forense, percebemos que a ação de consignação em pagamento tem sido bastante utilizada:

4. "Art. 67. Na ação que objetivar o pagamento dos aluguéis e acessórios da locação mediante consignação, será observado o seguinte:

I – a petição inicial, além dos requisitos exigidos pelo art. 282 do Código de Processo Civil, deverá especificar os aluguéis e acessórios da locação com indicação dos respectivos valores;

II – determinada a citação do réu, o autor será intimado a, no prazo de vinte e quatro horas, efetuar o depósito judicial da importância indicada na petição inicial, sob pena de ser extinto o processo;

III – o pedido envolverá a quitação das obrigações que vencerem durante a tramitação do feito e até ser prolatada a sentença de primeira instância, devendo o autor promover os depósitos nos respectivos vencimentos;

IV – não sendo oferecida a contestação, ou se o locador receber os valores depositados, o juiz acolherá o pedido, declarando quitadas as obrigações, condenando o réu ao pagamento das custas e honorários de vinte por cento do valor dos depósitos;

V – a contestação do locador, além da defesa de direito que possa caber, ficará adstrita, quanto à matéria de fato, a:

a) não ter havido recusa ou mora em receber a quantia devida;

b) ter sido justa a recusa;

c) não ter sido efetuado o depósito no prazo ou no lugar do pagamento;

d) não ter sido o depósito integral;

VI – além de contestar, o réu poderá, em reconvenção, pedir o despejo e a cobrança dos valores objeto da consignatória ou da diferença do depósito inicial, na hipótese de ter sido alegado não ser o mesmo integral;

VII – o autor poderá complementar o depósito inicial, no prazo de cinco dias contados da ciência do oferecimento da resposta, com acréscimo de dez por cento sobre o valor da diferença. Se tal ocorrer, o juiz declarará quitadas as obrigações, elidindo a rescisão da locação, mas imporá ao autor-reconvindo a responsabilidade pelas custas e honorários advocatícios de vinte por cento sobre o valor dos depósitos;

VIII – havendo, na reconvenção, cumulação dos pedidos de rescisão da locação e cobrança dos valores objeto da consignatória, a execução desta somente poderá ter início após obtida a desocupação do imóvel, caso ambos tenham sido acolhidos. Parágrafo único. O réu poderá levantar a qualquer momento as importâncias depositadas sobre as quais não penda controvérsia".

**(a)** Para que o locatário solicite o depósito dos aluguéis devidos ao locador, em decorrência da sua recusa em receber a importância oferecida, quando as partes divergem sobre o valor devido, consignação que deve ser proposta para evitar a caracterização da mora do locatário e a propositura da ação de despejo por falta de pagamento pelo locador.

**(b)** Quando o locador não tem mais interesse em manter a locação, recusando o recebimento dos aluguéis, após a expiração do prazo contratual, por entender que a aceitação dos valores caracterizaria anuência em relação à continuação da locação.

**(c)** Quando o locatário pretende devolver o imóvel, finda a locação, utilizando a ação de consignação em pagamento para realizar o depósito das chaves do bem, momento em que o contrato de locação é considerado rescindido,[5] liberando o autor/locatário da obrigação de pagar os aluguéis e os encargos da locação a partir do depósito.

O ajuizamento da ação **exige a comprovação da recusa do réu em receber a coisa ou a importância em dinheiro** (denominada *mora accipiens*),[6] recusa entendida como injustificada, como percebemos por meio da leitura do seguinte julgado:

---

5. "Ação de despejo por falta de pagamento cumulada com cobrança. Fase de cumprimento. Remessa dos autos ao contador para incluir a multa contratual e computar alugueres até 04.12.2017, data da entrega das chaves em juízo, sem somar alugueres posteriores ao depósito das chaves, bem como custas e despesas atinentes à retirada do caminhão. **A entrega das chaves ou consignação em juízo é que caracteriza o fim da relação *ex locato* e a devolução efetiva do imóvel**, com possibilidade de imissão do locador na posse do bem no momento que desejar, independentemente da data de retirada das chaves pelo locador. Falta de comprovação de responsabilidade do agravado por despesas com a remoção do caminhão. Decisão mantida. Agravo improvido" (TJSP, AI 2273000-88.2018.8.26.0000, 34ª Câmara de Direito Privado, rel. Des. SOARES LEVADA) (grifamos).

6. "Apelação cível. Direito privado não especificado. Ação de consignação em pagamento. Nos termos do artigo 335, II, do CCB, a consignação tem lugar se o credor não for, nem mandar receber a coisa no lugar, tempo e condição devidos. Caso dos autos em que a autora admitiu equipamento avariado, para fins de orçamento e eventual reparo. Com a ciência inequívoca à recusa de cobertura da garantia, e não aceito o preço proposto para o conserto, extinguem-se, a partir da notificação, os deveres de guarda e conservação da coisa, decorrentes do depósito. A resistência da ré em receber a coisa configura *mora accipiens* quanto

"Apelação cível. Alienação fiduciária. Ação de consignação em pagamento. Não comprovada recusa injustificada do credor. O pleito consignatório funda-se em alegada resistência do banco réu quanto ao recebimento de valores contratuais. Ocorre que não demonstrada a suposta recusa da instituição financeira em receber o valor da parcela. Ausência de prova de recusa do recebimento. Negaram provimento ao apelo. Unânime" (TJRS, Apelação Cível 70078153103, 13ª Câmara Cível, relatora Desembargadora ELISABETE CORREA HOEVELER).

## 2.2 COMPETÊNCIA NA AÇÃO DE CONSIGNAÇÃO EM PAGAMENTO

A ação de consignação em pagamento de aluguéis e de acessórios da locação deve ser proposta no **foro do lugar de situação do imóvel, salvo se outro houver sido eleito pelas partes no contrato** (inciso II do art. 58 da LI), na justiça tradicional, não se admitindo o seu ajuizamento no Juizado Especial Cível, por ser incompatível com o rito sumaríssimo, disciplinado pela Lei 9.099/1995.[7]

A competência do foro do lugar de situação do imóvel ou do foro previsto na cláusula de eleição é **relativa**, e, por isso, a incompetência não pode ser reconhecida de ofício pelo magistrado (Súmula 33 do STJ[8]), dependendo da arguição da matéria como preliminar da contestação (inciso II do art. 337 do CPC), no prazo da defesa, sob pena

---

à obrigação de restituição, inerente ao término do depósito. Apelação provida" (TJRS, Apelação Cível 70078434214, 19ª Câmara Cível, relatora Desembargadora MYLENE MARIA MICHEL).

7. "Recurso inominado. Ação de consignação em pagamento c/c indenizatória por danos morais. Incompetência do Juizado Especial Cível. Procedimento incompatível. Extinção do feito. **Pedido de consignação em pagamento. Procedimento que não encontra amparo no procedimento do Juizado Especial Cível**, podendo ser postulado mediante ação própria, no Juízo Comum. Sentença reformada, para que o feito seja extinto, sem resolução do mérito, nos termos do art. 51, II, da Lei 9.099/95. Processo extinto, de ofício. Unânime" (TJRS, Recurso Cível 71006964019, 2ª Turma Recursal Cível, Turmas Recursais, relatora Desembargadora ELAINE MARIA CANTO DA FONSECA) (grifamos).

8. "A incompetência relativa não pode ser declarada de ofício".

de prorrogação da competência (o juízo, inicialmente incompetente, torna-se competente em decorrência da inércia do réu).

A preliminar pode ser arguida da seguinte forma:

> Antes de expor as razões de mérito que fundamentam o pedido de julgamento da ação pela improcedência dos pedidos, o réu suscita a preliminar de incompetência relativa, já que o autor propôs a ação no foro do seu domicílio, quando a cláusula décima segunda do contrato celebrado entre as partes elegeu o foro de situação do bem locado, como competente para conhecer e julgar as ações advindas do descumprimento de obrigações contratuais.
>
> Desse modo, não havendo dúvidas a respeito da incompetência desse douto juízo, o peticionário requer se digne Vossa Excelência a reconhecê-la, acarretando a remessa dos autos ao juízo da comarca de Belo Horizonte, nos termos do § 3º do art. 64 do CPC.

A decisão em que o magistrado enfrenta a arguição de incompetência relativa é de natureza interlocutória, mas não está inserida na relação constante do art. 1.015 do CPC, o que anima grande parte da doutrina a afirmar que não pode ser combatida pelo recurso de agravo de instrumento, com o que não concordamos, considerando a dificuldade de acompanhamento da ação por parte do réu, em comarca situada quilômetros de distância do local de situação do bem, que coincide com o objeto da locação, e que depara com decisão que rejeita a preliminar de incompetência relativa.

O art. 1.015 do CPC não foi redigido em *numerus clausus* (número fechado, em tradução livre), permitindo-se a interposição do recurso de agravo de instrumento em situações não previstas na norma, quando o agravante comprovar a possibilidade de sofrer prejuízo imediato, sem que possa aguardar pelo julgamento da apelação para que o tribunal reveja a decisão (§ 1° do art. 1.009 do CPC).

## 2.3 LEGITIMIDADE ATIVA NA AÇÃO DE CONSIGNAÇÃO EM PAGAMENTO

A ação de consignação em pagamento fundada em contrato de locação deve ser proposta pelo locatário ou pelo fiador, independentemente de este ter ou não renunciado ao benefício de ordem, ou seja, independentemente de a sua responsabilidade ser solidária ou subsidiária.

O ajuizamento da ação por outra pessoa, que não seja o locatário ou o fiador, autoriza o juiz a indeferir a petição inicial, com fundamento no inciso II do art. 330 do CPC, reconhecendo que a parte é manifestamente ilegítima, decisão (sentença terminativa) que não deve condenar o autor ao pagamento dos honorários advocatícios, já que o réu não foi citado, não tendo sido onerado com a contratação de advogado, como condição para a apresentação da sua defesa.

Diferentemente, se o juiz não percebe que o autor não detém legitimidade e determina o aperfeiçoamento da citação do réu, posteriormente acolhendo a preliminar de ilegitimidade arguida pelo demandado, deve condenar o autor ao pagamento das custas, das despesas processuais e dos honorários advocatícios, em respeito aos princípios da sucumbência e da causalidade.

Vejamos como a preliminar pode ser arguida:

> Antes de expor as alegações de mérito que embasam o pedido de julgamento da ação pela improcedência dos pedidos, o réu suscita a preliminar de ilegitimidade ativa, já que a ação foi proposta por suposto cessionário do locador, que não comprovou a anuência da cessão da locação, por parte do locatário, e sequer a ciência deste em relação ao negócio que teria sido celebrado entre o locador originário e o demandante.
>
> Desse modo, com base em pacífico entendimento jurisprudencial aplicável à matéria, o réu requer se digne Vossa Excelência a acolher a preliminar arguida, reconhecendo a ilegitimidade ativa da parte contrária, providência acompanhada da sua condenação ao pagamento das custas, das despesas processuais e dos honorários advocatícios, em respeito aos princípios da sucumbência e da causalidade.

## 2.4 LEGITIMIDADE PASSIVA NA AÇÃO DE CONSIGNAÇÃO EM PAGAMENTO

A ação de consignação em pagamento deve ser proposta contra o **locador,** mesmo que este tenha conferido poderes à administradora para o recebimento dos aluguéis e dos encargos da locação. Vejamos julgado nesse sentido:

> "Apelação cível. Locação. Ação de consignação em pagamento. Ilegitimidade passiva da administradora do imóvel. **A administradora de imóveis, por ser mera mandatária do locador, não possui legitimidade processual para figurar no polo passivo de ações em que se discute a consignação** de locativos do imóvel locado. Honorários de sucumbência majorados, por expressa previsão legal. Negaram provimento ao recurso. Unânime" (TJRS, Apelação Cível 70080648017, 16ª Câmara Cível, rel. Des. ERGIO ROQUE MENINE) (grifamos).

Quando a ação de consignação em pagamento é fundada na alegação de que o imóvel locado foi arrematado em leilão judicial ou extrajudicial, os tribunais têm reconhecido a **legitimidade passiva do arrematante**, como percebemos por meio da análise do seguinte julgado:

> "Apelação cível. Locação. Ação de consignação em pagamento. Preliminares rejeitadas. Legitimidade ativa. O autor demonstrou a existência de fundada dúvida acerca do legítimo credor dos locativos do imóvel, uma vez que os imóveis locados, de propriedade da recorrente, foram arrematados em leilão judicial pela corré. Pertinente a dúvida a quem deve pagar os locativos, se à proprietária ou à arrematante dos bens locados. Ilegitimidade passiva da apelante. Legitimidade passiva da arrematante dos imóveis. A legitimidade para receber os locativos é da arrematante dos imóveis, até porque os depósitos judiciais referem-se ao período posterior à arrematação. Diferentemente do alegado pela apelante, a arrematação não se encontra *sub judice*. Prejudicada a preliminar de nulidade de citação e dos pedidos relativos ao mérito da causa, pois restou mantida a ilegitimidade passiva da recorrente. Apelação desprovida" (TJRS, Apelação Cível 70068552835, 15ª Câmara Cível, relatora Desembargadora ANA BEATRIZ ISER) (grifamos).

Nessa situação, é comum o ajuizamento de (outra) ação com a intenção de desconstituir a arrematação, o que, segundo o entendimento da jurisprudência, é causa de suspensão da ação de consignação em pagamento, com fundamento na alínea *a* do inciso V do art. 313 do CPC.[9]

O ajuizamento da ação de consignação em pagamento contra pessoa que não detém legitimidade autoriza o magistrado a indeferir a petição inicial, com fundamento no inciso II do art. 330 do CPC, sem condenar o autor ao pagamento dos honorários advocatícios.

Diferentemente, se o juiz determina o aperfeiçoamento da citação do réu e este suscita a sua ilegitimidade, acolhida a arguição, o magistrado deve condenar o autor ao pagamento das custas, das despesas processuais e dos honorários advocatícios, em respeito aos princípios da sucumbência e da causalidade.

A preliminar pode ser arguida da seguinte forma:

> Antes de expor as razões que embasam o pedido de julgamento da ação pela improcedência dos pedidos, a ré suscita a sua ilegitimidade passiva, já que é apenas administradora do locador, com o qual a adversa parte celebrou o contrato de locação que instruiu a petição inicial, sendo mera mandatária daquele, conforme pacífico entendimento jurisprudencial aplicável à matéria.
>
> Desse modo, a ré requer se digne Vossa Excelência a reconhecer a sua ilegitimidade passiva, resultando na extinção do processo sem a resolução do mérito, com a condenação do autor ao pagamento das custas, das despesas processuais e dos honorários advocatícios, em respeito aos princípios da sucumbência e da causalidade.

9. "Civil. Locação de bem imóvel. Ação de consignação em pagamento fundada em dúvida a quem pagar, incluídos arrematantes do imóvel locado. Disputa entre os réus após liberação obrigacional do autor. Pretensão à reforma manifestada pelo corréu locador original. **Existência de embargos de terceiro visando à anulação de arrematação de fração ideal do imóvel objeto da locação em ação de execução fiscal promovida pela União Federal, sentenciados em primeiro grau, mas sem trânsito em julgado. Prejudicialidade externa caracterizada. Necessária suspensão do processo da ação de consignação em pagamento, a teor do disposto no artigo 313, inciso V, alínea 'a', do CPC**. Processo suspenso" (TJSP, Apelação Cível 1000827-23.2017.8.26.0220, 27ª Câmara de Direito Privado, rel. Des. MOURÃO NETO) (grifamos).

## 2.5 VALOR DA CAUSA NA AÇÃO DE CONSIGNAÇÃO EM PAGAMENTO

O valor da causa deve ser igual à soma de 12 aluguéis mensais, como dispõe o inciso III do art. 58 da LI. O § 3° do art. 292 do CPC autoriza o magistrado a modificar o valor da causa, de ofício e por arbitramento, resultando na intimação do autor para efetuar o recolhimento das custas complementares no prazo de 15 dias úteis, sob pena de indeferimento da petição inicial, por sentença terminativa.

A decisão em que o juiz modifica o valor da causa, de ofício e por arbitramento, não está inserida na relação constante do art. 1.015 do CPC, e, por isso, não pode ser atacada pelo recurso de agravo de instrumento.

## 2.6 MINUTA COMENTADA DE PETIÇÃO INICIAL DE AÇÃO DE CONSIGNAÇÃO EM PAGAMENTO

Ao Juízo da Vara Cível da Comarca de Curitiba.

**JOÃO DOS SANTOS**, brasileiro, casado, médico, residente e domiciliado na Rua ..., por seu advogado, conforme instrumento procuratório em anexo, com endereço profissional sito na Rua ..., local em que receberá as intimações que se fizerem necessárias, vem, pela presente, com fundamento no art. 67 da LI e nos demais dispositivos legais aplicáveis à matéria, propor **AÇÃO DE CONSIGNAÇÃO EM PAGAMENTO** contra **JOSÉ DA SILVA**, brasileiro, casado, engenheiro, residente e domiciliado na Rua ..., e **MÁRIO DOS SANTOS**, brasileiro, casado, dentista, residente e domiciliado na Rua ..., de acordo com as razões de fato e de direito adiante aduzidas:

**DOS FATOS**

01. Conforme percebemos através da análise do documento em anexo, o autor e o primeiro réu celebraram contrato de locação para fins residenciais, pelo prazo de 30 (trinta) meses, tendo por objeto o imóvel localizado na Rua ..., que apresenta o peticionário como locatário e o segundo demandado como locador.

02. Recentemente, o autor foi informado de que o imóvel objeto da locação teria sido arrematado pelo segundo réu, em leilão judicial realizado nos autos da ação de execução nº ..., que tramita pela 23ª Vara Cível desta comarca.

03. Na sequência, o peticionário foi notificado pelo arrematante, que informa deter legitimidade para receber os aluguéis a partir do leilão judicial, embora o locador originário continue cobrando os locativos do autor, que, neste momento, não sabe a quem pagar.

## DO DIREITO

04. O inciso IV do art. 335 do CC tem a seguinte redação:

> "Art. 335. A consignação tem lugar: (...);
>
> IV – se ocorrer dúvida sobre quem deva legitimamente receber o objeto do pagamento; (...)".

05. O dispositivo reproduzido se encaixa tal como uma luva ao caso concreto, na medida em que o peticionário está sendo cobrado por duas pessoas distintas, cada qual expondo argumentos plausíveis, que em tese os legitimam a receber o pagamento; o locador, o de que celebrou contrato de locação com o autor; o arrematante, de que teria se sub-rogado no direito de receber os aluguéis, por força de ato processual (pagamento do preço, em leilão judicial regularmente realizado).

06. Desse modo, para afastar a máxima de que *quem paga mal paga duas vezes*, o peticionário faz uso desta ação judicial, para requerer a consignação dos aluguéis em juízo, permitindo a sua disputa pelos réus, resultando na definição de quem deve receber.

## DOS PEDIDOS

07. Pelo exposto, o autor requer se digne Vossa Excelência a:

(a) Autorizar o depósito da quantia devida, no prazo de 24 (vinte e quatro) horas, contado da intimação judicial, bem como dos aluguéis que vencerem durante a ação.

(b) Designar dia e hora para a realização da audiência de tentativa de conciliação, com fundamento no art. 334 da lei processual, intimando/citando os réus para comparecerem ao ato, apresentando defesa, se a proposta de acordo não for exitosa, sob pena de revelia.

(c) Ao final, **JULGAR A AÇÃO PELA PROCEDÊNCIA DOS PEDIDOS**, para reconhecer a quitação da obrigação, além de condenar os réus ao pagamento das custas, das despesas processuais e dos honorários advocatícios, que devem ser fixados no percentual máximo.

08. Protesta provar o alegado por todos os meios de prova em direito admitidos, tal como a juntada de novos documentos.

09. Dá à causa a quantia de R$ 12.000,00 (doze mil reais), que representa 12 (doze) aluguéis.

## 2.7 EXIGÊNCIA DE REALIZAÇÃO DO DEPÓSITO INTEGRAL

Para que a ação de consignação em pagamento seja julgada pela procedência dos pedidos, o autor deve realizar o depósito integral da quantia devida (se este for o objeto da ação), incluindo o principal, juros, correção monetária, multa etc.

Exemplificativamente, pensemos que João celebra contrato de locação com José, obrigando-se a pagar a quantia mensal de R$ 1.000,00, prevendo o contrato que o não pagamento dos aluguéis na data ajustada resulta na incidência de juros de 1% ao mês e de correção monetária, de acordo com a variação do IGPM.

Poucos meses após a assinatura do contrato, o locatário é surpreendido com a recusa do locador de receber o aluguel correspondente a determinado mês, e por isso, 20 dias depois da recusa, propõe ação de consignação em pagamento, em que deve realizar o depósito não apenas da quantia de R$ 1.000,00, mas também dos juros e da correção monetária.

O depósito do valor histórico da obrigação, sem os juros e a correção monetária (e outros acréscimos eventualmente previstos no contrato), acarreta o julgamento da ação pela improcedência dos pedidos, como percebemos por meio da leitura do seguinte julgado:

"Apelação cível. Promessa de compra e venda. Ação de consignação em pagamento. Ausência de pagamento integral do débito. **Na ação de consignação em pagamento, incumbe ao autor realizar o pagamento integral do débito, ou seja, valor principal acrescido de juros, correção** monetária, multa e outros eventuais encargos incidentes. No caso concreto, conclui-se que o valor ofertado a depósito não corresponde adequadamente às parcelas ajustadas nos Contratos de Promessa de Compra e Venda. Reconvenção. Incumbe ao autor-reconvindo o ônus de comprovar o pagamento integral da quantia definida a título de arras, sobretudo inexistindo cláusula contratual sobre a quitação de valores pela assinatura do contrato. Honorários advocatícios. Manutenção. Os honorários advocatícios devem ser fixados entre 10 e 20% sobre o valor da condenação, do proveito econômico obtido ou, não sendo possível mensurá-lo, sobre o valor atualizado da causa, nos termos do art. 85, § 2º, do CPC/2015, observadas as normas dos seus incisos. Litigância de má-fé. Ausência dos requisitos capazes de ensejar o reconhecimento de sua prática. Apelação parcialmente provida" (TJRS, Apelação Cível 70078079761, 19ª Câmara Cível, rel. Des. MARCO ANTÔNIO ÂNGELO) (grifamos).

## 2.8 DEPÓSITO DOS ALUGUÉIS QUE VENCEREM DURANTE A AÇÃO

O art. 541 do CPC tem a seguinte redação:

"Art. 541. Tratando-se de prestações sucessivas, consignada uma delas, pode o devedor continuar a consignar, no mesmo processo e sem mais formalidades, as que se forem vencendo, desde que o faça em até 5 (cinco) dias contados da data do respectivo vencimento".

No mesmo sentido, o inciso III do art. 67 da LI dispõe:

"Art. 67. Na ação que objetivar o pagamento dos aluguéis e acessórios da locação mediante consignação, será observado o seguinte: (...);

III – o pedido envolverá a quitação das obrigações que vencerem durante a tramitação do feito e até ser prolatada a sentença de primeira instância, devendo o autor promover os depósitos nos respectivos vencimentos; (...)".

O depósito de prestações periódicas (ou sucessivas) independe de requerimento expresso do autor, como prevê o art. 323 da lei processual,[10] por ser considerado **pedido implícito**, como taxas condominiais, mensalidades escolares e mensalidades devidas a clubes recreativos.

Providenciado o primeiro depósito, o autor pode realizar os demais nos próprios autos da ação de consignação em pagamento, comprovando-os por meio da juntada das guias de depósito bancário, em conta aberta à disposição do juízo.

O prazo de cinco dias para a realização dos depósitos sucessivos (art. 541 do CPC), contado do vencimento, **não é aplicável às ações de consignação em pagamento propostas com fundamento na LI**, pois o inciso III do seu art. 67 estabelece que as prestações vincendas devem ser depositadas na **data dos *respectivos vencimentos***, norma que prevalece, em respeito ao princípio da especialidade.

Se o autor não realizar o depósito de uma ou mais prestações periódicas, é caracterizada a **mora intercorrente**, impedindo que o magistrado declare a extinção integral da obrigação.[11]

A ação deve ser julgada pela procedência parcial dos pedidos (se os demais depósitos forem realizados), não liberando o autor da obrigação correspondente às parcelas não depositadas, sujeitando-o ao ajuizamento da ação própria (cobrança ou execução).

10. "Art. 323. Na ação que tiver por objeto cumprimento de obrigação em prestações sucessivas, essas serão consideradas incluídas no pedido, independentemente de declaração expressa do autor, e serão incluídas na condenação, enquanto durar a obrigação, se o devedor, no curso do processo, deixar de pagá-las ou de consigná-las".

11. "Apelação cível. Ação de despejo por falta de pagamento cumulada com cobrança julgada em conjunto com consignatória e pagamento de aluguéis. Sentença de procedência da ação de despejo cumulada com cobrança e de improcedência da consignatória. Apelação da ré. O não pagamento de alguns meses de aluguel e o depósito com atraso de outros, sem o acréscimo dos encargos moratórios, caracterizou a mora intercorrente da locatária (art. 62, V, Lei de Locações). A discussão a respeito do valor dos aluguéis, desacompanhada do depósito de todos os valores incontroversos, não enseja o desacolhimento do pedido de despejo. Valores depositados na ação consignatória que não foram suficientes para pagamento do valor incontroverso. Sentença mantida. Apelação não provida" (TJSP, Apelação Cível 0008567-79.2012.8.26.0008, 35ª Câmara de Direito Privado, rel. Des. MORAIS PUCCI).

## 2.9 MATÉRIAS QUE PODEM SER ARGUIDAS PELO RÉU NA CONTESTAÇÃO

O art. 544 do CPC tem a seguinte redação:

> "Art. 544. Na contestação, o réu poderá alegar que:
>
> I – não houve recusa ou mora em receber a quantia ou a coisa devida;
>
> II – foi justa a recusa;
>
> III – o depósito não se efetuou no prazo ou no lugar do pagamento;
>
> IV – o depósito não é integral. Parágrafo único. No caso do inciso IV, a alegação somente será admissível se o réu indicar o montante que entende devido".

No mesmo sentido, os incisos V e VI do art. 67 da LI dispõem:

> "Art. 67. Na ação que objetivar o pagamento dos aluguéis e acessórios da locação mediante consignação, será observado o seguinte: (...);
>
> V – a contestação do locador, além da defesa de direito que possa caber, ficará adstrita, quanto à matéria de fato, a:
>
> a) não ter havido recusa ou mora em receber a quantia devida;
>
> b) ter sido justa a recusa;
>
> c) não ter sido efetuado o depósito no prazo ou no lugar do pagamento;
>
> d) não ter sido o depósito integral;
>
> VI – além de contestar, o réu poderá, em reconvenção, pedir o despejo e a cobrança dos valores objeto da consignatória ou da diferença do depósito inicial, na hipótese de ter sido alegado não ser o mesmo integral; (...)".

**Além dessas,** o réu pode alegar qualquer outra matéria de defesa, com destaque para as preliminares dilatórias e peremptórias relacionadas no art. 337 do CPC, solicitando a extinção do processo sem a resolução do mérito ou outra consequência processual, como o encaminhamento dos autos ao juízo prevento, em decorrência do acolhimento da preliminar de conexão; para o juízo competente, em face do acolhimento da preliminar de incompetência absoluta ou relativa, apenas para exemplificar.

A **alegação de que não houve recusa ou mora em receber a quantia ou a coisa** pode acarretar duas consequências:

(a) **se a dívida é *portável***, ou seja, se cabia ao devedor adimplir a obrigação no endereço do credor, àquele é atribuído o ônus da prova do fato constitutivo do seu direito, devendo comprovar que compareceu ao lugar do pagamento, mas que o adimplemento não foi possível em decorrência da recusa do credor;

(b) **se a dívida é *quesível***, ou seja, cabia ao credor receber a quantia ou a coisa no endereço do devedor, aquele deve provar que compareceu ao endereço deste, sem que a quantia lhe tenha sido paga ou que a coisa lhe tenha sido entregue.

No que se refere à alegação de **justiça da recusa** (inciso II do art. 544 do CPC e alínea *b* do inciso V do art. 67 da LI), na seção 2.7, advertimos que, para que o pagamento tenha força liberatória, deve preencher todos os requisitos dispostos na lei ou no contrato. Quando isso não ocorre, o credor pode se recusar a receber a coisa ou a importância em dinheiro. Quando alega o fato na contestação, assume o ônus da prova do fato extintivo do direito do autor (inciso II do art. 373, do CPC).

Quanto à alegação de que o **depósito não seria integral**, o art. 394 do CC dispõe que "*considera-se em mora o devedor que não efetuar o pagamento e o credor que não quiser recebê-lo no tempo, lugar e forma que a lei ou a convenção estabelecer*".

Ao afirmar que o depósito não foi realizado no prazo ou no lugar do pagamento, o credor deve se referir ao depósito de coisa, já que o de soma em dinheiro pode ser efetuado fora do prazo, desde que o devedor corrija o principal. Se a prestação envolver a entrega ou a restituição de coisa (bem locado), o depósito realizado pelo devedor é *inútil*, na forma prevista no parágrafo único do art. 395 do CC.

Quando o réu/credor alega que o depósito realizado pelo devedor ou pelo terceiro é inferior ao valor devido, cabe-lhe informar a diferença, permitindo a complementação pelo autor. O acolhimento da alegação de que o depósito não é integral resulta no julgamento da ação pela improcedência dos pedidos.

Não se liberando do encargo processual (limitando-se a afirmar que o depósito não seria integral), não evita a procedência da ação. Diferentemente, quando indica a diferença e o depósito complementar não é realizado pelo autor, a defesa tem natureza dúplice, de modo que a sentença também é útil ao réu, possibilitando a instauração da execução forçada (cumprimento de sentença).

## 2.10 DINÂMICA DA AÇÃO DE CONSIGNAÇÃO EM PAGAMENTO

Petição inicial[12]

↓

Determinação da emenda,[13] indeferimento[14] ou autorização para a realização do depósito da quantia ou da coisa devida[15] e designação da audiência de tentativa de conciliação

↓

Emenda da petição inicial ou extinção do processo, interposição da apelação ou realização do depósito

↓

Revelia[16] ou apresentação da contestação[17]

↓

---

12. Que deve preencher os requisitos relacionados nos arts. 319 do CPC e especificar os aluguéis e acessórios da locação com indicação dos respectivos valores (inciso I do art. 67 da LI).
13. Com fundamento no art. 321 do CPC, quando o magistrado constatar a existência de um vício sanável. A petição inicial deve ser emendada no prazo de 15 dias úteis, sob pena do seu indeferimento, por sentença terminativa.
14. Com fundamento no art. 330 do CPC, quando o magistrado constatar a existência de um vício insanável, como a ilegitimidade da parte. O indeferimento da petição inicial ocorre por meio da prolação de sentença terminativa, que pode ser atacada pelo recurso de embargos de declaração (nas hipóteses relacionadas no art. 1.022) ou pela apelação.
15. Que deve ser realizado no prazo de 24 horas (inciso II do art. 67 da LI).
16. Representando a ausência de resposta, que pode produzir os seguintes efeitos: a) presunção relativa de veracidade dos fatos afirmados pelo autor; b) autorização para o julgamento antecipado da lide; c) fluência de prazos independentemente de intimações.
17. No prazo geral de 15 dias úteis, contado a partir da data da audiência de tentativa de conciliação (se for designada) ou da juntada do mandado ou da carta de citação aos autos, excluído o dia de início e incluído o dia do término do prazo.

Réplica[18]

↓

Saneamento do processo[19]

↓

Julgamento antecipado do mérito[20] ou designação de dia e hora para a realização da audiência de instrução e julgamento

↓

Sentença

↓

Interposição dos embargos de declaração[21] ou da apelação[22]

↓

Apresentação das contrarrazões[23]

↓

Encaminhamento dos autos ao Tribunal[24]

↓

18. Em que o autor deve se manifestar sobre preliminares arguidas pelo réu e/ou sobre documentos que instruíram a contestação, e em que o réu pode alegar que o depósito não seria integral, permitindo que o autor o complemente no prazo de 5 dias.
19. Com fundamento no art. 357 do CPC.
20. Quando o réu for revel ou quando o magistrado constatar que as provas constantes dos autos são suficientes para a formação do seu convencimento, o que é frequente nas ações de consignação em pagamento.
21. No prazo geral de 5 dias úteis, com fundamento no art. 1.022 do CPC, quando a parte entender que o pronunciamento é omisso, obscuro e/ou contraditório, ou que apresenta erro material. A interposição do recurso de embargos de declaração interrompe o prazo para a apresentação da apelação, em favor de ambas as partes.
22. No prazo geral de 15 dias úteis.
23. No prazo geral de 15 dias úteis.
24. Independentemente da realização do juízo de admissibilidade pelo magistrado.

Negativa de seguimento,[25] julgamento monocrático[26] ou designação de dia e hora para o julgamento da apelação[27]

↓

Interposição do agravo interno ou julgamento da apelação

↓

Interposição do recurso de embargos de declaração[28]

↓

Julgamento do recurso de embargos de declaração

↓

Interposição do recurso extraordinário e/ou do recurso especial[29]

## 2.11 PRINCIPAIS PRAZOS RELACIONADOS À AÇÃO DE CONSIGNAÇÃO EM PAGAMENTO

| Ato | Prazo |
|---|---|
| Emenda da petição inicial | 15 dias úteis (art. 321 do CPC) |
| Interposição da apelação contra sentença que indefere a petição inicial | 15 dias úteis (§ 5° do art. 1.003 do CPC) |

25. Por decisão monocrática do relator, com fundamento no inciso III do art. 932 do CPC, que pode ser atacada pelo recurso de agravo interno (art. 1.021 da lei processual), no prazo de 15 dias úteis.
26. Com fundamento no inciso IV ou no inciso V do art. 932 do CPC, por decisão que pode ser atacada pelo recurso de agravo interno (art. 1.021 da lei processual), no prazo de 15 dias úteis.
27. Que deve ser antecedido da publicação da pauta de julgamento, no mínimo 5 dias antes da sessão.
28. No prazo geral de 5 dias úteis, sobretudo para prequestionar a matéria, preparando a interposição do recurso especial e/ou do recurso extraordinário, evitando a aplicação da Súmula 282 do STF.
29. No prazo geral de 15 dias úteis, com fundamento no inciso III do art. 102 e/ou no inciso III do art. 105 da CF.

| Ato | Prazo |
|---|---|
| Realização do depósito | 24 horas (inciso II do art. 67 da LI) |
| Complementação do depósito, pelo autor, quando o réu alega que o depósito inicialmente realizado não seria integral | 5 dias úteis (inciso VII do art. 67 da LI), contados da ciência do oferecimento da resposta pelo réu |
| Apresentação da contestação | 15 dias úteis (art. 335 do CPC) |
| Apresentação da réplica | 15 dias úteis (art. 351 do CPC) |
| Interposição da apelação contra a sentença | 15 dias úteis (§ 5° do art. 1.003 do CPC) |
| Interposição do recurso de embargos de declaração, contra qualquer decisão proferida durante o processo | 5 dias úteis (§ 5° do art. 1.003 do CPC) |
| Interposição do agravo interno contra decisão proferida pelo relator no julgamento da apelação ou de agravo de instrumento interposto durante a tramitação da ação | 15 dias úteis (§ 5° do art. 1.003 do CPC) |
| Interposição do recurso especial | 15 dias úteis (§ 5° do art. 1.003 do CPC) |
| Interposição do recurso extraordinário | 15 dias úteis (§ 5° do art. 1.003 do CPC) |

## 2.12 HONORÁRIOS QUE PODEM SER COBRADOS PELOS ADVOGADOS PARA ATUAÇÃO NAS AÇÕES DE CONSIGNAÇÃO EM PAGAMENTO

Nas tabelas das OAB's Estaduais, temos previsão específica de fixação de valores de honorários advocatícios para atuação nas ações de consignação em pagamento. Exemplificativamente, informamos os valores mínimos e os percentuais fixados por algumas OAB's Estaduais:

| OAB | Valor mínimo | Percentual sobre o valor da causa ou sobre outra base de cálculo |
|---|---|---|
| AC | 25 URH | |
| AL | 17 URH | |
| AM | R$ 2.869,60 | |
| BA | R$ 2.000,00 | 20% |

| OAB | Valor mínimo | Percentual sobre o valor da causa ou sobre outra base de cálculo |
|---|---|---|
| CE | 40 UAD's | 20% |
| DF | 25 URH | |
| ES | 40 URH | |
| GO | R$ 2.732,46 | 10% |
| MA | R$ 4.830,00 | 20% sobre o valor da causa |
| MT | R$ 2.255,58 | 20% sobre o valor da causa ou sobre o benefício que advier para o cliente |
| MS | R$ 2.450,00 | |
| MG | R$ 3.000,00, se contestada | |
| PR | R$ 2.670,21, para atuação em ação de consignação em pagamento de prestações periódicas contestada | 20% do valor da soma das prestações |
| PI | 20 URH's | 20% do valor real da causa ou do benefício que advier ao cliente |
| RN | R$ 3.528,00 | 20% |
| RS | R$ 3.334,93 | 20% |
| RO | R$ 1.793,50 | 10% |
| SC | R$ 3.500,00, para atuação em ação de consignação em pagamento de prestações periódicas contestada | 10% a 20% |
| SP | R$ 3.613,24 | 20% |
| SE | R$ 3.969,56 | 10% sobre o valor da causa |
| TO | R$ 2.000,00 | 10% sobre o valor da causa |

O advogado e o seu cliente podem fixar valores superiores aos indicados nas tabelas, como percebemos por meio da leitura de trecho extraído das notas explicativas da tabela de honorários da OAB/PE, repetido nas notas explicativas de quase todas as demais tabelas das OAB's Estaduais:

É lícito ao advogado contratar a prestação de serviços em valores superiores aos previstos nesta Tabela:

a) Não havendo previsão de correção monetária para pagamento dos honorários advocatícios, com ou sem contrato escrito, o índice a ser considerado para o caso de parcelamento será o mesmo previsto no item 9 seguinte, calculando-se, nesse caso, o mencionado reajuste, a partir do vencimento das parcelas contratadas.

b) A mesma sistemática deverá ser adotada para o caso de inadimplemento, ainda que se cuide de parcela única a ser paga.

CAPÍTULO 3

# AÇÃO RENOVATÓRIA DA LOCAÇÃO

## 3.1 CONSIDERAÇÕES GERAIS

A ação renovatória da locação é o instrumento processual adequado para que o locatário obtenha a renovação forçada do contrato de locação de imóvel para uso não residencial ("Considera-se locação não residencial quando o locatário for pessoa jurídica e o imóvel, destinar-se ao uso de seus titulares, diretores, sócios, gerentes, executivos ou empregados" – art. 55 da LI), exigindo o preenchimento dos requisitos relacionados nos arts. 51 e 71 da LI, adiante transcritos:

> "Art. 51. Nas locações de imóveis destinados ao comércio, o locatário terá direito a renovação do contrato, por igual prazo, desde que, cumulativamente:
>
> I – o contrato a renovar tenha sido celebrado por escrito e com prazo determinado;
>
> II – o prazo mínimo do contrato a renovar ou a soma dos prazos ininterruptos dos contratos escritos seja de cinco anos;
>
> III – o locatário esteja explorando seu comércio, no mesmo ramo, pelo prazo mínimo e ininterrupto de três anos.

§ 1º O direito assegurado neste artigo poderá ser exercido pelos cessionários ou sucessores da locação; no caso de sublocação total do imóvel, o direito a renovação somente poderá ser exercido pelo sublocatário.

§ 2º Quando o contrato autorizar que o locatário utilize o imóvel para as atividades de sociedade de que faça parte e que a esta passe a pertencer o fundo de comércio, o direito a renovação poderá ser exercido pelo locatário ou pela sociedade.

§ 3º Dissolvida a sociedade comercial por morte de um dos sócios, o sócio sobrevivente fica sub-rogado no direito a renovação, desde que continue no mesmo ramo.

§ 4º O direito a renovação do contrato estende-se às locações celebradas por indústrias e sociedades civis com fim lucrativo, regularmente constituídas, desde que ocorrentes os pressupostos previstos neste artigo.

§ 5º Do direito a renovação decai aquele que não propuser a ação no interregno de um ano, no máximo, até seis meses, no mínimo, anteriores à data da finalização do prazo do contrato em vigor".

"Art. 71. Além dos demais requisitos exigidos no art. 282 do Código de Processo Civil, a petição inicial da ação renovatória deverá ser instruída com:

I – prova do preenchimento dos requisitos dos incisos I, II e III do art. 51;

II – prova do exato cumprimento do contrato em curso;

III – prova da quitação dos impostos e taxas que incidiram sobre o imóvel e cujo pagamento lhe incumbia;

IV – indicação clara e precisa das condições oferecidas para a renovação da locação;

V – indicação do fiador quando houver no contrato a renovar e, quando não for o mesmo, com indicação do nome ou denominação completa, número de sua inscrição no Ministério da Fazenda, endereço e, tratando-se de pessoa natural, a nacionalidade, o estado civil, a profissão e o número da carteira de identidade, comprovando, desde logo, mesmo que não haja alteração do fiador, a atual idoneidade financeira;

> VI – prova de que o fiador do contrato ou o que o substituir na renovação aceita os encargos da fiança, autorizado por seu cônjuge, se casado for;
>
> VII – prova, quando for o caso, de ser cessionário ou sucessor, em virtude de título oponível ao proprietário.
>
> Parágrafo único. Proposta a ação pelo sublocatário do imóvel ou de parte dele, serão citados o sublocador e o locador, como litisconsortes, salvo se, em virtude de locação originária ou renovada, o sublocador dispuser de prazo que admita renovar a sublocação; na primeira hipótese, procedente a ação, o proprietário ficará diretamente obrigado à renovação".

A ação renovatória da locação representa uma espécie de prêmio, conferido ao locatário que podemos denominar de "perfeito", por sempre ter adimplido as obrigações assumidas em contrato de locação celebrado com o locador, que se opõe à renovação amigável do mesmo contrato.

O locatário é "perfeito" quando comprova que sempre pagou pontualmente os aluguéis e os encargos da locação, que apresenta fiador idôneo, que mantém em dia o seguro previsto no contrato celebrado entre as partes etc.

Os requisitos relacionados nos artigos anteriormente transcritos são cumulativos, não alternativos, o que significa dizer que o não preenchimento de qualquer deles impede o julgamento da ação renovatória pela procedência dos pedidos. Vejamos julgado nesse sentido:

> "Locação comercial. Ação renovatória. Pretensão julgada improcedente. Despejo decretado. Recurso desprovido. Os pressupostos autorizadores da renovação do contrato de locação comercial estão previstos nos diversos incisos do art. 51 da Lei n. 8.245/91. **Devem eles coexistirem. Faltando um só deles, não há direito à renovação**" (TJSC, Apelação Cível 2014.081381-9, 2ª Câmara de Direito Civil de Itajaí, rel. Des. NEWTON TRISOTTO) (grifamos).

Dentre os requisitos, destacamos o que se refere à exigência de contrato ou de contratos escritos, que totalize(m) cinco anos de locação. Exatamente para impedir que o locatário proponha a ação renovatória, alguns locadores celebram um primeiro contrato com o seu inquilino, pelo prazo de um ano, e demoram para renová-lo, deixando um lapso de tempo entre os dois contratos.

Atentos a esse tipo de comportamento, os tribunais têm se mostrado sensíveis, garantindo o ajuizamento da ação renovatória da locação, quando o lapso de tempo entre os dois contratos não for significativo.

Além disso, chamamos a atenção do leitor para o fato de que a lei exige persistência de atividade não residencial no bem locado, pelo prazo mínimo de três anos, o que significa dizer que a ação renovatória da locação não poderá ser proposta se o locatário explorou atividade de venda de carnes no imóvel, no primeiro ano, de bebidas, no segundo, de jornais e de revistas, no terceiro, de automóveis, no quarto, e de roupas, no quinto, apenas para exemplificar.

## 3.2 PRAZO PARA O AJUIZAMENTO DA AÇÃO RENOVATÓRIA DA LOCAÇÃO

A ação que estudamos neste capítulo deve ser proposta **nos primeiros seis meses do último ano de vigência da locação (5° ano)**, prazo que é decadencial, e que, por isso, **não se interrompe nem se suspende**. O ajuizamento da ação antes do início do prazo acarreta a sua extinção sem a resolução do mérito, em decorrência da ausência do interesse de agir, enquanto a propositura da mesma ação após o 6° mês do último ano de vigência da locação resulta no reconhecimento da decadência.

Vejamos julgado sobre o assunto:

> "Consoante o disposto no § 5º do art. 51, da Lei nº 8.245/91, a ação renovatória deve ser ajuizada dentro do prazo determinado de um ano, no máximo, até seis meses, no mínimo, anteriores à data de finalização do prazo do contrato em vigor. De certo que, se for proposta antes do prazo fixado, o locatário não terá interesse processual e, se for ajuizada posteriormente, decairá o direito do autor à renovação do ajuste. Não observância pela autora do prazo decadencial previsto no art. 51, § 5º, da Lei de Locações. Decadência reconhecida" (TJRJ, AI 00314879520148190000).

## 3.3 O QUE O RÉU PODE ALEGAR PARA TENTAR EVITAR A RENOVAÇÃO FORÇADA DO CONTRATO

Além de arguir as preliminares relacionadas no art. 337 da lei processual, na contestação da ação renovatória, o réu pode alegar qualquer das matérias constantes do art. 72 da LI, adiante transcrito:

> "Art. 72. A contestação do locador, além da defesa de direito que possa caber, ficará adstrita, quanto à matéria de fato, ao seguinte:
>
> I - não preencher o autor os requisitos estabelecidos nesta lei;
>
> II - não atender, a proposta do locatário, o valor locativo real do imóvel na época da renovação, excluída a valorização trazida por aquele ao ponto ou lugar;
>
> III - ter proposta de terceiro para a locação, em condições melhores;
>
> IV - não estar obrigado a renovar a locação (incisos I e II do art. 52).
>
> § 1º No caso do inciso II, o locador deverá apresentar, em contraproposta, as condições de locação que repute compatíveis com o valor locativo real e atual do imóvel.
>
> § 2º No caso do inciso III, o locador deverá juntar prova documental da proposta do terceiro, subscrita por este e por duas testemunhas, com clara indicação do ramo a ser explorado, que não poderá ser o mesmo do locatário. Nessa hipótese, o locatário poderá, em réplica, aceitar tais condições para obter a renovação pretendida.
>
> § 3º No caso do inciso I do art. 52, a contestação deverá trazer prova da determinação do Poder Público ou relatório pormenorizado das obras a serem realizadas e da estimativa de valorização que sofrerá o imóvel, assinado por engenheiro devidamente habilitado.
>
> § 4º Na contestação, o locador, ou sublocador, poderá pedir, ainda, a fixação de aluguel provisório, para vigorar a partir do primeiro mês do prazo do contrato a ser renovado, não excedente a oitenta por cento do pedido, desde que apresentados elementos hábeis para aferição do justo valor do aluguel.

> § 5º Se pedido pelo locador, ou sublocador, a sentença poderá estabelecer periodicidade de reajustamento do aluguel diversa daquela prevista no contrato renovando, bem como adotar outro indexador para reajustamento do aluguel".

### 3.3.1 Natureza dúplice da contestação apresentada na ação renovatória da locação

O art. 74 da LI estabelece que, "não sendo renovada a locação, o juiz determinará a expedição de mandado de despejo, que conterá o prazo de 30 (trinta) dias para a desocupação voluntária, se houver pedido na contestação".

Nas ações tradicionais, e de modo geral, a contestação oferecida pelo réu se limita à apresentação da defesa, com a intenção de evitar o acolhimento dos pedidos formulados pelo autor na petição inicial (condenação do réu ao pagamento de soma em dinheiro, nas ações de indenização por perdas e danos e nas ações de cobrança, decretação do despejo, nesse tipo de ação, apenas para exemplificar).

Nessas ações, se o réu tem a intenção de contra-atacar, deve opor reconvenção, na contestação, como estabelece o art. 343 do CPC. Diferentemente, e simplificando a técnica de contra-ataque, o art. 74 da LI permite que o réu adote essa técnica na própria contestação, independentemente da oposição da reconvenção, já que a ação renovatória da locação é de natureza dúplice, assim como outras ações, como as possessórias, apenas para exemplificar.

Embora o contra-ataque que pode ser feito nas contestações das ações renovatórias seja muito parecido com a oposição da reconvenção na própria contestação (técnica adotada nas ações de modo geral, por força do art. 343 do CPC), esse contra-ataque não depende do recolhimento de custas, relacionadas ao pedido reconvencional.

Com o contra-ataque, o réu pode requerer que o juiz decrete o despejo, fixando prazo para a desocupação do imóvel por parte do inquilino. Se o réu não formular esse pedido, na contestação da ação renovatória, sendo esta julgada pela improcedência dos pedidos, para obter a desocupação, terá de propor ação de despejo na sequência, representando a formação de novo processo, e a necessidade da prática de vários atos (apresentação da petição inicial, oferecimento da contestação, réplica, saneamento do processo etc.) até que a sentença seja proferida.

Vejamos os pedidos que podem ser formulados pelo réu na contestação da ação renovatória da locação, quando elaborada com fundamento no art. 74 da LI:

> Posta a questão nesses termos, demonstrada a fragilidade da petição inicial, o réu requer se digne Vossa Excelência a: (a) JULGAR A AÇÃO PELA IMPROCEDÊNCIA DOS PEDIDOS, em decorrência do reconhecimento do não preenchimento dos requisitos relacionados nos arts. 51 e 71 da LI; (b) decretar o despejo do autor, fixando prazo para a desocupação do imóvel, sob pena de expedição de mandado judicial, se necessário a ser cumprido com o auxílio da força policial.

## 3.4 COMPETÊNCIA NA AÇÃO RENOVATÓRIA DA LOCAÇÃO

A ação renovatória da locação deve ser proposta no **foro do lugar da situação do imóvel**, salvo se as partes houverem ajustado outro foro no contrato de locação (inciso II do art. 58 da LI), especificamente na cláusula denominada *eleição de foro* ou *foro competente*, que costuma ser a última das cláusulas do contrato.

Essa competência é relativa, e, por isso, o juízo ao qual a ação é endereçada (diferente do juízo do foro do lugar da situação do imóvel ou do foro eleito pelos contratantes) não pode reconhecer a sua incompetência de ofício, devendo aguardar que o réu suscite a matéria como preliminar da contestação (inciso II do art. 337 do CPC), sob pena de prorrogação da competência.

A preliminar pode ser arguida da seguinte forma:

> Antes de expor as alegações que embasam o pedido de julgamento da ação pela improcedência dos pedidos, o réu suscita a incompetência do juízo como matéria preliminar, já que o autor propôs a ação no foro do seu domicílio, quando o contrato que pretende renovar contém

cláusula de eleição de foro, textual em prever que as ações advindas do descumprimento de obrigações ou de qualquer questão relacionada com a locação devem ser propostas no foro da situação do bem locado.

Desse modo, com fundamento no inciso II do art. 58 da LI, o peticionário requer se digne Vossa Excelência a reconhecer a sua incompetência, encaminhando os autos ao juízo competente, como tal o da comarca do Rio de Janeiro.

Após a arguição da incompetência relativa e da ouvida do autor em réplica, o juiz deve enfrentar a preliminar por decisão de natureza interlocutória, que não consta na relação do art. 1.015 do CPC, o que anima parte da doutrina e da jurisprudência a afirmar que o pronunciamento não pode ser atacado pelo recurso de agravo de instrumento, com o que não concordamos, considerando o prejuízo causado a uma das partes, que terá de acompanhar a ação longe do foro de situação do imóvel ou do foro previamente escolhido pelas partes no contrato celebrado.

## 3.5 LEGITIMIDADE ATIVA NA AÇÃO RENOVATÓRIA DA LOCAÇÃO

A ação renovatória da locação pode ser proposta pelo locatário, pelos cessionários ou sucessores da locação ou pelo sublocatário, no caso de sublocação total do imóvel. No último caso, a ação só pode ser proposta pelo sublocatário, não pelo sublocador, como percebemos por meio da leitura do seguinte julgado:

> "Apelação cível. Locação comercial. Ação renovatória. Distribuidora de petróleo. Ilegitimidade ativa *ad causam*. Carência de ação. No caso de sublocação total do imóvel, feita por distribuidora de derivados de petróleo ao seu revendedor, **somente o sublocatário tem legitimidade para propor a ação renovatória do contrato de locação**. Aplicação do artigo 51, § 1º, da Lei nº 8.245/91. Precedentes jurisprudenciais do STJ e desta Corte. Por unanimidade, negaram provimento ao recurso" (TJRS, Apelação Cível 70013488341, 15ª Câmara Cível, rel. Des. ÂNGELO MARANINCHI GIANNAKOS) (grifamos).

Quando o contrato autorizar que o locatário utilize o imóvel para as atividades de sociedade de que faça parte e que a esta passe a pertencer o fundo de comércio, o direito de propor a ação renovatória da locação poderá ser exercido pelo locatário ou pela sociedade.

Se a ação for proposta por autor que não detém legitimidade, o réu pode suscitar a preliminar de ilegitimidade ativa da seguinte forma:

> Antes de expor as alegações que embasam o pedido de julgamento da ação pela improcedência dos pedidos, o réu suscita a preliminar de ilegitimidade ativa, já que a ação foi proposta pelo sublocador, não pelo sublocatário, não havendo dúvidas de que a sublocação do bem objeto da ação foi total, não parcial, e de que a jurisprudência é pacífica em afirmar que, nesses casos, a legitimidade é conferida apenas ao sublocatário.
>
> Assim, o réu requer se digne Vossa Excelência a reconhecer a ilegitimidade ativa do demandante, extinguindo o processo sem a resolução do mérito, condenando-o ao pagamento das custas, das despesas processuais e dos honorários advocatícios, em respeito aos princípios da sucumbência e da causalidade.

O juiz enfrenta a preliminar de ilegitimidade ativa na fase de saneamento do processo (art. 357 do CPC). Acolhendo-a, deve extingui-lo sem a resolução do mérito, condenando o autor ao pagamento das custas, das despesas processuais e dos honorários advocatícios. Rejeitando-a, a decisão não é passível de ataque logo após ser prolatada, podendo o réu suscitar a questão como preliminar da apelação ou nas contrarrazões desse mesmo recurso (§ 1° do art. 1.009 do CPC).

## 3.6 LEGITIMIDADE PASSIVA NA AÇÃO RENOVATÓRIA DA LOCAÇÃO

A ação renovatória da locação deve ser proposta contra o locador, identificado e qualificado no contrato de locação celebrado entre as partes, não contra a administradora, mesmo que o contrato preveja que os aluguéis devem ser pagos a esta. Vejamos julgado sobre o assunto:

"Apelação cível. Locação. Ação renovatória de locação. Ônus da prova. Caso concreto. Ilegitimidade passiva da imobiliária. Administradora de imóveis. A administradora é apenas representante dos locadores, agindo apenas como mandatária destes e responsável pela administração do imóvel, não sendo, portanto, parte legítima para responder pelo pedido de renovação do contrato formulado pela autora/locatária, pois não é titular da relação obrigacional. Sentença de extinção do feito confirmada. Negaram provimento à apelação. Unânime" (TJRS, Apelação Cível 70071333744, 15ª Câmara Cível, rel. Des. OTÁVIO AUGUSTO DE FREITAS BARCELLOS).

Se a ação for proposta contra pessoa que não seja o locador, o réu pode suscitar a preliminar de ilegitimidade passiva da seguinte forma:

> Antes de expor as razões de mérito, a ré suscita a preliminar de ilegitimidade passiva, já que não detém legitimidade para atuar no processo, por ser apenas a administradora responsável pelo recebimento dos aluguéis, não havendo dúvidas de que a ação deveria ter sido proposta contra o locador, conforme pacífico entendimento jurisprudencial aplicável à matéria.
>
> Posta a questão nesses termos, a ré requer se digne Vossa Excelência a acolher a preliminar suscitada, extinguindo o processo sem a resolução do mérito, providência acompanhada da condenação do autor ao pagamento das custas, das despesas processuais e dos honorários advocatícios, em respeito aos princípios da sucumbência e da causalidade.

Sobre o momento em que a preliminar é enfrentada, e as providências que podem ser adotadas pelo réu, remetemos o leitor para a parte final da seção anterior, na qual o assunto foi abordado.

## 3.7 VALOR DA CAUSA NA AÇÃO RENOVATÓRIA DA LOCAÇÃO

O valor da causa na ação renovatória da locação deve ser igual a 12 aluguéis, como prevê o inciso III do art. 58 da LI. O § 3° do art. 292 do CPC estabelece que o juiz pode modificar o valor da causa, de ofício e por arbitramento, resultando na intimação do autor para complementar as custas no prazo de 15 dias úteis, sob pena de extinção do processo sem a resolução do mérito.

## 3.8 MINUTA DE PETIÇÃO INICIAL DA AÇÃO RENOVATÓRIA DA LOCAÇÃO

Ao Juízo da Vara Cível da Comarca do Recife – a quem esta demanda vier a ser distribuída.

**JOÃO DA SILVA**, brasileiro, inscrito no CPF/MF sob o nº 200.114.800-00, residente e domiciliado na Rua Padre Floriano Peixoto, nº 200, apto 2103, no bairro da Boa Viagem, município do Recife, capital do Estado de Pernambuco, por seu advogado, conforme instrumento procuratório em anexo, com endereço profissional sito na Rua Cel. Anísio Rodrigues Coelho, nº 464, sala 902, no bairro da Boa Viagem, município do Recife, Estado de Pernambuco, local em que receberá as intimações que se fizerem necessárias, vem, pela presente, com fundamento no art. 319 e seguintes da lei processual, nos arts. 51 e 71 da LI, propor

**AÇÃO RENOVATÓRIA DA LOCAÇÃO**

contra **JOSÉ DOS SANTOS**, brasileiro, casado, administrador, inscrito no CPF/MF sob o nº 000.800.100-53, portador da cédula de identidade nº 1111.275 – SSP/PE, residente e domiciliado na Rua dos Navegantes, nº 200, no bairro da Boa Viagem, município do Recife, capital do Estado de Pernambuco, de acordo com as razões de fato e de direito adiante aduzidas:

**DOS FATOS**

01. Conforme percebemos através da análise do documento em anexo, as partes celebraram contrato de locação, tendo por objeto o imóvel localizado na Rua Olavo Bilac, nº 300, no bairro da Boa Viagem.

02. A locação celebrada entre as partes teve como finalidade o uso comercial do imóvel anteriormente identificado, especificamente, a exploração de bar e restaurante, no térreo, e de *hostel*, no primeiro andar, fixando-se o prazo de vigência de 5 (cinco) anos, com início no dia 01.08.2019 e término no dia 01.08.2024.

03. O aluguel foi fixado em R$ 7.000,00 (sete mil reais), durante os três meses iniciais, e em R$ 8.000,00 (oito mil reais), a partir do 4º mês, sendo reajustado anualmente de acordo com o índice fixado pelo

Governo Federal, encontrando-se estimado em R$ 9.697,00 (nove mil seiscentos e noventa e sete reais).

04. Desde a assinatura do contrato, o peticionário vem adimplindo todas as obrigações assumidas, honrando não apenas o pagamento dos aluguéis, como de todos os encargos, tais como contas de água e de energia elétrica e IPTU.

05. Não obstante o pleno adimplemento das obrigações assumidas, e das inúmeras reformas feitas pelo peticionário no bem, resultando na incorporação de diversas benfeitorias, a adversa parte vem se mostrando recalcitrante quanto à renovação do contrato de locação, justificando o ajuizamento desta demanda, que tem fundamento na lei do inquilinato.

**DO DIREITO**

06. Os arts. 51 e 71 da LI apresentam a seguinte redação:

> "Art. 51. Nas locações de imóveis destinados ao comércio, o locatário terá direito a renovação do contrato, por igual prazo, desde que, cumulativamente:
>
> I – o contrato a renovar tenha sido celebrado por escrito e com prazo determinado;
>
> II – o prazo mínimo do contrato a renovar ou a soma dos prazos ininterruptos dos contratos escritos seja de cinco anos;
>
> III – o locatário esteja explorando seu comércio, no mesmo ramo, pelo prazo mínimo e ininterrupto de três anos.
>
> § 1º O direito assegurado neste artigo poderá ser exercido pelos cessionários ou sucessores da locação; no caso de sublocação total do imóvel, o direito a renovação somente poderá ser exercido pelo sublocatário.
>
> § 2º Quando o contrato autorizar que o locatário utilize o imóvel para as atividades de sociedade de que faça parte e que a esta passe a pertencer o fundo de comércio, o direito a renovação poderá ser exercido pelo locatário ou pela sociedade.
>
> § 3º Dissolvida a sociedade comercial por morte de um dos sócios, o sócio sobrevivente fica sub-rogado no direito a renovação, desde que continue no mesmo ramo.
>
> § 4º O direito a renovação do contrato estende-se às locações celebradas por indústrias e sociedades civis com fim lucrativo, regularmente constituídas, desde que ocorrentes os pressupostos previstos neste artigo.

§ 5º Do direito a renovação decai aquele que não propuser a ação no interregno de um ano, no máximo, até seis meses, no mínimo, anteriores à data da finalização do prazo do contrato em vigor".

"Art. 71. Além dos demais requisitos exigidos no art. 282 do Código de Processo Civil, a petição inicial da ação renovatória deverá ser instruída com:

I - prova do preenchimento dos requisitos dos incisos I, II e III do art. 51;

II - prova do exato cumprimento do contrato em curso;

III - prova da quitação dos impostos e taxas que incidiram sobre o imóvel e cujo pagamento lhe incumbia;

IV - indicação clara e precisa das condições oferecidas para a renovação da locação;

V - indicação do fiador quando houver no contrato a renovar e, quando não for o mesmo, com indicação do nome ou denominação completa, número de sua inscrição no Ministério da Fazenda, endereço e, tratando-se de pessoa natural, a nacionalidade, o estado civil, a profissão e o número da carteira de identidade, comprovando, desde logo, mesmo que não haja alteração do fiador, a atual idoneidade financeira;

VI - prova de que o fiador do contrato ou o que o substituir na renovação aceita os encargos da fiança, autorizado por seu cônjuge, se casado for;

VII - prova, quando for o caso, de ser cessionário ou sucessor, em virtude de título oponível ao proprietário.

Parágrafo único. Proposta a ação pelo sublocatário do imóvel ou de parte dele, serão citados o sublocador e o locador, como litisconsortes, salvo se, em virtude de locação originária ou renovada, o sublocador dispuser de prazo que admita renovar a sublocação; na primeira hipótese, procedente a ação, o proprietário ficará diretamente obrigado à renovação".

07. Como percebemos, o peticionário preenche todos os requisitos legais exigidos para a renovação forçada do contrato de locação, exercitando o direito de ação no prazo legal, com base em contrato escrito, com prazo de vigência fixado em 5 (cinco) anos, exercendo a mesma atividade no bem.

08. Além disso, o autor comprova o adimplemento de todas as obrigações contratuais assumidas, demonstrando ser merecedor do prêmio

instituído para locatários "perfeitos", qual seja, a renovação forçada do contrato de locação.

09. No que toca às condições sugeridas para o novo período contratual, o peticionário as apresenta, com a ressalva de que as demais restam mantidas:

(a) Vigência da locação: 5 (cinco) anos, com início no dia 02.08.2024 e término no dia 02.08.2029.

(b) Obrigações contratuais: pagamento de aluguel na quantia de R$ 9.697,00 (nove mil seiscentos e noventa e sete reais), reajustado anualmente pelo índice do Governo Federal, além do pagamento das faturas de água e luz, IPTU e seguro.

(c) Destinação da locação: para fins comerciais.

(d) Fiança: na modalidade de caução, como instituído na cláusula décima primeira do contrato que acompanha esta manifestação processual.

**DOS PEDIDOS**

10. Posta a questão nesses termos, demonstrado o interesse e a legitimidade do peticionário em propor esta demanda, requer se digne Vossa Excelência a:

(a) Designar dia e hora para a realização da audiência de conciliação, manifestando interesse na autocomposição (inciso VII do art. 319 do CPC).

(b) Determinar o aperfeiçoamento da citação da adversa parte, para que, querendo, apresente defesa, sob pena de revelia.

(c) Ao final, **JULGAR A AÇÃO PELA PROCEDÊNCIA DOS PEDIDOS**, resultando na renovação forçada do contrato de locação celebrado entre as partes, conforme condições detalhadas no item 09 *supra*, além da condenação do réu ao pagamento das custas, das despesas processuais e dos honorários advocatícios, que requer sejam fixados no patamar máximo.

11. Protesta provar o alegado por todos os meios de prova em direito admitidos, tais como a juntada de novos documentos, a ouvida de testemunhas e a tomada do depoimento pessoal do réu, sob pena de confesso.

12. Dá à causa a quantia de R$ 116.364,00 (cento e dezesseis mil trezentos e sessenta e quatro reais), correspondente a 12 (doze) vezes o valor do aluguel atual.

## 3.9 DINÂMICA DA AÇÃO RENOVATÓRIA DA LOCAÇÃO

Petição inicial[1]

↓

Determinação da emenda,[2] indeferimento,[3] julgamento liminar do pedido[4] ou designação da audiência de conciliação ou da sessão de mediação[5]

↓

Emenda da petição inicial, interposição da apelação ou realização da audiência de conciliação ou da sessão de mediação

↓

---

1. Em que o autor deve comprovar o preenchimento dos requisitos relacionados nos arts. 319 do CPC e 71 da LI.
2. Com fundamento no art. 321 do CPC, quando o juiz constatar a existência de vício sanável. O pronunciamento que determina a emenda da petição inicial não está inserido na relação constante do art. 1.015 da lei processual, e, por isso, não pode ser atacado pelo recurso de agravo de instrumento. A petição inicial deve ser emendada no prazo legal de 15 dias, sob pena do seu indeferimento (extinção do processo sem a resolução do mérito).
3. Com fundamento no art. 330 da lei processual, quando o juiz constatar a existência de vício insanável, como na situação em que o autor propôs a ação renovatória contra a administradora, caracterizando a ilegitimidade passiva. O indeferimento da petição inicial se dá por meio da prolação de sentença terminativa, que pode ser atacada pelo recurso de apelação. Como a sentença é terminativa (e, por isso, não resolve o mérito), o autor pode propor outra ação renovatória, eliminando o vício que acarretou a extinção do primeiro processo.
4. Com fundamento no art. 332 da lei processual. Embora o julgamento liminar do pedido não seja frequente nas ações renovatórias da locação, o juiz pode adotar essa técnica quando constatar a ocorrência da decadência (§ 1° do art. 332 do CPC).
5. Para que essa audiência seja designada e realizada, é necessário que o autor informe que tem interesse pela autocomposição, na petição inicial (inciso VII do art. 319 do CPC), e que o réu não protocole petição até 10 dias antes da audiência, informando que não tem interesse pela autocomposição (art. 335 do CPC).

↓

Revelia[6] ou apresentação da defesa[7]

↓

Réplica[8]

↓

Julgamento antecipado do pedido[9] ou saneamento do processo[10]

↓

Interposição da apelação[11] ou designação de dia e hora para a realização da audiência de instrução e julgamento

↓

Razões finais

↓

Sentença

↓

6. A revelia representa a ausência de resposta, que pode produzir os seguintes efeitos: (a) presunção relativa de veracidade dos fatos afirmados pelo autor; (b) autorização para o julgamento antecipado da lide; (c) fluência de prazos independentemente de intimações judiciais. O primeiro e principal efeito não é produzido quando: (a) havendo pluralidade de réus (litisconsórcio passivo), algum(ns) dele(s) contestar(em) a ação; (b) a petição inicial não estiver acompanhada de instrumento que a lei considera indispensável à prova do fato, como na situação em que o autor propõe a ação renovatória da locação sem instruir a petição inicial com o(s) contrato(s) de locação celebrado(s) entre as partes; (c) as alegações de fato formuladas pelo autor forem inverossímeis ou estiverem em contradição com prova constante dos autos (incisos I, III e IV do art. 344 do CPC).

7. Além de contestar, o réu pode reconvir, na própria contestação, para requerer a decretação do despejo, caso a ação renovatória seja julgada pela improcedência dos pedidos (art. 74 da LI).

8. Que deve ser apresentada no prazo de 15 dias, em cuja petição o autor se manifesta sobre preliminares arguidas pelo réu e/ou sobre documentos que instruíram a contestação.

9. Com fundamento no art. 355 do CPC, quando o magistrado constatar: (a) a desnecessidade de produção de outras provas; (b) que o réu é revel, utilizando a presunção de veracidade dos fatos afirmados pelo autor (principal efeito produzido pela revelia) na formação do seu convencimento.

10. Com fundamento no art. 357 da lei processual. Na decisão de saneamento, o magistrado: (a) resolve as questões processuais pendentes, se houver; (b) delimita as questões de fato sobre as quais recairá a atividade probatória, especificando os meios de prova admitidos; (c) define a distribuição do ônus da prova, observando o art. 373 do CPC; (d) delimita as questões de direito relevantes para a decisão de mérito; (e) se necessário, designa audiência de instrução e julgamento.

11. No prazo geral de 15 dias úteis.

↓

Interposição dos embargos de declaração[12] ou da apelação[13]

↓

Apresentação das contrarrazões[14]

↓

Encaminhamento dos autos ao Tribunal[15]

↓

Negativa de seguimento,[16] julgamento monocrático[17] ou designação de dia e hora para o julgamento da apelação[18]

↓

Interposição do agravo interno ou julgamento da apelação

↓

Interposição do recurso de embargos de declaração[19]

↓

Julgamento do recurso de embargos de declaração

↓

Interposição do recurso extraordinário e/ou do recurso especial[20]

---

12. No prazo geral de 5 dias úteis, com fundamento no art. 1.022 do CPC, quando a parte entender que o pronunciamento é omisso, obscuro e/ou contraditório, ou que apresenta erro material. A interposição do recurso de embargos de declaração interrompe o prazo para a apresentação da apelação, em favor de ambas as partes.
13. No prazo geral de 15 dias úteis.
14. No prazo geral de 15 dias úteis.
15. Independentemente da realização do juízo de admissibilidade pelo magistrado.
16. Por decisão monocrática do relator, com fundamento no inciso III do art. 932 do CPC, que pode ser atacada pelo recurso de agravo interno (art. 1.021), no prazo de 15 dias úteis.
17. Com fundamento no inciso IV ou no inciso V do art. 932 do CPC, por decisão que pode ser atacada pelo recurso de agravo interno (art. 1.021), no prazo de 15 dias úteis.
18. Que deve ser antecedido da publicação da pauta de julgamento, no mínimo 5 dias antes da sessão.
19. No prazo geral de 5 dias úteis, sobretudo para prequestionar a matéria, preparando a interposição do recurso especial e/ou do recurso extraordinário, evitando a aplicação da Súmula 282 do STF.
20. No prazo geral de 15 dias úteis, com fundamento no inciso III do art. 102 e/ou no inciso III do art. 105 da CF.

## 3.10 PRINCIPAIS PRAZOS RELACIONADOS À AÇÃO RENOVATÓRIA DA LOCAÇÃO

| Ato | Prazo |
|---|---|
| Emenda da petição inicial | 15 dias úteis (art. 321 do CPC) |
| Interposição da apelação contra sentença que indefere a petição inicial | 15 dias úteis (§ 5° do art. 1.003 do CPC) |
| Interposição do recurso de agravo de instrumento contra a decisão que concede tutela provisória em favor do autor | 15 dias úteis (§ 5° do art. 1.003 do CPC) |
| Apresentação da contestação | 15 dias úteis (art. 335 do CPC) |
| Apresentação da réplica | 15 dias úteis (art. 351 do CPC) |
| Interposição da apelação contra a sentença | 15 dias úteis (§ 5° do art. 1.003 do CPC) |
| Interposição do recurso de embargos de declaração contra qualquer decisão proferida durante o processo | 15 dias úteis (§ 5° do art. 1.003 do CPC) |
| Interposição do agravo interno contra decisão proferida pelo relator no julgamento da apelação ou de agravo de instrumento interposto durante a tramitação da ação | 15 dias úteis (§ 5° do art. 1.003 do CPC) |
| Interposição do recurso especial | 15 dias úteis (§ 5° do art. 1.003 do CPC) |
| Interposição do recurso extraordinário | 15 dias úteis (§ 5° do art. 1.003 do CPC) |

## 3.11 HONORÁRIOS QUE PODEM SER COBRADOS PELOS ADVOGADOS PARA ATUAÇÃO NAS AÇÕES RENOVATÓRIAS DA LOCAÇÃO

Nas tabelas das OAB's Estaduais, temos previsão específica de fixação de valores de honorários advocatícios para atuação nas ações renovatórias da locação. Exemplificativamente, informamos os valores mínimos e os percentuais fixados por algumas OAB's Estaduais:

| OAB | Valor mínimo | Percentual sobre o valor da causa ou sobre outra base de cálculo |
|---|---|---|
| AC | 15 URH's | 15% sobre a anuidade |
| AL | 35 URH's | 20% |
| AM | R$ 3.169,60 | |
| BA | R$ 2.500,00 | 20% |
| CE | 60 UAD's | 20% sobre o valor anual da locação renovada, se procedente a ação |
| DF | 25 URH's | 10% a 20% do valor anual do novo aluguel |
| ES | 100 URH's, quando contestada | |
| GO | R$ 4.098,07 | 15% |
| MA | R$ 6.360,00 | 20% sobre o valor anual da locação |
| MS | R$ 2.450,00 | 20% sobre o valor anual do novo aluguel |
| MG | R$ 4.000,00, se procedente a ação | 20% sobre o valor anual do novo aluguel |
| PA | R$ 2.773,82 | 20% da anuidade renovada |
| PB | R$ 3.523,00 | 15% |
| PR | R$ 4.408,14 | 10% sobre o valor total do contrato renovado |
| PE | R$ 5.693,00 | 20% |
| PI | 50 URH's | 20% sobre o valor real do contrato de renovação |
| RJ | R$ 11.782,07 | |
| RN | R$ 3.500,00 | 10% |
| RS | R$ 3.334,93 | 20% |

| OAB | Valor mínimo | Percentual sobre o valor da causa ou sobre outra base de cálculo |
|---|---|---|
| RO | R$ 2.152,19 | 10% |
| SC | R$ 4.100,00 | |
| SP | R$ 4.484,52 | 20% |
| SE | R$ 7.939,13 | 10% sobre o valor econômico envolvido |
| TO | R$ 3.000,00 | 15% do valor da causa |

O advogado e o seu cliente podem fixar valores superiores aos indicados nas tabelas, como percebemos, a título de exemplo, por meio da leitura de trecho extraído das notas explicativas da tabela de honorários da OAB/PE, repetido nas notas explicativas de quase todas as demais tabelas das OAB's Estaduais:

> É lícito ao advogado contratar a prestação de serviços em valores superiores aos previstos nesta Tabela:
>
> a) Não havendo previsão de correção monetária para pagamento dos honorários advocatícios, com ou sem contrato escrito, o índice a ser considerado para o caso de parcelamento será o mesmo previsto no item 9 seguinte, calculando-se, nesse caso, o mencionado reajuste, a partir do vencimento das parcelas contratadas.
>
> b) A mesma sistemática deverá ser adotada para o caso de inadimplemento, ainda que se cuide de parcela única a ser paga.

CAPÍTULO 4

# AÇÃO REVISIONAL DE ALUGUÉIS

## 4.1 CONSIDERAÇÕES GERAIS

A ação revisional de aluguéis é o instrumento processual adequado para que o autor solicite a revisão do valor dos aluguéis, para mais ou para menos, fundada na alegação de que o aluguel vigente não está de acordo com a realidade do mercado imobiliário, seja porque:

**(a)** a oferta de imóveis para locação está maior do que a procura, fazendo com que os aluguéis praticados no mercado sejam menores do que os que estão sendo pagos pelo autor; ou

**(b)** a oferta está menor do que a procura, fazendo com que os aluguéis praticados sejam superiores aos que vêm sendo pagos pelo inquilino.

A ação que estudamos nesta seção não tem por objeto o pedido de aplicação do índice de correção monetária definido no contrato de locação, que, como regra, ocorre anualmente, na situação em que o locatário se nega a pagar o novo valor, após a incidência da correção, na data-base ajustada em cláusula contratual.

Diferentemente, a ação revisional de aluguéis tem como fundamento a **modificação da realidade do mercado de imóveis para**

**locação**, que acarretou uma disparidade entre o aluguel praticado e o que vem sendo pago pelo inquilino.

Tomando a crise que abateu o mercado imobiliário desde o início da pandemia causada pelo CORONAVÍRUS como exemplo, que resultou no fechamento de vários estabelecimentos comerciais e, consequentemente, no aumento da oferta de imóveis para locação, o locatário que vem pagando os aluguéis em dia pode propor a ação revisional de aluguéis, comprovando que os imóveis localizados no entorno do bem locado estão sendo oferecidos com aluguéis bem aquém do que o que vem sendo pago pelo autor, repita-se, fato decorrente da modificação da realidade do mercado imobiliário.

Do mesmo modo, se os imóveis localizados no entorno do bem locado, semelhantes a este, apresentaram modificação do seu valor de locação, o autor (locador) pode propor a ação revisional para adequar os aluguéis à nova realidade de mercado. Vejamos julgado sobre a matéria:

> "Apelação cível. Locação. Ação revisional de aluguéis. Defasagem em relação ao mercado devidamente demonstrada. Pedido desvinculado dos índices de correção monetária. **O pedido de reajuste do aluguel está atrelado à necessidade de reposição do valor mensal ao nível de mercado, tendo como parâmetro a atual conjuntura e relações locatícias semelhantes na mesma localidade**. Valores arbitrados com base em laudo pericial devidamente fundamentado. Impugnação ao laudo desprovida de substrato probatório. O conjunto probatório materializado nos autos demonstra não somente a defasagem do locativo mensal, mas, sobretudo, o valor efetivo de reajuste necessário para alcançar o nível de mercado, utilizando como metodologia a análise mercadológica e relações locatícias semelhantes na mesma localidade onde situado o imóvel objeto dos autos (Método Comparativo Direto de Dados de Mercado). As impugnações lançadas pela parte recorrente não ultrapassaram o campo argumentativo, desvinculadas de substrato probatório. Termo inicial de incidência dos novos locativos mensais, citação processual. Aplicação do artigo 69, da Lei 8.245/91. Nos termos do artigo 69, da Lei 8.245/91, o aluguel arbitrado pela sentença retroage à citação processual, devendo apenas receberem atualização os

> aluguéis provisórios pagos até a data-base apontada no laudo pericial. Indenização por benfeitorias" (TJRS, Apelação Cível 70075636522, 15ª Câmara Cível, relatora Desembargadora ANA BEATRIZ ISER, em transcrição parcial) (grifamos).

A ação revisional de aluguéis está disciplinada pelos arts. 68 a 70 da LI, adiante transcritos:

> "Art. 68. Na ação revisional de aluguel, que terá o rito sumário, observar-se-á o seguinte:
>
> I – além dos requisitos exigidos pelos arts. 276 e 282 do Código de Processo Civil, a petição inicial deverá indicar o valor do aluguel cuja fixação é pretendida;
>
> II – ao designar a audiência de conciliação, o juiz, se houver pedido e com base nos elementos fornecidos tanto pelo locador como pelo locatário, ou nos que indicar, fixará aluguel provisório, que será devido desde a citação, nos seguintes moldes:
>
> a) em ação proposta pelo locador, o aluguel provisório não poderá ser excedente a 80% (oitenta por cento) do pedido;
>
> b) em ação proposta pelo locatário, o aluguel provisório não poderá ser inferior a 80% (oitenta por cento) do aluguel vigente;
>
> III – sem prejuízo da contestação e até a audiência, o réu poderá pedir seja revisto o aluguel provisório, fornecendo os elementos para tanto;
>
> IV – na audiência de conciliação, apresentada a contestação, que deverá conter contraproposta se houver discordância quanto ao valor pretendido, o juiz tentará a conciliação e, não sendo esta possível, determinará a realização de perícia, se necessária, designando, desde logo, audiência de instrução e julgamento;
>
> V – o pedido de revisão previsto no inciso III deste artigo interrompe o prazo para interposição de recurso contra a decisão que fixar o aluguel provisório.
>
> § 1º Não caberá ação revisional na pendência de prazo para desocupação do imóvel (arts. 46, parágrafo 2º e 57), ou quando tenha sido este estipulado amigável ou judicialmente.
>
> § 2º No curso da ação de revisão, o aluguel provisório será reajustado na periodicidade pactuada ou na fixada em lei".

"Art. 69. O aluguel fixado na sentença retroage à citação, e as diferenças devidas durante a ação de revisão, descontados os alugueres provisórios satisfeitos, serão pagas corrigidas, exigíveis a partir do trânsito em julgado da decisão que fixar o novo aluguel.

§ 1º Se pedido pelo locador, ou sublocador, a sentença poderá estabelecer periodicidade de reajustamento do aluguel diversa daquela prevista no contrato revisando, bem como adotar outro indexador para reajustamento do aluguel.

§ 2º A execução das diferenças será feita nos autos da ação de revisão".

"Art. 70. Na ação de revisão do aluguel, o juiz poderá homologar acordo de desocupação, que será executado mediante expedição de mandado de despejo".

## 4.2 COMPETÊNCIA NA AÇÃO REVISIONAL DE ALUGUÉIS

A ação revisional de aluguéis deve ser proposta no **foro do lugar da situação do imóvel**, salvo se outro houver sido eleito no contrato (inciso II do art. 58 da LI). Essa competência é relativa, e, por isso, o juiz ao qual a demanda foi indevidamente endereçada não pode reconhecer a sua incompetência de ofício (Súmula 33 do STJ), devendo aguardar pela arguição da incompetência como preliminar da contestação (inciso II do art. 337 do CPC).

Arguida e acolhida a preliminar, os autos são encaminhados ao juízo competente, por estarmos diante de preliminar dilatória (§ 3º do art. 64 do CPC).

A preliminar pode ser arguida da seguinte forma:

> Antes de expor as razões que fundamentam o pedido de julgamento da ação pela improcedência dos pedidos, o réu suscita a preliminar de incompetência relativa do juízo, já que a adversa parte propôs a ação no foro do seu domicílio, quando a cláusula décima segunda do contrato de locação celebrado entre as partes prevê que as ações advindas do descumprimento de obrigações contratuais, bem assim as que versem sobre qualquer questão locatícia devem ser propostas no foro de situação do imóvel locado, que é a comarca de Belo Horizonte.

> Posta a questão nesses termos, o réu requer se digne Vossa Excelência a reconhecer a sua incompetência para processar e julgar a ação, encaminhando-a à Comarca de Belo Horizonte, onde será regularmente distribuída.

## 4.3 LEGITIMIDADE ATIVA NA AÇÃO REVISIONAL DE ALUGUÉIS

A ação revisional de aluguéis pode ser proposta pelo locador ou pelo locatário:

**(a)** O primeiro, para requerer a majoração dos aluguéis.

**(b)** O segundo, para requerer a redução dos aluguéis.

Se a ação revisional de aluguéis for proposta por quem não detém legitimidade, o réu pode arguir a preliminar de ausência de legitimidade, com fundamento no inciso XI do art. 337 do CPC, da seguinte forma:

> Antes de rebater as alegações de mérito expostas na petição inicial, o réu suscita a preliminar de ausência de legitimidade, com fundamento no inciso XI do art. 337 do CPC, já que a ação foi proposta pela administradora, mera mandatária do locador, que, por óbvio, não detém legitimidade para propor ação em nome deste.
>
> Desse modo, com base no pacífico entendimento jurisprudencial aplicável à matéria, o peticionário requer se digne Vossa Excelência a extinguir o processo sem a resolução do mérito, condenando o autor ao pagamento das custas, das despesas processuais e dos honorários advocatícios.

O juiz ao qual a ação revisional de aluguéis foi endereçada (por distribuição) pode enfrentar a preliminar por ocasião do saneamento do processo (inciso I do art. 357 do CPC), o que é mais adequado do ponto de vista técnico, ou quando prolatar a sentença.

No primeiro caso, se a preliminar for rejeitada, o réu não pode interpor o recurso de agravo de instrumento contra a decisão interlocutória, por não ter sido incluída na relação constante do art. 1.015 do CPC, devendo aguardar para abordar a questão como preliminar da apelação ou nas contrarrazões desse mesmo recurso (§ 1° do art. 1.009 do CPC).

No segundo caso, o vencido (autor, quando o juiz acolher a preliminar; réu, quando rejeitá-la) pode interpor o recurso de embargos de declaração, se entender que o pronunciamento é omisso, obscuro e/ou contraditório, ou a apelação.

## 4.4 LEGITIMIDADE PASSIVA NA AÇÃO REVISIONAL DE ALUGUÉIS

Quando proposta pelo locador, a ação revisional de aluguéis tem o locatário como réu, enquanto, quando ajuizada pelo locatário, deve ser dirigida contra o locador.

## 4.5 VALOR DA CAUSA

Na ação revisional de aluguéis, o valor da causa deve corresponder a 12 vezes o aluguel vigente (inciso III do art. 58 da LI), não a 12 vezes o valor do aluguel que o autor solicita na petição inicial que seja provisoriamente fixado pelo magistrado.

O descumprimento dessa regra autoriza o juiz a modificar o valor da causa, de ofício e por arbitramento (§ 3° do art. 292 do CPC), por decisão interlocutória, que não pode ser atacada pelo recurso de agravo de instrumento, por não estar relacionada no art. 1.015 da lei processual.

Modificado o valor da causa pelo juiz, o autor disporá do prazo de 15 dias úteis para complementar as custas processuais (art. 290 do CPC), sob pena de extinção do processo sem a resolução do mérito, como consequência do indeferimento da petição inicial.

## 4.6 MINUTA DE PETIÇÃO INICIAL DE AÇÃO REVISIONAL DE ALUGUÉIS (PROPOSTA PELO LOCADOR)

> Ao Juízo da Vara Cível da Comarca de Maringá – a quem a presente demanda vier a ser distribuída.
>
> **JOÃO DOS SANTOS**, brasileiro, casado, engenheiro, residente e domiciliado na Rua 10, nº 13, bairro de Jardim Ipanema, nesta capital,

inscrito no CPF/MF sob o nº 000.000.000-00, por seu advogado, conforme instrumento procuratório em anexo, com endereço profissional sito na Rua 13, nº 25, no bairro do Jardim Leblon, local em que receberá as intimações que se fizerem necessárias, vem, pela presente, com fundamento no art. 68 e seguintes da Lei do Inquilinato, e nos demais dispositivos legais aplicáveis à matéria, propor **AÇÃO REVISIONAL DE ALUGUÉIS** contra **MÁRIO DA SILVA**, brasileiro, casado, médico, residente e domiciliado na Rua 55, nº 13, bairro de Jardim Arpoador, nesta capital, inscrito no CPF/MF sob o nº 000.000.000-00, de acordo com as razões de fato e de direito adiante aduzidas:

**DOS FATOS**

01. O autor deu em locação ao réu o imóvel situado na Rua 45, nº 94, no bairro Parque da Gávea, nesta capital, como percebemos através da análise do contrato em anexo, cuja cláusula segunda prevê que o aluguel ajustado foi de R$ 100,00 (cem reais), atualmente correspondendo a R$ 150,00.

02. Embora o réu venha efetuando o pagamento dos aluguéis na data de vencimento da obrigação, o valor indicado no parágrafo anterior se encontra extremamente defasado, considerando a valorização do bairro em que o bem está situado, em decorrência de vários projetos e de obras realizadas pela prefeitura local.

03. Nesse passo, os documentos em anexo comprovam que os aluguéis praticados na região estão estimados em mais ou menos R$ 1.000,00 (mil reais), o que comprova uma defasagem imensa, que vem ocasionando prejuízo de monta ao autor, mês a mês.

**DO DIREITO**

04. O art. 68 da LI apresenta a seguinte redação:

> "Art. 68. Na ação revisional de aluguel, que terá o rito sumário, observar-se-á o seguinte:
>
> I – além dos requisitos exigidos pelos arts. 276 e 282 do Código de Processo Civil, a petição inicial deverá indicar o valor do aluguel cuja fixação é pretendida;
>
> II – ao designar a audiência de conciliação, o juiz, se houver pedido e com base nos elementos fornecidos tanto pelo locador como pelo locatário, ou nos que indicar, fixará aluguel provisório, que será devido desde a citação, nos seguintes moldes:

a) em ação proposta pelo locador, o aluguel provisório não poderá ser excedente a 80% (oitenta por cento) do pedido;

b) em ação proposta pelo locatário, o aluguel provisório não poderá ser inferior a 80% (oitenta por cento) do aluguel vigente;

III – sem prejuízo da contestação e até a audiência, o réu poderá pedir seja revisto o aluguel provisório, fornecendo os elementos para tanto;

IV – na audiência de conciliação, apresentada a contestação, que deverá conter contraproposta se houver discordância quanto ao valor pretendido, o juiz tentará a conciliação e, não sendo esta possível, determinará a realização de perícia, se necessária, designando, desde logo, audiência de instrução e julgamento;

V – o pedido de revisão previsto no inciso III deste artigo interrompe o prazo para interposição de recurso contra a decisão que fixar o aluguel provisório.

§ 1º Não caberá ação revisional na pendência de prazo para desocupação do imóvel (arts. 46, parágrafo 2º e 57), ou quando tenha sido este estipulado amigável ou judicialmente.

§ 2º No curso da ação de revisão, o aluguel provisório será reajustado na periodicidade pactuada ou na fixada em lei".

05. No caso concreto, não há dúvidas de que o aluguel que vem sendo pago pelo réu está defasado, o que é comprovado pelos documentos que instruem esta manifestação processual, incluindo laudos de avaliação subscritos por profissionais qualificados.

06. A majoração do aluguel apenas por ocasião da prolação da sentença agravaria o prejuízo que vem sendo suportado pelo autor, razão pela qual este pleiteia que a majoração seja feita liminarmente, como permite a lei do inquilinato.

## DOS PEDIDOS

07. Pelo exposto, comprovado o preenchimento dos requisitos legais exigidos para o ajuizamento desta ação, o autor requer se digne Vossa Excelência a:

(a) Fixar aluguel provisório, na quantia de R$ 800,00 (oitocentos reais), com base nos documentos que acompanham esta manifestação processual, textuais em comprovar que o aluguel vigente se encontra extremamente defasado.

(b) Designar dia e hora para a realização da audiência de tentativa de conciliação, intimando/citando o réu para comparecer ao ato, ocasião em que deverá apresentar defesa, se a proposta de acordo não for exitosa, sob pena de revelia.

(c) Ao final, **JULGAR A AÇÃO PELA PROCEDÊNCIA DOS PEDIDOS**, para fixar o aluguel mensal do bem locado em R$ 1.000,00 (mil reais), que deve retroagir à data da citação, além de condenar o réu ao pagamento das custas, das despesas processuais e dos honorários advocatícios, que devem ser fixados no percentual máximo.

08. Protesta provar o alegado por todos os meios de prova em direito admitidos, tais como a juntada de novos documentos e a realização de perícia.

09. Dá à causa a quantia de R$ 1.800,00 (mil e oitocentos reais).

## 4.7 DINÂMICA DA AÇÃO REVISIONAL DE ALUGUÉIS

Distribuição da petição inicial[1]

↓

Determinação da emenda,[2] indeferimento da petição inicial[3] ou fixação de aluguel provisório[4] e designação de dia e hora para a realização da audiência de tentativa de conciliação

↓

1. Que deve preencher os requisitos constantes do art. 319 do CPC e indicar o valor do aluguel cuja fixação é pretendida, sendo requisito essencial.
2. Com fundamento no art. 321 do CPC, quando o magistrado constatar a existência de vício sanável, como a não indicação do valor do aluguel que o autor pretende seja fixado. A decisão em que o magistrado determina a emenda da petição inicial não pode ser atacada pelo recurso de agravo de instrumento, por não estar relacionada no art. 1.015 do CPC.
3. Quando o magistrado constatar a existência de vício insanável, como a ilegitimidade da parte. A petição inicial é indeferida por sentença terminativa, que pode ser atacada pelo recurso de embargos de declaração (quando a parte entender que o pronunciamento é omisso, obscuro e/ou contraditório ou que contém erro material) ou pela apelação.
4. O aluguel provisório é fixado por decisão interlocutória, que pode ser atacada pelo recurso de agravo de instrumento (inciso I do art. 1.015 do CPC). Na fixação, o magistrado deve observar as regras constantes das alíneas *a* e *b* do inciso II do art. 68 da LI, de modo que, na ação proposta pelo locador, o aluguel não poderá ser excedente a 80% do pedido, enquanto, na ajuizada pelo locatário, não poderá ser inferior a 80% do aluguel vigente.

↓

Emenda da petição inicial, extinção do processo ou realização da audiência de tentativa de conciliação, em que o réu deve apresentar a sua defesa, incluindo contraproposta, se for o caso, e em que poderá formular pedido de reconsideração[5]

↓

Decretação da revelia do réu[6] ou apresentação da réplica[7]

↓

Saneamento do processo[8]

↓

Julgamento antecipado do mérito[9] ou deferimento da produção de prova pericial[10]

↓

Audiência de instrução e julgamento[11]

---

5. Embora o réu possa formular pedido de reconsideração em relação a qualquer decisão interlocutória, proferida nas ações judiciais, os incisos III e IV do art. 68 da LI reforçam essa possibilidade, e preveem a adoção de uma técnica diferenciada, como tal, a de que a formulação do pedido de reconsideração interrompe o prazo para a interposição do agravo de instrumento. Como estamos falando de interrupção, enfrentado o pedido de reconsideração, o réu disporá da totalidade do prazo para interpor o agravo de instrumento, não descontando os dias que se passaram entre a intimação da primeira decisão (em que o juiz fixou os aluguéis provisórios) e o protocolo da petição em que o pedido de reconsideração foi formulado.
6. Representando a ausência de resposta, que pode produzir os seguintes efeitos: (a) presunção relativa de veracidade dos fatos afirmados pelo autor; (b) autorização para o julgamento antecipado da lide; (c) fluência de prazos independentemente de intimações. Como a presunção de veracidade dos fatos afirmados pelo autor é apenas relativa, o juiz pode julgar a ação pela improcedência dos pedidos ou designar dia e hora para a realização da audiência de instrução e julgamento, determinando ou não a produção da prova pericial, mesmo que o réu seja revel.
7. A ser apresentada no prazo de 15 dias úteis, em que o autor deve se manifestar sobre preliminares arguidas pelo réu e/ou sobre documentos que instruíram a contestação.
8. Com fundamento no art. 357 do CPC.
9. Com fundamento no art. 355 do CPC, quando o magistrado constatar que o réu é revel ou que não há necessidade de produção de outras provas, além das que acompanharam a petição inicial e/ou a contestação, o que não é comum nas ações revisionais de aluguéis, quase sempre julgadas com base na prova pericial.
10. Que deve ser produzida com base nos arts. 464 a 480 do CPC.
11. Como a audiência de instrução e julgamento é designada para a produção da prova oral (ouvida das partes e/ou de testemunhas), e como a ação revisional de aluguéis quase sempre é julgada com base na prova pericial, a designação daquela audiência não é frequente na ação que estudamos neste capítulo, exceto quando uma ou ambas as partes requer(em) que o perito seja intimado para comparecer à audiência, com fundamento no § 3° do art. 477 do CPC, para prestar esclarecimentos.

↓

Razões finais[12]

↓

Sentença[13]

↓

Interposição do recurso de embargos de declaração[14] ou da apelação[15]

↓

Julgamento do recurso de embargos de declaração ou determinação da apresentação de contrarrazões pelo vencedor[16]

↓

Encaminhamento da apelação ao Tribunal[17]

↓

Não conhecimento da apelação,[18] julgamento monocrático[19] ou designação de dia e hora para a realização da sessão de julgamento[20]

↓

---

12. Que devem ser apresentadas por escrito ou oralmente, a depender da complexidade da causa.
13. Em que o magistrado fixa o valor do aluguel definitivo, que retroage à citação, sendo que "as diferenças devidas durante a ação de revisão, descontados os alugueres provisórios satisfeitos, serão pagas corrigidas, exigíveis a partir do trânsito em julgado da decisão que fixar o novo aluguel" (art. 69 da LI).
14. No prazo geral de 5 dias úteis, quando a parte entender que o pronunciamento é omisso, obscuro e/ou contraditório ou que contém erro material (art. 1.022 do CPC). A interposição do recurso de embargos de declaração interrompe o prazo para a apresentação da apelação, em favor de ambas as partes.
15. No prazo geral de 15 dias úteis.
16. No prazo geral de 15 dias úteis.
17. Independentemente da realização do juízo de admissibilidade pelo magistrado (§ 3° do art. 1.010 do CPC).
18. Por meio de decisão monocrática do relator, proferida com fundamento no inciso III do art. 932 do CPC, que pode ser atacada pelo recurso de agravo interno (art. 1.021), no prazo geral de 15 dias úteis.
19. Proferida com fundamento no inciso IV ou no inciso V do art. 932 do CPC, que pode ser atacada pelo recurso de agravo interno (art. 1.021), no prazo geral de 15 dias úteis.
20. Que deve ser antecedida da publicação da pauta de julgamento, no mínimo 5 dias antes da sessão (art. 935 do CPC).

Interposição do recurso de agravo interno ou julgamento da apelação

↓

Interposição do recurso de embargos de declaração[21]

↓

Julgamento do recurso de embargos de declaração

↓

Interposição do recurso extraordinário e/ou do recurso especial[22]

## 4.8 PRINCIPAIS PRAZOS RELACIONADOS À AÇÃO REVISIONAL DE ALUGUÉIS

| Ato | Prazo |
|---|---|
| Emenda da petição inicial | 15 dias úteis (art. 321 do CPC) |
| Interposição da apelação contra sentença que indefere a petição inicial | 15 dias úteis (§ 5° do art. 1.003 do CPC) |
| Interposição do recurso de agravo de instrumento contra a decisão que concede tutela provisória em favor do autor, fixando o aluguel provisório | 15 dias úteis (§ 5° do art. 1.003 do CPC) |
| Apresentação da contestação | Na audiência de tentativa de conciliação (inciso IV do art. 68 da LI) |
| Formulação do pedido de reconsideração, em relação à decisão proferida pelo juiz, que fixa aluguéis provisórios | Até a audiência de tentativa de conciliação (inciso III do art. 68 da LI) |
| Apresentação da réplica | 15 dias úteis (art. 351 do CPC) |
| Interposição da apelação contra a sentença | 15 dias úteis (§ 5° do art. 1.003 do CPC) |

21. No prazo geral de 5 dias úteis, sobretudo para prequestionar a matéria, preparando a interposição do recurso especial e/ou do recurso extraordinário, evitando a aplicação da Súmula 282 do STF.

22. No prazo geral de 15 dias úteis, com fundamento no inciso III do art. 102 e/ou no inciso III do art. 105 da CF, respectivamente.

| Ato | Prazo |
|---|---|
| Interposição do recurso de embargos de declaração, contra qualquer decisão proferida durante o processo | 5 dias úteis (§ 5° do art. 1.003 do CPC) |
| Interposição do agravo interno contra decisão proferida pelo relator no julgamento da apelação ou de agravo de instrumento interposto durante a tramitação da ação | 15 dias úteis (§ 5° do art. 1.003 do CPC) |
| Interposição do recurso especial | 15 dias úteis (§ 5° do art. 1.003 do CPC) |
| Interposição do recurso extraordinário | 15 dias úteis (§ 5° do art. 1.003 do CPC) |

## 4.9 HONORÁRIOS QUE PODEM SER COBRADOS PELOS ADVOGADOS PARA ATUAÇÃO NAS AÇÕES REVISIONAIS DE ALUGUÉIS

Nas tabelas das OAB's Estaduais, temos previsão específica de fixação de valores de honorários advocatícios para atuação nas ações revisionais de aluguéis. Exemplificativamente, informamos os valores mínimos e os percentuais fixados por algumas OAB's Estaduais:

| OAB | Valor mínimo | Percentual sobre o valor da causa ou sobre outra base de cálculo |
|---|---|---|
| AC | 15 URH's | 10% sobre o valor da anuidade revisada |
| AL | 35 URH's | 20% |
| AP | R$ 4.191,55 | 20% sobre o valor da anuidade |
| AM | R$ 3.169,60 | |
| BA | R$ 3.750,00 | 20% |
| CE | 40 UAD's | 20% |
| DF | 25 URH's | 10% a 20% sobre o valor anual do novo aluguel |
| ES | 50 URH's | |
| GO | R$ 3.238,79 | 20% sobre a diferença anual |
| MA | R$ 3.560,00 | 20% do valor da anuidade da locação |
| MT | R$ 4.095,09 | 20% sobre o valor real da causa ou do benefício que advier ao cliente |

| OAB | Valor mínimo | Percentual sobre o valor da causa ou sobre outra base de cálculo |
|---|---|---|
| MS | R$ 2.450,00 | Como advogado do locador, 20% sobre a vantagem anual obtida com o aluguel revisto |
| MG | R$ 3.400,00 | Como advogado do locador, 20% sobre a vantagem anual com o aluguel revisto |
| PB | R$ 3.523,00 | 15% |
| PR | R$ 3.073.04 | 10% sobre 12 aluguéis |
| PE | R$ 5.693,00 | 20% |
| RJ | R$ 6.544,91 | 10% sobre o cálculo final |
| RN | R$ 2.700,00 | 10% |
| RS | R$ 2.820,00 | 20% |
| RO | R$ 2.152,19 | 10% |
| SC | R$ 2.520,00 | 20% |
| SP | R$ 4.484,52 | 20% |
| SE | R$ 4.763,48 | 10% sobre o valor econômico envolvido |
| TO | R$ 2.500,00 | 10% sobre o valor do reajuste |

O advogado e o seu cliente podem fixar valores superiores aos indicados nas tabelas, como percebemos, a título de exemplo, por meio da leitura de trecho extraído das notas explicativas da tabela de honorários da OAB/PE, repetido nas notas explicativas de quase todas as demais tabelas das OAB's Estaduais:

> É lícito ao advogado contratar a prestação de serviços em valores superiores aos previstos nesta Tabela:
>
> a) Não havendo previsão de correção monetária para pagamento dos honorários advocatícios, com ou sem contrato escrito, o índice a ser considerado para o caso de parcelamento será o mesmo previsto no item 9 seguinte, calculando-se, nesse caso, o mencionado reajuste, a partir do vencimento das parcelas contratadas.
>
> b) A mesma sistemática deverá ser adotada para o caso de inadimplemento, ainda que se cuide de parcela única a ser paga.

# BIBLIOGRAFIA


ALVES, Jones Figueiredo. *Código Civil comentado*. São Paulo: Saraiva, 2010.

ALVIM, J. E. Carreira. *Ação de consignação em pagamento no novo CPC*. São Paulo: Juruá, 2016.

ALVIM, J. E. Carreira. *Ação de despejo* – teoria e prática. São Paulo: Juruá, 2017.

ALVIM, J. E. Carreira. *Ação de revisão de aluguel*. São Paulo: Juruá, 2017.

ALVIM, J. E. Carreira. *Ação renovatória de locação*. São Paulo: Juruá, 2016.

MONTENEGRO FILHO, Misael. *Código de Processo Civil comentado e interpretado*. São Paulo: Atlas, 2018.

SCAVONE JÚNIOR, Luiz Antônio. *Lei do Inquilinato*. Rio de Janeiro: Forense, 2017.

SOUZA, Sylvio Capanema de. *A Lei do Inquilinato comentada*. Rio de Janeiro: Forense, 2017.

EDITORA JusPODIVM
www.editorajuspodivm.com.br

Impresso por:
Docuprint
CNPJ 01.036.332/0001-99

JUS3484